気概と行動の教育者

嘉納治五郎

生誕150周年記念出版委員会 編

筑波大学出版会

Kano Jigoro : Educator with Spirit and Action

by The Committee for the Commemoration of the 150th Anniversary of the Birth of Jigoro Kano

University of Tsukuba Press, Tsukuba, Japan

生誕150周年を記念して建立された嘉納治五郎先生の像
（朝倉文夫作　2010年12月10日　筑波大学大学会館前広場）

発刊に寄せて

嘉納治五郎先生の生誕一五〇周年という意義深い時にあたり、私ども筑波大学としては、先生の業績を社会により深く知っていただくために、さらに先生のレガシーを見つめ、今後の国内外に果たす筑波大学の役割を考え、今後のあるべき大学像を考えるきっかけにするために、記念行事を行いました。その一つが本書『気概と行動の教育者　嘉納治五郎』の出版であります。

先生は、筑波大学の前身である高等師範学校および東京高等師範学校の校長を三期二三年余務められ、その間に多くの業績を残されました。東京高等師範学校の校長として、運動部や文化部などの課外活動の導入や、中等教育、教員養成にも新たな施策を積極的に取り入れ、教育改革を一貫して推進されました。「教育のこと、天下これより偉なるはなし、一人の徳教、広く万人に加わり、一世の化育、遠く百世に及べり」という先生の言は、今日の教育のあり方に、重要な提言を示してくれています。

先生は柔道の国際的な普及はもとより、アジア初の国際オリンピック委員会委員としても、日本やアジアのオリンピック・ムーブメントの発展に貢献されました。

さらに、先生は中国からの留学生を八〇〇〇名近く受け入れ、多くの人材を育てました。毛沢東の師となった楊昌済や文豪魯迅など、後の中国を形成する人材を輩出しました。今日の中国の発展を考えるとき、未来を見据えて、実践されていたのでしょう。私どもも、未来を常に見据えて、教育改革や留学生の受け入れを行った先生の業績を継承していくべきだと思います。

筑波大学はＩＭＡＧＩＮＥ ＴＨＥ ＦＵＴＵＲＥをモットーとしています。これは先生が既に一〇〇年前から実践されていたことでもあり、私たち筑波大学にＤＮＡとして受け継がれていたのではないかと思う次第です。本書を通して、嘉納治五郎先生の行った幅広い業績と行動の足跡から、今後のわたしたちの進むべき道を模索する一助になれば幸いであります。

最後になりましたが、本書を執筆してくださった方々、並びに本書の編纂を引き受けてくださいました筑波大学出版会に厚くお礼申し上げます。

二〇一一年三月

筑波大学長　山田信博

目　次

※本文中の引用箇所については、必要に応じて新字体に改めた。また、年齢については、満年齢で表記した。

第一章

嘉納治五郎の生い立ちと柔道

大正初期の嘉納治五郎（講道館所蔵）

第一節　学びの系譜

1　生誕から東京での修学へ

(1)　幼少期の勉学

嘉納治五郎は一八六〇（万延元）年一〇月二八日に嘉納次郎作（希芝《まれしば》）と定子の三男として、摂津国菟原《うばら》郡御影《みかげ》村（現在の神戸市東灘区内）の酒造を業とする旧家に生まれ、幼名を伸之助といった。父・次郎作は近江の日吉《ひえ》山王社（現 日吉《ひよし》大社）の社家生源寺家の出身であったが、若い頃から漢学や絵画に秀で、諸方を遊歴する途中、灘の酒造家、嘉納次作の家に逗留していた際に、論語の講義をしたことが縁となり次作に懇望されて次作の長女、定子の婿養子となった。次作は次郎作に家督を継がせたが、次郎作は次作の没後辞退し、自分は後見の役を務めると して、次作の実子である良太郎に酒造業を譲り、自分は別に嘉納一家を立てた。次郎作は江戸、大阪その他の地にも行って、幕府の用達として、ある時は勝海舟の指揮のもとで西宮などの砲台を建築した。自分でも船舶を所有すると同時に幕府の船舶をあずかり回漕運輸に力を尽くした。維新以前には相当手広く仕事をしたが、維新後は海軍に職を奉じて老齢に至るまで、海軍の文官として働いた。このように父・次郎作は幕府の仕事が忙しく、ほとんど家にはいなかったため、治五郎は幼年時代を母・定子と過ごした。

後に嘉納は母のことを次のように回想している。

母ハ実ニ慕ハシイ又恐イ人デアッタ。不断ハ誠ニ可愛ガッテ呉レタガ、何カ間違ッタコトヲシタトキハ飽クマデ咎メ、本当ニ悔悟スルカ、少クトモ悪ルカッタト云フコトヲ自白スルマデハ赦シテ呉レナンダ。（中略）今一ツヨク覚エテ居ルコトガアル。其ハ母ガ常ニ他人ノ為ニ自分ヲ忘レテ尽スコトデアル。誰ニカウシテ遣ラウトカ彼ニカウシテ遣ラウトカ、誰ガ気ノ毒デアルトカ、ヨク心配シテ居ッタコトヲ覚エテ居ル[1]。

母が躾に厳しく他人のために尽くすことを身をもって教えてくれたと述懐している。こうした母の性格は、嘉納のその後の人生に大きな影響を与えたといえる。この母は、治五郎が八歳の時に亡くなった。

父は治五郎の教育には熱心で、御影にも二〇余りの寺子屋はあったが、漢学を学ぶに適当な者がなく山本竹雲という儒者を迎えて、五歳の時から習字と経書の素読を習わせた。経書とは中国の四書や五経など儒教の教理を説いた書であり、治五郎は六歳の頃ここで学んだいろいろな字を拾い集めて、小さい本を作り親類の子供に教えている。

9歳の頃の嘉納治五郎（右）
（講道館所蔵）

その本の名前は「一冊を『天熹章』と名づけた。天は大学の天下の天、熹章は朱熹章句の字をとったもの[2]」であり、子供の頃から大学や朱子学の書を読んでいたことがうかがえる。一八七〇（明治三）年、父は母が亡くなったので九歳の治五郎を次兄の謙作と一緒に東京に迎えた。廃藩置県が断行され、岩倉具視らが欧米視察の途に発つ前年のことである。治五郎が上京して最初に修学したのは、両国で生《うぶ》方《かた》桂堂が主宰していた成達書塾であった。この書塾が寺子屋の系列として有名で、桂堂も経史詩文の造詣が深く、特に書では一家を成していたことなどが、父が治五郎にこの塾を推薦した理由であった。生方は、治五郎の優れた素質を見抜き後に国家のためになる者と信じて、特別に心を用いて教育した。

『生方桂堂伝』の著者、小野亮正は、「四書五経の素読は既に国許で習得してゐるので、国史略、日本外史、十八史略、日本政記、と順を追うて素読をさづけ、書の方は一日必ず三帖は丁寧に習はしめ、課業終つてからは、二三の子弟と共に先生に歴史の話など聞かせるのであつた」(3)と記しているように、既に国許で学んでいた漢学に新たに国史略や日本外史などを学び書道も行っていた。生方は漢学書道の先生であったが、維新後に文明開化の風潮が社会に浸透し、青少年の間にも洋学への関心が急激に高まっていく時勢を洞察していた。そこで、治五郎にも今後は漢学と書道の時代ではないからと、さらに英学を合わせて勉強するように勧めたのである。そこで治五郎はその勧めに応じて、神田にある箕作《みつくり》秋坪《しゅうへい》の三叉学舎に通うことになる。ここでは英語をしっかり学んだ。箕作はこの神田の塾を開いた他に、森有礼や福沢諭吉らと一八七三（明治六）年に明六社を興して、広く知識人を啓蒙して一八七五（明治八）年には師範学校の摂理ともなった。

治五郎は一二歳の時、芝烏森町の育英義塾に入塾し、親元を離れて初めて寄宿生活に入った。この塾ではオランダ人ライヘやドイツ人ワッセルなどの外人教師が中心となりすべての学科が英語で教えられた。この頃より「学科の上では他人におくれをとる様なことは無かつたけれども、当時少年の間ではとかく強いものが跋扈《ばっこ》して、弱いものは常に其の下風に立たなければならない勢であつたので、これには残念ながら常におくれをとつた」(4)のであった。先輩は大勢で勉強のできる治五郎をいじめたのでこの頃より柔術への関心が出てきたといえる。

こうした治五郎の幼少期の勉学をみてくると、嘉納の最も基礎的な教養をなしたのは漢学と英学であったといえよう。一三歳の時には、官立外国語学校英語部に入学しさらに修行を積んだ。この外国語学校は、東京大学の前身開成学校の一部として一八七三年に開設され、事実上専門課程としての大学予備科であった。こうしたことから、嘉納は友人に送る手紙も英文であったという。一八七五（明治八）年には官立開成学校に入学したが、武術で鍛えた諸藩の貢進生上がりの少年が多数集まっており、学問が重んじられる一方で腕力も幅を利かし、負けず嫌いな嘉納はもっと鍛錬する必要があると痛感した。

「此処でも自分は、学問にかけては勉強さへすれば他人におくれをとるやうなことはないのであつたが、身体ではどうにも仕方がない。それ故、柔術修行の希望は益々深くなつた」(5)と述べている。こうしたことが、柔術修行を志す発端になったことを考えると、育英義塾から開成学校時代の寮生活が生涯を決定づけたことになる。そして父に乞うて、自宅へ出入りしている柔術家に教えてもらえないかと願ったが、父からは柔術など時代遅れだとして断わられたのであった。

(2) 東京大学文学部へ

一八七七（明治一〇）年、嘉納一六歳の時に東京大学文学部に編入した。東京大学は、同年に開成学校と医学所の両方をあわせてつくられたものであり、最初は法、理、文の三学部と医学部とがあり、一八八一（明治一四）年に四学部が完全に統合されて加藤弘之によって運営されることになった。文学部の学科組織は初め、史学哲学および政治学専攻の第一科と和漢文専攻の第二科に分かれていた。嘉納は第一科を選んだが、在学中の一八七九（明治一二）年には第一科は哲学政治学および理財学科と改められた。教授陣には、英文学にはウイリアム・ホートン（William Houghton 一八五二〜一九一七）、心理学および英語に外山正一《とやままさかず》、漢文学に三島毅らがおり、ついで米国人であるアーネスト・フェノロサ（Ernest Fenollosa 一八五三〜一九〇八）が迎えられて政治学および理財学の教授になった。在学中、特に政治学と理財学を専攻した嘉納は、「このフェノロサの指導を受けることが多かった」(6)と述べているように、嘉納の思想形成にはフェノロサが大いに関係しているといえる。

フェノロサは、東京大学での講義のかたわら日本の伝統美術の美しさに魅せられて、やがて岡倉天心らの協力を得て、古美術の研究と日本画の復興を志し優れた業績を残した。こうして嘉納は一八八一（明治一四）年に東京大学文学部第二回の文学士として卒業した。しかし、「四年になってから政治理財・政治哲学・理財哲学といふ様に、一科のみを省き、他の二科を学ぶことになって居た故、自分は哲学丈は兼修してゐなかった。そこで、四年卒業後更に、一年哲学選科に止まって在学し」[7]た。そして、道義学および審美学の研究を続け、中村正直に漢文学を、フェノロサなどに西洋哲学などを学んだ。翌一八八二（明治一五）年に専門課程のすべてを修了し、ここに教育、柔道の指導者たる第一歩を踏み出したのである。時に二一歳の若さであった。

2　東京大学での修学

(1) フェノロサの影響

東京大学文学部時代における嘉納は「主としてフェノロサに師事した。そして、ハミルトンの哲学書を好んで読む一方、シジウィクの倫理書などを自ら翻訳した」[8]とあるように、主任教授のフェノロサの影響は大きかったといえる。しかし、これまで、嘉納とフェノロサとの具体的な関係はほとんど明らかにされていない。そこで、東京大学において学んだ授業科目をみながら、フェノロサがいかなる講義を行ったかについてみてみる。

フェノロサは、一八七八（明治一一）年八月より一八八六（明治一九）年七月まで東京大学で八年間教鞭をとった。一八七八年といえば、東京開成学校が改組されて東京大学となった翌年であり、一八八六年は東京大学が帝国大学に改称された年でもある。したがって、フェノロサは明治初期の東京大学時代のほとんど全期間にわたって在任し、大学教育を通して日本の近代化に貢献した人物といえるだろう。フェノロサが東京大学に就任するきっかけをつくったのは、エドワード・モーゼの推薦であり、この時フェノロサはハーバード大学哲学科出身の二五歳の青年であった。そして東京大学では、文学部政治学担当、理財学〈現在の経済学にあたる〉および哲学史兼任であった。その後二年ごとに契約を更新し、一八八一（明治一四）年の大学の教育方針変換に伴い理財学、哲学担当論理学兼担となるなど、担当学科の面で多少の曲折はあったが、四期八年間を東京大学のために尽くした。嘉納は後にフェノロサについて次のように評している。

私は今此《ここ》にフ氏の既往の行程に就き其信じて居る点を公表して憚らないのは、彼の頭脳の明断なる事である。彼は頭脳明断なるが為め、子弟を教育するに当って、教育すべき事を最初に分析し、更に総合する独特の手腕があった。(9)

フェノロサが頭脳明晰であり加えて分析力が素晴らしかったと述べている。そして後に、嘉納は高等師範学校長に就任すると、一八九七（明治三〇）年から一九〇〇（明治三三）年までフェノロサを採用して教鞭をとってもらっている。

(2) フェノロサの講義内容

東京大学入学当時の授業科目と教師は以下のとおりである。まだフェノロサは来日していなかった。

《嘉納一年次の授業科目》

ウイリアム・ホートン（英文学）、フランク・ジュエット（普通科学）、エドワード・サイル（史学）、外山正一（英語・論理学・心理学）、横山由清（和文学）、岡本監輔（漢文学）

一八七八（明治一一）年、嘉納が二年の時にフェノロサは東京大学で教鞭をとるようになった。当時の授業科目およびフェノロサの講義内容をみてみる。

《嘉納二年次の授業科目》

外山正一（心理学、哲学）、フェノロサ（西洋哲学史）、エドワード・サイル（史学一）、チャールス・クーパー（史学二）、横山由清（和文学）、黒川真頼（和文学）、三島毅（漢文学）、ウイリアム・ホートン（英文学）、古賀護太郎（フランス語学）

〔フェノロサの講義内容　第二年級　哲学史〕

「本科ニ於テハデカルトヨリヘーゲル、スペンサルニ至ル近代哲学ノ大意ヲ授ク（中略）デカルト以来ノ哲学ニ至テハ古代ノ哲学トハ全ク別派ナルノミナラス今日思想発達ノ端緒トモ云フヘキモノナレハ乃チ茲ニ此時代以下ヲ収メタリ而シテ此科ニ於テハ特ニ欧州近代ノ思想進歩ノ状況ヲ教示スルヲ以テ目的トセリ是故ニシユエグラー氏著ス所ノ哲学史ヲ用フ但シ多クハ之ヲ口授シ且ツ之ニ関スル哲学各派ノ要論ヲ講授シ其間時々加フルニ暗記或ハ筆記ノ試験ヲ以テシ因テ生徒ニ将来諸哲学家ノ著書中ニ就テ充分其真旨ヲ了解セシムル学力ヲ得セシメタ」[10]

一八七九（明治一二）年、嘉納が三年の時に授業科目が変更され、史学に代わり理財学が入った。そして、理財学担当教授であるフェノロサが大きくクローズアップされた。嘉納の受けた授業科目は次のとおりである。

《嘉納三年次の授業科目》

フェノロサ（理財学、政治学）、クーパー（史学、道義学）、ホートン（英文学）、横山由清（和文学一）、中村正直（漢文学）、木村正辞（和文学二、三）、中村清矩（和文学一）

〔フェノロサの講義内容　第三年級　理財学、政治学〕

「ミルノ理財原論ヲ以テ基礎トシ先ツ専ラ理財ノ原則ヲ研究セシメ次ニケヤンス氏ノ理財論法ヲ授ケ更ニケリー

東京帝大時代の嘉納治五郎（右）
（講道館所蔵）

氏等別派ノ理財学ヲミル及ケヤンス氏ノ理財学ト対照シテ之ヲ講義シ参考書ニハケリー氏ノ著書ヲ用フ且ツ之ニ関シミル氏ノ論及セル者ヲモ講説セリ（中略）
又政治学ハ第一第二ノ学期ニ於テハ専ラ世態学即チ古今人類ノ状態及ヒ其進歩セル原由次序ヲ論スルノ学ヲ授ケ第三学期ニ於テ道義学并ニ政治学ノ由テ基ク人性ノ原理及ヒ作用ヲ研究セシメ次ニ諸々実用スヘキノ道義学及ヒ政治学ノ方法ヲ其互相ノ関係ニ就テ略論シ終リニ其方法ニ基ク実学ヲ明細ニ分解批評セリ但シ日々講義ヲ用ヒテ之ヲ課シ参考書ニハスペンサル氏ノソシヲロジー及ヒソーシャルスタチック、モーガン氏ノエンシェント、ソサイチー、及ヒバァゼボット氏ノヒシック、エンド、ポリチックスヲ用ヒタリ(11)」

一八八〇（明治一三）年度、嘉納が四年生の時の授業内容は以下のとおりである。

《嘉納四年次の授業科目》

外山正一（哲学）、フェノロサ（理財学、政治学）、クーパー（西洋哲学）、鳩山和男（列国国際公法、政治学）、島田重礼（漢文学）

〔フェノロサの講義内容　第四年級　理財学〕

「第四年ノ理財学ニ於テ二学期間ニ講義シ且学生ヲシテ自修セシメタル課目ハ通貨、銀行、商業、外国為換等ノ諸論ニシテ第三学期ニ於テハ専ラ卒業論文ニ従事セシム(12)」

一八八一（明治一四）年度は、嘉納は大学卒業後一年間の哲学科に有賀と二人だけで学士入学した。授業科目は以下のとおりである。

《哲学科の授業科目》

外山正一（哲学）、フェノロサ（西洋哲学）、中村正直（漢文学、支那哲学）、永松東海（生理学）、原担山（印度哲学）、吉谷覚寿（印度哲学）

〔フェノロサの講義内容〕

哲学史の基礎資料として世態学に力を入れた。その理由は「政治学も哲学もその依拠するところは社会学であるとするフェノロサ独自の立場を示すものであると同時に、その社会学が有機体論に立脚する社会進化論であることを考えれば、フェノロサにおける Herbert Spencer の影響はこの年度においても極めて濃厚であった」[13]とされ、スペンサーの社会進化論を中心とする講義であったことがうかがえる。

このように、東京大学における授業においてはフェノロサの影響は非常に大きかったといえる。さらに、嘉納が一八八二（明治一五）年三月に東京大学を卒業する際に、フェノロサは卒業授与式に次のような祝辞を述べて送り出している。

諸君が今日までに修められし事業の真に社会を裨益《ひえき》するは抑々諸君が卒業せられし今日よりして始まるべき事なり。（中略）其大学に於て専修せし学科は、卒業の後と雖一日も之を棄てず、昼夜辛苦し、生涯鍛錬し、其始めて専修に従事せし時に於ける如くに何時までも其身を公明正大の真理と一にして須臾も離さず、敢えて一事一人に拘束せられずして死に至るまで之に尽力するこそ是れ専門学生たる者の国家を裨益する正当の方策なれ[14]。

大学で学んだ素養を活かして国家のために裨益せよと説いたのであった。後に嘉納は柔道とはなんぞやとして、「柔道は心身の力を最も有効に使用する道である。柔道の修行は攻撃防御の練習に由って身体精神を鍛錬修養し、斯道の神髄を体得する事である。そうして是に由って己を完成し世を補益するが柔道修行の究境の目的である」(15)と述べている。この用語は現代においても柔道の定義と目的として最も重視され、嘉納が述べた「世を補益する」の補益とはフェノロサが卒業式で述べた裨益とほぼ同義であり、国のためになるという意味も含まれていたと思われる。

3 修学と嘉納思想の形成

表1—1 幼年舎の日課(16)

起床	午前四時四〇分、日曜日ハ五時四〇分ソレヨリ直ニ洗面室内外ノ掃除ヲシ終リテ午前六時マデ修学
朝飯	午前六時ソレヨリ約一時間休憩シ尚通学時間マデ修学
昼飯	正午学校ヨリ帰塾ノ後午後四時マデ約一時間修学
夕飯	午後四時
柔道	午後五時ヨリ同六時半マデノ内
修学	午後六時半ヨリ八時マデ
就寝	午後八時

(1) 嘉納塾の教育

嘉納は五歳より兵庫で儒者・山本竹雲につき四書五経を学び、一〇歳より深川の生方桂堂の成達書塾に学び国史略、日本外史、十八史略などを修学した。また、東京大学入学後も岡本監輔や三島毅らに漢学を学び、哲学科学士入学後も漢文学と支那哲学を学ぶなど、嘉納の思想的背景には儒教が中心にあったといえるだろう。

大学を修了した嘉納は、一八八二(明治一五)年に下谷区北稲荷町永昌寺に住み、親類や懇意な人から頼まれた子供と自分を頼ってきた書生と共に塾生活を始めた。そして永昌寺の一部を道場に改良して講道館を創設するとともに、嘉納塾(一八八二〜

表1―2　舎中同盟規約書(18)

第一章　師ニ対スル事
一、教誨ヲ遵奉ス可シ
一、恭敬ノ意ヲ表ス可シ
一、誠忠ヲ旨トス可シ
第二章　同盟者ニ対スル事
一、誠忠信義ヲ以テ相交ハル可シ
一、長幼相愛シ相敬ス可シ
一、互ニ苦楽ヲ分ツ可シ
一、謙譲ノ道ニ由ル可シ
第三章　日常服務
一、師ノ出入ハ必ス之ヲ送迎ス可シ
一、賓客退出ノ時ハ便宜之ヲ礼送ス可シ
一、朝夕定時師ノ膝下ニ会シ敬礼ヲ行フ可シ
第四章　禁則
一、仮眠ス可カラス
中略

一九一九）も始めた。この塾の方針として「よく艱難困苦に打ち克ち、克己、勤勉、努力の習慣を養ひ、人の為に潔よく推譲するの精神」(17)を持たせることに重きを置いたのである。当塾においては、困苦の体験はやがて有為な人物になるという確信から、厳格な規則を定めて規律のある塾生活を行わせた。子弟の年齢により、幼年舎、中年舎、成年舎の三部に分けたが、幼年舎の日課は表1―1のとおりであった。

そして一八八三（明治一六）年には「舎中同盟規約書」が定められた（表1―2参照）。

この「同盟規約書」中の、恭敬や誠忠、信義、謙譲、礼送などの用語には、儒教思想の影響がみてとれ、またこの方針には後の教育勅語の趣旨に通じるところが多い。嘉納塾は三八年間続けられ、嘉納の薫陶を受けた者は三〇〇有余名にものぼったのである。

一八八九（明治二二）年には、嘉納は柔道を学校体操に採用すべく大日本教育会において「柔道一班並ニ其教育上ノ価値」(19)と題して講演を行った。このなかで柔道の修行をすると、「自ズカラ自國ヲ重ンジ自國ノ事物ヲ愛シ」「気風ヲ高尚ニシ勇壮活発ナル性質ヲ涵養」し「相互ニ尽クシアイ親切ニ物事ヲ成サネバナラヌ」ようになり、「人間社会ノ礼儀作法」を身につけ、「生徒ガ自ラ制

シテ度ヲコサヌヨウニナリマス」などと述べ、柔道の修行がさまざまな徳性を涵養させると説いた。なかでも「愛国、気風高尚、勇壮、自制、礼儀」などには儒教の徳目が活かされているが、江戸期の柔術で重んじられた報国や忠孝などの封建的用語は見当たらない。このことは、嘉納は封建制度下での徳育論を手直しして、明治の教育論に当てはまるようにしたものといえる。

(2) スペンサー『教育論』の影響

一方、嘉納は東京大学で政治学、理財学、哲学を学び、とりわけ政治学も哲学もその依拠するところが社会学であるとするフェノロサの独自の立場を示すものであると同時に、その社会学が有機体論に立脚する社会進化論であることを考えれば、フェノロサに於けるハーバート・スペンサーの影響はきわめて濃厚であったとされ、フェノロサから学んだハーバート・スペンサー（一八二〇～一九〇三）の教育論の影響は大きかったといえるだろう。このスペンサーは、スコットランド出身で社会学や心理学に秀で、イギリス経験論の総括ともいうべき総合哲学を樹立し、また著書である『教育論』は知育・徳育・体育の三育思想の代表であり、明治以降の我が国の教育に大きな影響を与えている。嘉納が柔道を創始したのは人間教育の一環として考えたのであり、スペンサーの『教育論』（一八六一年）は少なからず影響を与えたといえる。スペンサーの『教育論』は、一八八〇（明治一三）年には『斯氏教育論』として日本でも発刊され、次の四篇から成っていた。

第一篇　何ヲ以テ最大ノ価値アル学識トスルヤヲ論ス
第二篇　心智ノ教育ヲ論ス
第三篇　品行ノ教育ヲ論ス
第四篇　体躯ノ教育ヲ論ス

まず第一篇の「何ヲ以テ最大ノ価値アル学識トスルヤヲ論ス」は、教育論全体の総論的な意味をもち、教育の道として次のように説明している。

体躯ヲ侍スルノ道、心智ヲ侍スルノ道、日用平生ノ事務ヲ処スルノ道、男子ヲ養育スルノ道、国民タル者ノ分ヲ尽スノ道、天ヨリ授与セラレタル幸福ノ資本ヲ悉ク使用スルノ道如何、概シテ之ヲ言ヘハ、天賦固有ノ能力ヲ悉ク使用シテ、己ト人トノ為メニ、最大ノ利益ヲ生スルノ道、即完全無欠ノ生活ヲ為スノ道、如何ヲ講究スル所ノ者ニシテ、人ノ知ラズンバアルベカラザル最大事ナルガ故ニ、教育ノ道ニ於テモ、亦當ニ教フヘキ最大事ナリトス、而シテ完全ノ生活ヲ為スノ道ヲ教フルハ、教育法ノ當ニ尽スヘキ所ノ本分ナリトス。(20)

教育は身体や心智を磨いて幸福な生活を求めるように準備させることであると説かれていた。そして、自分の能力を最も有効に使用して、自分と同時に他人のためになるという功利主義思想でもあった。こうした考え方は、嘉納が柔道を通して智、徳、体のバランスのとれた人間をつくり、己の完成を図るとともに他人のためになるように説いた考え方に影響を与えたといえるだろう。

スペンサーは第三篇「品行ノ教育ヲ論ス」において、「体躯・心智・品行ノ三者ニ関シ、至当ノ方法ヲ以テ幼者ヲ訓戒ス可キ学識ハ、父母タル者ノ幸福ニ就テ考フルモ、或ハ其子孫タル者ノ性質及生活上ニ及ボスベキ影響ニ就テ考フルモ、最モ緊要ノモノト認メサルヲ得ズ」(21)と述べ、教育には体躯と智力と品行との三者が必要とした。しかし心智の教育として、言語と想像および実験より道理に到ることの必要性も説いた。この点に関し、嘉納は「柔道修心法」中の智力の養成について、他人の稽古を観察し学んだ技を説明できる言語や技を編み出す想像力が必要であると述べ、スペンサーの『教育論』との符合がみられる。

また嘉納は、柔道勝負において自他の関係を熟慮断行するという精神は社会に応用して自分を処する方法として活かせると主張している。この点に関してスペンサーは、次のように述べている。

生活ノ道トハ、惟衣食等ノ如キ有形物ニ就テ云フニ非ラズシテ、其意極テ廣シ、則万般ノ状況ニ遇ヒ、百種ノ事業ニ当リテ、正シク己ヲ処スルノ道、如何ヲ講究ス可キ闊大ノ問題ニシテ、各種ノ事業ヲ処スル細目ノ如キハ、悉ク之ヲ包括セサルナシ。[22]

さまざまな事業や万般の状況に遭遇して正しく自分を処する方法こそ大切であるというものであり、両者には大きな類似性もみられるのである。

第四篇の「体躯ノ教育ヲ論ス」においては、人が成功する要件について書かれている。「完全ナル動物ヲ以テ、一国人民ヲ構成スルニ在リ、戦闘ノ勝敗ハ、往々兵卒ノ腕力アルト、其強健ナルトニ資スルノミナラズ、貿易上ノ勝敗ニ至テモ、亦一ニハ生産者ノ身体強壮ニシテ、能ク労働ニ堪フルト否ザルトニ由ルモノナリ」[23]と個人の成功も国家の繁栄も完全なる人間、つまり労苦に耐えられる身体強壮にあるとした。同時に栄養摂取や運動時の衣服についても言及し、学校で行われている体操術は筋力動作の面で遊戯に及ばないと述べた。こうしたスペンサーの体育思想は、嘉納が学校授業（正課）として採用されている当時の普通体操や兵式体操を批判する際の根拠になったといえるだろう。

ところで、スペンサーは時間や精力の有効使用についても、「此時間ハ特ニ吾輩生命ノ短ニ由ルノミナラズ、亦吾輩営生ノ常務アルニ因テ極メテ短キヲ省ル時ハ、争デカ此時間ヲ以テ最大ノ利益ヲ得ルノ用ニ供スルコトヲ求メサル可ンヤ、是故世俗ノ好尚、或ハ癖愛ニ出デタル学業ヲ学バンガ為メニ、数年ノ光陰ヲ費ヤサザルノ前、先ヅ其学業成就ノ後ニ得ル所ノ利益ト、之ヲ学ブニ費ス可キ時間ヲ以テ、学知ス可キ他ノ学業ヨリ得ル所ノ利益トハ、何レカ大ナルヤヲ深計熟慮シテ比較スルヲ以テ智アリトス」[24]と記している。ここには、人生の短さや仕事の煩雑さに伴う時間の有効利用法とともに、学業成就後の利益も考えておくなどの合理的精神の必要さが強調されている。こうした考え方は嘉納にも取り入れられ、一九一五（大正四）年には柔道の根本原理として、心身の力を最も有効に使用する道を唱えたのである。

一九一八（大正七）年『柔道』第四巻五号のなかで「無駄のないやうな生活をせよ」と題し、日本人は時間と費用を無駄に使うことが多く、特に時間に関しては最も価値のあるものに精力を活用し、価値のないものにはそれほど時間を使う必要がないと述べている。それでは、嘉納が求めた理想的人間とはいかなる人間であったのだろうか。それは江戸時代の藩に忠誠を誓う人物でもなければ、天皇のために献身する人物でもなかった。一九二一（大正一〇）年『有効の活動』で「百事に有効の活動の主義を確守して居ればそれ等のことは、自然に完全に行はれるようになるのである。各個人の自立、成功、幸福、皆この主義の実行、不実行に原因することであり、国家の興廃も、一には国家を組織して居る各個人がこの主義を実行するかせぬかに繫り」[25]と述べ、個人の心身の力の有効活動により国家に貢献できると主張した。この心身の力を最も有効に活用し、自分を完成し世のためになるという考え方は、柔道の技術から導かれるとともに、スペンサーらのイギリス功利主義思想の影響もあったといえる。

【註】

（1）嘉納先生伝記編纂会『嘉納治五郎』講道館、一九六四年、二一～二二頁より引用。
（2）同右、二二頁。
（3）長谷川純三『嘉納治五郎の教育と思想』明治書院、一九八一年、六頁。

（4）嘉納治五郎口述・落合寅平筆録「柔道家としての嘉納治五郎（一）」『作興』六巻一号、一九二七年。
（5）同右。
（6）前掲註（1）、二八頁。
（7）嘉納治五郎口述・落合寅平筆録「教育家としての嘉納治五郎（二）」『作興』八巻二号、一九二九年。
（8）前掲註（3）、六二頁。
（9）山口静一「東京大学におけるフェノロサ（四）」『埼玉大学紀要』（外国語学文学篇）第六巻、一九七二年。
（10）同右。
（11）同右。
（12）同右。
（13）同右。
（14）山口静一「東京大学におけるフェノロサ（二）」『埼玉大学紀要』HERON 六巻、一九七二年。
（15）嘉納治五郎「講道館柔道概説」『柔道』一巻二号、講道館、一九一五年。
（16）前掲註（1）、一二七頁。
（17）嘉納治五郎口述・落合寅平筆録「柔道家としての嘉納治五郎（五）」『作興』六巻五号、一九二七年。
（18）前掲註（1）、一二四頁。
（19）嘉納治五郎「柔道一班並ニ其教育上ノ価値」『大日本教育会雑誌』八七号、一八八九年。
（20）ハルバルト・スペンセル著、尺振八訳『斯氏教育論』一八八〇年、一七〜一八頁。
（21）同右、二六一頁。
（22）同右、一七頁。
（23）同右、三七〇頁。
（24）同右、一四〜一五頁。
（25）嘉納治五郎『有効の活動』七巻六号、一九二一年。前掲註（3）、二六九頁。

第二節　講道館柔道の創設と理念

1　柔術の修行

(1) 柔術修行の動機

嘉納が柔術修行を思い立った動機として、一八七三（明治六）年に育英義塾に入塾した一二歳の時に次のように述べている。

学科の上では他人におくれをとる様なことはなかつたけれども、当時少年の間ではとかく強いものが跋扈《ばっこ》して、弱いものは常に其の下風に立たなければならない勢であつたので、これには残念ながら常におくれをとつた。（中略）極めて虚弱なからだであつて、肉体的にはたいていの人に劣つて居た。それ故、往々他から軽んぜられた。（中略）幼少の時から、日本に柔術といふものがあり、それは仮令非力な者でも大力に勝てる方法であるときいて居たので、是非此柔術を学ばうと考へた。(1)

幼少の頃に虚弱な身体であったので強くなりたくて柔術を学ぼうと決心したのである。これを裏付けるように、嘉納の姉、柳勝子も「先生（治五郎）は学校で角力をとっても体格は小さいし、あんまり勝てないので、小躯を以て強大漢に勝つ方法はないかと、苦心の結果柔術の稽古を」(2)思いついたと述べている。学問上では優れていたが、体格に恵まれなかった嘉納（成人時でも一五八センチ、五八キロ）は、生来の負けん気から柔術を思いついたのである。

　そこで嘉納は、自分の家に出入りしている旗本、中井梅成や父の別荘の番人である片桐柳司、家に出入りしていた扱心《きゅうしん》流の今井鉉四郎などに柔術稽古を願い出たが、皆顧みてくれず柔術を学ぶ機会が得られなかった。やがて一八七五（明治八）年に開成学校に入学すると、諸藩の貢進生時代からの生徒が多く集まっているので、ますます腕力の必要を感じて柔術修行の希望が強くなった。父に乞うて宅へ出入りの柔術家に教えてもらえないかと頼んだが、父はその必要はないと同意しなかった。一八七七（明治一〇）年に東京大学に入学するや、自ら整骨師を探し回り、日本橋人形町で整骨の看板をみつけ、そこでようやく、八木貞之助に出会うことができた。嘉納は年来の希望を述べて柔術の教えを請うと、八畳の間しかなく自分は指導が無理だが、日本橋元大工町に福田八《はち》之助というかつて幕府講武所の世話心得（助教授）をしたことのある、天神真楊《てんじんしんよう》流柔術の師匠がいるということで紹介してもらった。そこで福田を訪ねて、念願の柔術を稽古できることになったのである。

　福田の道場では、毎日稽古するのは嘉納と青木某だけであり、時々来るのは四～五名であった。当時の稽古は、毎日福田から「形」を習い青木と乱取も行った。時には青木が休んだり福田が灸の後が膿んだなどということで稽古ができないことがある。その時は福田から棒を振ってもらい、転がって独稽古をするというものであった。また福田の教授ぶりは、「或時先生から或わざでなげられた。自分は早速起きあがつて今の手はどうしてかけるのですときくと、『おいでなさい』といきなり投げ飛ばした。自分は屈せず立ち向かつて、此手はどう足はどういたしますとしつこくきゝ質した。すると先生は『さあおいでなさい』と云つて又投げ飛ばした。自分も亦同じことを三たびきゝかへした。今度は『なあにおまえさん方がそんなことをきいて解るものか、唯数さへかければ出来る様になる、さあおいでなさい』と又又投げつけた」[3]というもので、当時は技の原理や掛け方などを説明することなく、いわば体得主義であった。

こうした柔術時代の教授法に疑問を抱き、嘉納は自ら柔道人形を作り身体の構造や相手の姿勢を崩してかけるという方法を研究した。またこの頃の稽古着は、今と違って下穿《ば》きは股までしかなく上着は広袖であったので、肘や膝はすりむき通しであり、嘉納は万金膏という膏薬が欠かせず、大学の授業ではいつも友人から冷やかされたものであった。こうした反省から、嘉納はやがて稽古着を長くして怪我を避け、またどこを持っても攻防できるように改良していくのである。一八七九（明治一二）年、二〇歳の時にはアメリカ前大統領グラント（一八代）が来日するというので、八月五日に渋沢栄一に招かれて、磯正智《いそまさとも》や福田八之助その他の諸名家と共に飛鳥山の渋沢別荘にて、グラントの前で学友五代龍作と柔術乱取をして、日本の伝統文化である柔術を紹介した。

(2) 天神真楊流の形

しかし、一八七九年八月に東京山王神社秋祭りの日に福田が卒然と五二歳で死去したので、福田の師匠であり流祖・磯又右衛門の高弟で三代目磯正智につき稽古を始めた。当時、磯正智はすでに六〇歳の老齢で自分に乱取の指導はしなかったが「形」の方を習った。この道場では、乱取の方は以前からいる佐藤と村松が当たり、それに新しく入門した嘉納と福田の道場から連れてきた福島が加わった。毎晩出席者は三〇名くらいであったという。そして嘉納は、「当時は今の様に乱取が主でなく、最初は必ず形をやつたもので、それから乱取をやるのだが、三十人悉く一人で形をうけるのではないにしても、其多数は自分がこれを引き受ける、それから更に乱取を指導する。（中略）帰りは、おそい時には十一時をきいてからになる」(4)と述べ、最初は天神真楊流の形をみっちりやりその後に乱取を行ったのである。

（天神真楊流の形）

・手解12手・初段居捕10手・初段立合10手・中段居捕14手・中段立合14手・投捨20手・試合裏24手・極意上段立

表1―3　起倒流の形（登假集より）

取形十四形	裏（不取段）七形
体（たい） 夢中（ゆめのうち）	身砕（みくだき）
力避（りょくひ） 水車（みずぐるま）	車反（くるまがえし）
水流（みずながれ） 曳落（ひきおとし）	水入（みずいり）
虚倒（こだおれ） 打砕（うちくだき）	柳雪（りゅうせつ）
谷落（たにおとし） 車倒（くるまだおれ）	坂落（さかおとし）
錣取（しころどり） 錣反（しころがえし）	雪折（ゆきおれ）
夕立（ゆうだち） 滝落（たきおとし）	岩波（いわなみ）

合10手・上段居捕10手　　合計124手

そうこうするうちに、磯正智も一八八一（明治一四）年六月に亡くなったので、さらに師とすべき人を求めて探し、ついに起倒《きとう》流の飯久保《いいくぼ》恒年《つねとし》にめぐり合った。飯久保は、当時五〇歳以上に達していたが「形」はもちろん乱取の方も学んだ。これまで学んだ天神真楊流が平服組討（普段着）の技で構成され、咽喉を絞めるとか逆をとるとか押し伏せるなどを主としており、投技も巴投とか足払とかはあったが、起倒流とは掛け方などに違いがあることを発見したのである。起倒流は鎧組討技であり、腰技や横捨身技に優れたものがあり、嘉納は真剣に起倒流の研究に取り組んだのである。

とりわけ、起倒流の乱取中に次のような発見をした。それは一八八五（明治一八）年頃のことであった。

> 或日のこと、先生と乱取をして居ると、自分の投げがよくきく。是迄はこちらからなげることもあつたが、随分先生からなげられたのに、その日は是迄とちがひ、不思議にも先生からは一本もとられず、而も自分のかけるわざが誠によくきく。一体先生は起倒流であるから投わざの名人であつて、平素自分は、よく先生から投げられたのである。

然るに、その日は本当に珍しい結果を見たのである。先生がいかにも不思議に思はれ、いろ〳〵と考えて居られた。これは全く、自分が相手の身体を崩すことを研究して自得した結果であつたのだ。[5]

嘉納は相手を崩してから技をかけることを発見した。嘉納はこのことを飯久保に話したところ、先生はこれから教えることはないので今後は乱取は見合わせましょう、と言ってこれを限りに乱取をやめたのである。そして、講道館ではこの体験にもとづき六方向の崩し、あるいは八方向の崩しということを弟子たちに教えた。嘉納が起倒流の免許を与えられたのは一八八三（明治一六）年であり、伝書も飯久保の持っていたあらゆる物を授けられ、起倒流の稽古は免許取得後も続けられた。また、天神真楊流の稽古も一八七七（明治一〇）年に福田八之助に学び始め、三代目・磯正智の他にも四代目・磯正信および正智の高弟であった井上敬太郎（学習院柔術教師）にも師事した。この井上道場では、山嵐を得意とする西郷四郎をみつけ出しており、嘉納は都合九年間天神真楊流を学んだのであった。

2　講道館柔道の創設

(1)　柔術から柔道へ

天神真楊流と起倒流柔術の二流を稽古してきた嘉納は、柔術をいくらかでも改良すれば武術の他に智育・徳育・体育として社会的にも大変有意義なものになれると考えた。

自分は、かつては非常な癇癪持で、容易に激するたちであつたが、柔術のため身体の健康の増進するにつれて、精神状態も次第に落ち付いて来て、自制的精神の力が著しく強くなつて来たことを自覚するに至つた。又柔術の勝負の理窟が、幾多の社会の他の事柄に応用の出来るものであるのを感じた。更に、勝負の練習に附随する智的練習は、何事にも応用し得る一種の貴重なる智力の練習なることを感ずるに至った。もとより方法としては、在来教へられ来たつた方法其まゝで良いとは思はないが、相当の工夫を加ふるに於ては、武術としての外に、智育・体育・徳育として誠に貴重なるもののあることを考ふるに至つた。(6)

そして、一八八二（明治一五）年五月に下谷区北稲荷町永昌寺にて講道館柔道を創始したのである。まず嘉納が取り組んだのは、柔術の名称を柔道に変えることであった。「先ヅ私ガ普通行ハレテ居ル柔術ト云フ言葉ヲ用ヒナイデ何ゼ殊更ニ唯々高尚ナ一二ノ流儀ノミデ用ヒテ居マシタ処ノ柔道ト云フ名称ヲ附ケマシタカノ説明ヲ致シマセウ」(7)と述べ、以前より柔術のなかにも柔道という名称が使用されていたと説いた。この流派は、出雲で生まれた直信流柔道と免許皆伝を得た起倒流柔道であり、嘉納が柔術を柔道に変えた理由として、既に柔術流派中に柔道と称した流派が存在したことがあげられる。嘉納は、次のように述べている。

今日柔術ト云ヘバ世人ハ恰モ一種ノ咽喉ヲ締メ関節ヲ挫クトカ殺シタリ活カシタリスルトカ剣呑ナコトノミヲスル術デ身体ヲ害スルトモ益スルコトノ無イモノ、様ニ考ヘテ居リマス。（中略）又殊ニ私ガ組立テマシタモノハ決シテ恐ロシイコトヲスルノデハ御座イマセヌカラ、私ノ主張スル所ノモノハ世人ガ思ウテ居ル様ナモノデハ無イ。別ナモノダト云フコトノ分カル様ニスル考ヘデス。(8)

柔術の名称では国民に危険な印象を与えるから術を道に変えて安全性を強調したのである。さらに一八七三（明治六）年頃から幕末講武所教授であった榊原鍵吉を中心に撃剣興行という見世物が行われ柔術も参加したが、こうした見世物の一種とみられるのが嫌で柔道に変えたのである。それでは、なぜ柔理学と柔理論とか言わずして柔道としたかについては、「私ハ飽クマデモコノ道ニ就テ古人ノ功労ハ消滅致シマセヌ様ニシタイト考ヘマシタ処カラ以前ヨリ有ツタ名称ヲ存シテ置キマシテ其上ヘニ私ノ道場ノ名前ヲ附ケマシタノデス」[9]と述べ、これまでの先人の功績を残して柔術流派で使用されたことのある柔道と命名したのであった。

(2) 講道館五教の技

「柔道」への名称変更に伴い、技についても整理されていく。特に柔道の投技は「講道館五教の技」として、最初一八九五（明治二八）年に制定され、一九二〇（大正九）年には改正されて四〇本となっていく。この「五教の技」は修行者に技術選択を示したものであり、配列は習得しやすい技から入り順次難しい技に進むように組み立てられ、第一教、第二教、第三教は一般の修行者が学ぶ技とされた。第一教から五教まで八本ずつの計四〇本からなり、内訳は手技六本、腰技九本、足技一四本、真捨身技三本、横捨身技八本から成っている。嘉納が学んだ柔術の技名がいかに講道館五教において変更されていったかを、天神真楊流の代表的な技を表1―4で、起倒流の代表的な技を表1―5でみてみる。

講道館柔道発祥の地の碑
（講道館所蔵写真）

こうして嘉納は技名を当時の人にわかりやすく変えるとと

表1－4　天神真楊流の技と柔道との関係

天神真楊流柔術の技名	講道館五教の技名
向山影（むこうやまかげ）	肩車（かたぐるま）
鐘木（しもく）	大外刈（おおそとがり）
片胸捕（かたむなとり）	大外刈（おおそとがり）
両手捕（りょうてとり）	一本背負（いっぽんせおい）
片羽縮（かたはちぢみ）	片羽絞（かたはじめ）
後鎖（うしろかすがい）	裸絞（はだかじめ）
左胸捕（ひだりむなとり）	脇固（わきがため）

表1－5　起倒流の技と柔道との関係

起倒流柔術の技名	講道館五教の技名
夢中（ゆめのうち）	横分（よこわかれ）
水車（みずくるま）	横分（よこわかれ）
曳落（ひきおとし）	浮落（うきおとし）
夕立（ゆうだち）	浮落（うきおとし）
谷落（たにおとし）	谷落（たにおとし）
雪折（ゆきおれ）	背負投（せおいなげ）

もに、柔術の危険な技の掛け方にも改良を加えた。例えば、天神真楊流の「片胸捕」や「鐘木」の右手を相手の喉にかけて外側から刈る技は危険なので、相手の襟と袖を持って足を刈るように改良し、技名も「大外刈」という原理にもとづいた名称に変えた。また、起倒流の「雪折」は後方から抱きつかれた際に背負って投げる技であったが、正面から襟と袖を持って投げられるようにして、技名も形態に即して「背負投」と改名した。この他にも柔術の「向山影」を「肩車」に、「後鎖」を「裸絞」に変えて大衆化を図った。

講道館における諸行事は一八八四（明治一七）年までにほぼ整備されたといえる。「五箇条の誓文」が作られて入門帳に署名と血判するようになり、鏡開や月次《つきなみ》試合、紅白試合、寒稽古も始められた。「五箇条の誓文」とは、講道館に入門する者は必ず誓約しなければならない誓文であり、技術の遺漏なきことや中途で修行をやめないことなどが誓約された。一八八二（明治一五年）年に署名された者は、富田常次郎、樋口誠康、有馬純文、中島玉吉、松岡寅男磨、有馬純臣、西郷四郎、尼野源次郎、川合慶次郎の九名であった。紅白試合と月次試合は、修行者の奨励を目的としたものであったと次のように述べている。

月次勝負については、予め修行者の席順をきめておいて、月に一回、或る日曜日を選んで勝負を行ふ。まづ最も下位のものと其次位のものとの試合に始まり、順次勝ちぬいて上位に及ばしめる。かうして、一人をぬけば一人だけ其順位をすすめる。つまり、強いもの順にならぶといふことになる。（中略）紅白勝負、これは予め組を紅白に分ちて試合をさせるので、今日行はれて居る通りのものである。此等の試合は、皆奨励の目的で行つたものだ。(10)

寒稽古も一八八四（明治一七）年頃より始めた行事であり、最も寒い季節を選んで三〇日間、午前五時（場合に

1893年に完成した下富坂道場（講道館所蔵）

下富坂道場での寒稽古（1930年頃、講道館所蔵）

よっては午前四時）から七時まで、一日も欠かさず出席して乱取の練習をすることを奨励した。嘉納はその意義を次のように説明する。

この三十日間の練習を全うしようと思へば、一度決心したことは必ず遂行しようといふ精神がなくてはならぬ。又睡けにも打勝ち、寒さにも屈せぬといふ意気込みがなければならぬ。それから三十日間風邪にも罹らず、怪我もしないだけの細心の注意を必要とする。凡そ何事を為すにも、一度志を立てたら容易にそれを変更するやうなことがあつてはならぬ。[11]

なお、暑中稽古も講道館が始めたものであり、暑中三〇日間、一番暑い午後一時から三時までを選んで行った。その意義は寒稽古と同様であり、その間皆出席した者には、出席の証書を授与した。このように講道館柔道は内容を整えていったのである。

3 講道館柔道の発展

(1) 講道館の実力

一八八二（明治一五）年に誓文し署名した者は九名にすぎず、一二畳の狭い道場であった。もっともこの年実際に稽古した人数は二〇名前後だった。講道館創始時の稽古について、嘉納は「形と乱取とを同じやうにやれば、多くのものは乱取に身を入れて、形を閑却する恐がある。そこで、自分が講道館を起した当初には、形といふものは、之をきりはなしては殆ど教へては居ない。乱取の合間に形を編み込んで教へるという方針をとった」[12]と述べ、創設当初は乱取を主としながらもその合間に「形」を盛り込んだのである。この時の「形」は、最初のうちは天神真楊流または起倒流柔術の「形」をそのままで教えていた。しかし、徐々に修行者が増えて乱取が盛んになってくると、多人数となり手が届かなくなり「投の形」を拵《こしら》えたのである。また、抑込技と絞技、関節技のなかから代表的な技を選び「固の形」も一八八七（明治二〇）年頃に創った。この頃になると、天神真楊流の形は行われなくなり、代わりに一五本の「真剣勝負の形」を作り、起倒流の形は投技の原理と高尚な理論を含むとして「古式の形」として残したのである。こうして、投技中心に安全に攻防ができる乱取と、当て身や関節技を含んだ「形」との二つの練習形態をもたせたことが、その後の柔道の発展に繋がっていった。

しかし、柔道の実力を世の中に周知させ社会的普及をみるには多少の時間がかかった。警視総監であった大迫貞《さだ》清《きよ》は、撃剣および柔術の奨励と技能優秀者を警視庁に採用するという目的で、第一回警視庁武術大会を一八八五（明治一八）年五月に開催した。第二回以降は大迫を継いだ三島通庸《みちつね》が大々的に大会を開催することになる。一八八八（明治二一）年頃になり講道館の名声が知れ渡るようになると、武術大会においても当時柔術界の名声高い楊心流戸塚門との対決が多くなる。この頃のある試合に、「戸塚門下も十四・五名、講道館からも十四・五人、各選手を出したとおもふ。其時四・五人は他と組んだが、十人程は戸塚門と組んだ。（中略）此勝負に、実に不思議なことには二・三引分けがあったのみで、他は悉く講道館の勝となった」(13)とされ、この勝負があってから講道館の実力が天下に示されることになる。嘉納は自ら奉職した学習院と熊本第五高等中学校で柔道を授業に取り入れ、それと並行して慶應義塾や東京大学などでも課外として柔道が行われ、海軍兵学校にも柔道教師を派遣するようになった。

一八八九（明治二二）年には大日本教育会の招きで文部大臣・榎本武揚《たけあき》らの前で、「柔道一班並ニ其教育上ノ価値」と題し講演を行い、柔道は体育（身体の鍛錬）、勝負（武術）、修心（精神修養）としての価値があるので、至急に全国の中等学校に採用するように説いた。嘉納は一八九三（明治二六）年には高等師範学校長に就任、翌年には柔道場右尚館を設け、同附属中学校にも柔道部をつくった。一八九八（明治三一）年には学習院と高師附属中学校との対抗試合が行われたが記録は残っていない。一八九九（明治三二）年には講道館において、東京府下諸学校、諸道場の連合試合が行われ、三〇分に及んでやっと勝負がついた試合もあり引き分けはほとんどなく、まだ明確な審判規定はなかった。同年の学習院と高師附属中学校との対抗試合では学習院一〇名に対し、高師附属中五名と講道館五名の連合軍で試合をしており、一九〇三（明治三六）年に至り初めて他者を入れない学習院対東京高師附属中の試合が行われた。しかし、こうした学校での普及にもかかわらず、文部省はなかなか柔道を学校に採用するまでには至っていなかった。

(2) 全日本柔道選士権大会への道

一八九八年には嘉納は少壮の者を指導し立身の方針を定め心身鍛練をするという目的で「造士会」を設立し、雑誌『國士』中で柔道修行者に対して指導法にも言及していく。これが、柔道指導書の最初のものといえるだろう。講道館及学校課外での柔道普及に伴い、一九〇〇（明治三三）年には「講道館柔道乱取試合審判規定」が作成され、初段以上の者は投技六七歩固技三四歩の割合で平素修行すべきと説かれ、また「一本」の判定基準として、「（イ）故意又は過ちて倒る丶にあらずして一方より業を仕掛け又は對手の業を外したるが為め倒る丶こと（ロ）業の種類により必ずしも正確には定め難

少年を指導する嘉納治五郎
（講道館所蔵）

きも、大体に於て仰向に倒る丶こと（ハ）相当の『ハヅミ』又は勢いを以て倒る丶こと」[14]と定められた。

また当時は二本勝負といって「一本」を二回先取した者が勝ちとされた。こうした制度面の充実とともに、嘉納は附属中学校の教師であり剣道師範であった峰岸米造と川越中学校の撃剣体操を視察に行くなどして、柔道の学校正課への取り組みを促進していく。そして、小沢卯之助や星野仙蔵らの剣道関係者の国会請願運動の甲斐もあって、一九一一（明治四四）年七月についに中学校令施行規則が改正され「体操ハ教練及体操ヲ授クベシ又撃剣及柔術ヲ加フルコトヲ得」となったのである。しかし、実際は随意科つまり選択であった。

大正時代に入ると、我が国も第五回ストックホルム・オリンピック大会（一九一二年）に初参加して、競技スポーツが盛んに行われるようになる。一九一五（大正四）年には第一回中等学校野球大会が開催され、柔道においても一九一九（大正八）年には第一回全国中等学校柔道優勝大会が参加二〇校で行われた。しかし、明治三〇年代後半から対抗試合が盛んになる一方で、対抗試合の中止もみられるようになる。

例えば、一九〇二（明治三五）年には後の早慶戦の先駆けと

東京高師の柔道部とともに（講道館所蔵）

なる第一回早稲田大学柔道（連合）試合が挙行されたが、一九〇五（明治三八）年には中止される。当時の学生スポーツを伝える『運動界之裏面』（一九〇六年発行）には、「時に慶應は、俄かに人数を増して、三十人を三十五人にせんことを申込んで来た。早稲田は、既に三十人にだに悩んでゐる。更に五人を増さるゝのは難時である。併も評議の結果、止むなく諾した。慶應は、更に四十人に増さんことを申込んで来た。早稲田は終に怒って、而して此の試合は中止と成った」[15]とされ、選手数を巡って両校が対立した様子がうかがえる。同様なことは、一九一四（大正三）年に開始された高等専門学校柔道大会にもみられ、一九二〇（大正九）年の一高対二高との定期戦では二高側が最初から寝たままの寝技に終始したため、これに一高は憤慨して対抗試合は取りやめとなった例もあった。嘉納はこうした対抗試合の真意義について「対手に対して、些《いささか》の思遣りもなく卑劣な手段でも何でも構はず、勝ちさへすればよいといふ態度で向ふ時は、対手は負けても、対手に対して敬服することのないことは勿論、悪感情を残して分るゝことになる」[16]と述べ、行きすぎた勝利至上の考え方に警鐘を発している。そして、対抗試合といえども「勝つにしても道に順って勝ち、負けるにしても道に順って負けなければならぬ。負けても道に順って負ければ、道に背いて勝ったより価値があるのである」[17]というのが嘉納の考え方であった。一九二一（大正一〇）年には、

水道橋に 1933 年にできた講道館（講道館所蔵）

表1−6　全日本柔道選士権優勝者一覧

一般				専門					
成年		壮年		成年		壮年			
後期	前期	後期	前期	後期	前期	後期	前期		
四段 興呂木盛藤	六段 村上義臣	五段 島井安之助	五段 笠原巖	六段 天野品吉	六段 尾形源治	五段 須藤金作	五段 古沢勘兵衛	昭和五年	第一回
五段 伊藤鉄五郎	五段 鯨井寅松	欠	五段 野上智賀雄	六段 吉沢一喜	五段 高橋秀山	五段 神田久太郎	五段 牛島辰熊	昭和六年	第二回
四段 吉本官次	五段 五十嵐九兵衛	三段 李鮮吉	五段 飯山栄作	六段 馬場寿吉	五段 松野内安一	六段 古沢勘兵衛	六段 牛島辰熊	昭和七年	第三回
(武)五段 中須賀百松	欠	五段 古賀弘	五段 中島正行	欠	六段 青木武	五段 対島彪一	五段 田中末吉	昭和九年	第四回
四段 山口宇吉	四段 松前顕義	五段 横関辰雄	五段 中島正行	六段 宇土虎雄	六段 西文雄	五段 山本正信	五段 飯山栄作	昭和一〇年	第五回
五段 山口宇吉	五段 田中宗吉	五段 山内十次郎	三段 村上一雄	欠	六段 神田久太郎	六段 山本正信	欠	昭和一一年	第六回
欠	五段 李鮮吉	五段 柿崎重弥	五段 村上一雄	六段 高橋隆正	六段 須藤金作	六段 田中末吉	五段 木村政彦	昭和一二年	第七回
欠	五段 李鮮吉	五段 真壁愛之助	五段 村上一雄	六段 三石昇八	五段 赤川徳次郎	五段 楠力	五段 木村政彦	昭和一三年	第八回
預り				木村政彦				昭和一四年	第九回
松本安市				広瀬巖				昭和一六年	第一〇回

館員数二万二千余名にのぼり有段者も六千四百余名となった。

昭和に入ると、嘉納の発案により初の全国的規模の大会である「全日本柔道選士権大会」が開催されることになる。一九三〇（昭和五）年のことである。この大会に先立ち選士権大会規定が作成されたが、勝負させる上で力の釣合いという点で苦心の結果がみて取れる。それはまず、選手選出の地区区分として全国を八つの区に分けたことである。もう一つは、「専門選士と一般選士との区別を立て、さらに年齢によって四つの区分を設けたのも大いに苦心したところである」[18]とされ、柔道を専門業務としている者と単に趣味や修養で行っている者を分けてさらに年齢も考慮した。嘉納がこうした配慮をした背景には、一番強い者を選び出すというとらえ方ではなく、修行者群それぞれの領域における優秀者を選び出すことが目的であったといえる。さらに武術と体育とを全国的に普及し、あくまで国民の体育に重きを置くといった考えであった。しかし、この大会は嘉納の死後一年後には「日本柔道選士権大会」という大会名に変更され、年齢の区分けが取り払われて「専門選士」と「一般選士」の二名の優秀者のみとなった（表1―6参照）。

一八八二（明治一五）年には入門者は九名、翌年は八名にすぎなかったが、一九二一（大正一〇）年には館員数二万二千名に上り、一九三〇年には館員数四万八千名、有段者二万三千名に増えていったのである。

4　精力善用自他共栄

(1)「精力善用」の原理

一九一四（大正三）年には柔道の発展と普及を図るため柔道会が設立され、雑誌『柔道』の創刊や講演会の開催が行われるようになる。この柔道会設立の趣旨は、「近年富みの増殖に伴い、奢侈遊惰の風日を逐ひて益々甚しからんとす。是れ国を愛する人士の憂慮する所にして又その矯正にもつとも力を注ぐ所たり。予が柔道における亦実にこの間に尽くす所あらんと期せしに外ならず」[19]とされ、近年我が国民が贅沢に慣れ浪費が目立つようになってきたので柔道により何か貢献したいというものであった。日本は、日清日露の戦争後重工業への転換を図り経済は富んでいくが、一方で戦勝国としての驕りや勤労の習慣が薄れていく傾向にあった。こうした社会情勢に対して、新たな柔道会の設立となったのである。

機関誌として一九一五（大正四）年に『柔道』が発刊されると、嘉納自ら「講道館柔道概説」において、心身の力の有効利用について次のように説明した。

従来の柔術について見ても、予が講道館柔道として教へて居るものについて考へて見ても実際に於ては攻撃の時でも防御の時でも柔の理以外で説明しなければならぬものがいくらもある。たとへば立って居る処を他人が後から抱きついたと仮定せよ。此の時厳格なる柔の理では逃れることは出来ぬ。対手の力に順応して動作する途はない。（中略）

攻撃防御の方法は単に柔の理の応用だけで説明することはむづかしくなつて来る。併し身体上から考へても精神上から考へても柔道の種々の業を通じていつでもいひ得られるとはそれぞれの場合に於て最も有効なる方法を選ぶべきである。さうすると攻撃防御の方法として最も有効なる道は心身の力を最も有効に使用するにあるといはなければならぬ。元来柔術とか柔道とかいふ柔の字の興りは何からであるといふことは確には分らぬが柔の理の柔の意味に基づいて起つたといふことは殆ど疑を挟む余地はないと思ふ。さうすると攻撃防御の方法として柔の理の応用が大切な部分を占めて居る処から外の理に基づいてする場合のあるに拘はらず、総体のことを或は柔術といひ又柔道といつたのである。その名称を一層押し広げて予は柔道といふ言葉を攻撃防御の場合に応用すべき心身の力の最も有効なる使用法に止めず広く如何なる事柄に応用しても苟も心身の力を最も有効に使用する道の存する処にこの柔道といふ名称を用いることにしたのである。(20)

つまり講道館創設当初は、柔術や柔道の原理を「相手の力に順応し其の力を利用して勝つ」という柔の理で説いていたが、やがて「心身の力を最も有効に使用する」という新原理を編み出したのである。またこの「心身の力を最も有効に使用する」道の存する所すべてを柔道とよび、柔道の含む範囲を社会生活にまで拡大した。そして一九一五（大正四）年には、柔道は心身の力を最も有効に使用する道である、柔道の修行は攻撃防御の練習によって身体精神を鍛錬修養しこの道の真髄を体得することである、そうしてこれによって己を完成し世を補益するのが柔道修行の究極の目的であると定めた。以前の柔術がその説き方に多くの差異があり、いずれも攻撃防御の武術の範囲を出なかったが、講道館柔道に至って自分の完成を図りながら世の中に尽くすという、人生の大道となったのである。

(2)「自他共栄」の原理

一方、「自他共栄」の萌芽は、すでに「柔道一班並ニ其教育上ノ価値」（一八八九年）の「自他ノ関係ヲ見ル」にみられる。柔道では相互に相手の為を図りながら稽古をするという心がけが必要であり、また、嘉納はスペンサーなどが説いた功利主義思想の影響もあって、「共存共栄」の用語を編み出した時もあった。さらには外国での教育視察や柔道普及も見逃してはならない。嘉納は、一八八九（明治二二）年に第一回の欧州歴訪を皮切りに生涯一三回の外遊を行っているが、「精力善用自他共栄」を発表するまでには五回の外遊を行った。その様子は表1−7のとおりである。

特に嘉納は一九二九（昭和四）年発行の『作興』のなかで、第一回の渡仏時に二カ月間パリに滞在し、「巴里大学のグレアールといふ有名な教育家に話をきゝ、文部省に於ては当時の普通学務局長ブイッソン氏の説をきゝ、其他諸方の学校長・教育家等に接して、得る処少なくなかつた」[21]と述べている。オクタブ・グレアールはパリ市の初等教育の改革後、パリ大学副学長として二三年間務め、第三共和政期の教育に貢献した人物である。フェルディナン・ブイッソンは、初等教育局長を歴任したフランスの初等教育体制を組織した功労者であり、また宗教と教育との関係について宗教を形式として捉えず宗教の本質的部分や人間の本性を尊重することが大切であると主張した。後に、嘉納は一九二〇（大正九）年にブイッソンと再会しているが、仏国において宗教を離れて道徳を説く最も有力な一人であると尊敬の念を表している。同年嘉納は東京高等師範学校長の職を去り、第七回アントワープ・オリンピックと欧州における外遊を行ったが、教育視察と柔道の講演・実演を行い人々に感銘を与え、各地における成功は嘉納の抱いていた自分の意見を宣言する確信を抱かせたといえるだろう。そして「道徳を説くには、或る一派

表1―7　嘉納の外遊について

第一回外遊（欧州）：一八八九（明治二二）年一〇月にマルセイユにつき、欧州諸国の教育視察と柔道を紹介。

第二回外遊（清国）：一九〇二（明治三五）年七月より一〇月まで滞在、柔術の起源や身体的発達について説明。

第三回外遊（清国）：一九〇五（明治三八）年五月より九月まで滞在。

第四回外遊（欧米）：一九一二（明治四五）年六月、第五回ストックホルム・オリンピックに日本選手団を引率、欧米教育視察と柔道普及を図る。嘉納はこの外遊で精力善用の原理が世界的に支持される自信を得る。

第五回外遊（欧州）：一九二〇(大正九)年、第七回アントワープ・オリンピックに選手引率、欧州各国の教育視察と柔道の普及を行う。各地における成功は、嘉納に精力善用自他共栄を宣揚する確信を抱かせた。

の学説とか、一種の信仰とかいふものによって之をとくといふことは、其学説、其信仰を有する人にはよいが、他の人々を納得せしむることは到底不可能のことである。誰人をも納得せしめ得る、根本原理に基づいて説かぬならば、真の徹底せる道徳は説き得ない」(22)と述べ、誰もが納得できる根本原理にもとづいた道徳が必要であると主張した。そしてその根本原理にもとづく思想として「それは自他共栄といふことである。(中略)人が共同生活をして居る以上、相互の間を融和協調していかなければいけないのである。それには、互に譲り、互に扶けるといふことをせなければならぬ」(23)と述べた。「自他共栄」は、国民道徳の統一を図ろうとして編み出された思想であり、特定の宗教よりも道徳の立場から生み出された思想といえる。

5 講道館文化会の設立

(1) 講道館文化会の理念

嘉納は一九二〇(大正九)年に東京高師の校長を退職するとともに、これまでの柔道会(一九一四(大正三)年〜)を改めて一九二二(大正一一)年一月一日に講道館文化会を創立する。この文化会を創設した理由を次のように説明している。

輓近世界の大勢を察するに国際関係は日に錯綜を加へ国々互に融和提携しなければ独立を維持することが

自然体の姿勢(1931 年)
(講道館所蔵)

困難になって来た。従って吾人は、今日の状態に満足せず進んで広く世界に友邦を得ることに努めなければ国家の隆昌を期することが出来ぬ。顧みて今日の国情はといえば国民に遠大の理想なく思想は混乱し上下奢侈に流れ遊惰に耽り地主は小作人と反目し資本主は労働者と衝突し社会到る処に名利権力の争ひを見るのではないか。一刻も速にこの境涯より我が国を救ひ世界の大勢に順応する事の必要なるは識者の均しく感を同じうする所である。この時に臨んで我が同志は多年講道館柔道の研究によって体得した精力最善活用の原理を応用して世に貢献せんと決心し新に講道館文化会を設くること〻した。(24)

当時の日本は第一次世界大戦後にヨーロッパの商品がアジア市場に進出することにより、貿易は振るわなくなり、日本では多くの失業者が出る結果となっていた。また一九一八（大正七）年には、大商人の買占めがあって米価が四倍にもなり各地で米騒動が起こり、原敬が政党内閣をつくったがすぐに暗殺されるなど政情不安が続いた。一方、目を世界に転じると、大戦後も列強の帝国主義は収まらず、また国際連盟において日本は常任理事国として、国際社会で活躍せねばならない立場にあった。こうした世情を肌に感じ、講道館文化会が設立され、《宣言》と《綱領》が出された。

《宣言》

本会は精力最善活用に依って人生各般の目的を達成せんことを主義とす。本会はこの主義に基いて、

一、各個人に対しては身体を強健にし智徳を錬磨し社会に於て有力なる要素たらしめんことを期す

二、国家に就いては国体を尊び歴史を重んじ其の隆昌を図らんが為常に必要なる改善を怠らざらむことを期す

三、社会に在つては個人団体各互に相助け相譲り徹底せる融和を実現せしめんことを期す

四、世界全般に亘つては人種的偏見を去り文化の向上均霑に努め人類の共栄を図らんことを期す

《綱領》

一、精力の最善活用は自己完成の要訣なり

二、自己完成は他の完成を助くることに依つて成就す

三、自他完成は人類共栄の基なり

ここに至って、嘉納は一九一五（大正四）年に発表した「柔道は心身の力を最も有効に使用する道である」中の心身の力を精力の二文字に詰め、人間の行動は善を目的に最も有効に行うということで「精力最善活用」と唱えた。そして、精力最善活用によって自己を完成し（個人の原理）、この個人の完成が直ちに他の完成を助け、自他一体となって共栄する自他共栄（社会の原理）によって人類の幸福を求めたのである。

(2)「精力善用」「自他共栄」

文化会創立発会式は一九二二（大正一一）年四月三日に開催されたが、当日のメンバーは次のとおりであった。

一、開会の辞　嘉納治五郎

一、欧州大戦後の思想的中心とソコール運動　鶴見祐輔

一、我が国の国際的地位と国民の自覚　鶴見左吉雄

一、人の人たる所以　穂積重遠

一、発会を祝して　徳富猪一郎

一、講道館文化会について

三宅雄二郎

この会は、精力最善活用によって人生各般の目的を達成しようという主義をはっきり出して、日本の道徳教育の新しい構築を試みようとしたものであった。機関誌としては、雑誌『大勢』『柔道界』が発行されたが、二本立ての雑誌発行は経済的に困難となり、再び統合して『柔道』と改題された。嘉納は「精力善用」について、こう述べている。

どんなことでも人間のすることで、精神と身体を働かせないでできるものはない。本を風呂敷に包むのでも文を作るのでもさうである。最も上手に本を包み文を作らうと思へば、その目的に適ふやうに精神と身体を最も巧みに働かさなければならぬ。これを心身の最有効使用法とも使用道ともいひ、何事をするにも成功の一貫した大道である。この道を柔道と称するのである。攻撃・防御を目的として、この道を応用することを武術といひ、身体を強健にし、実生活に役立たせるやうにこの道を応用することを体育といふ。又智を磨き徳を養ふ為にこの道を応用すると、智徳の修養となり、社会に於ける万般のことに応用すると、社会生活の方法となる。(25)

「心身の力を最も有効に使用する道」を柔道とよび、その応用の仕方によって柔道は武術にでも社会生活の方法にもなれると説いた。さらに嘉納は心身最有効使用法の応用について、「今日世間でいふ能率の増進、科学的経営法、産業の合理化などといふやうことは、この有効な活動や精力の善用といふことに含まれてゐる」(26)とも記して、精力善用の範囲を能率増進や産業の合理化にまで広げている。

一方「自他共栄」の栄については、「人は常に自分の栄えと他人の栄えを両立するやうに、自分のことのみを考

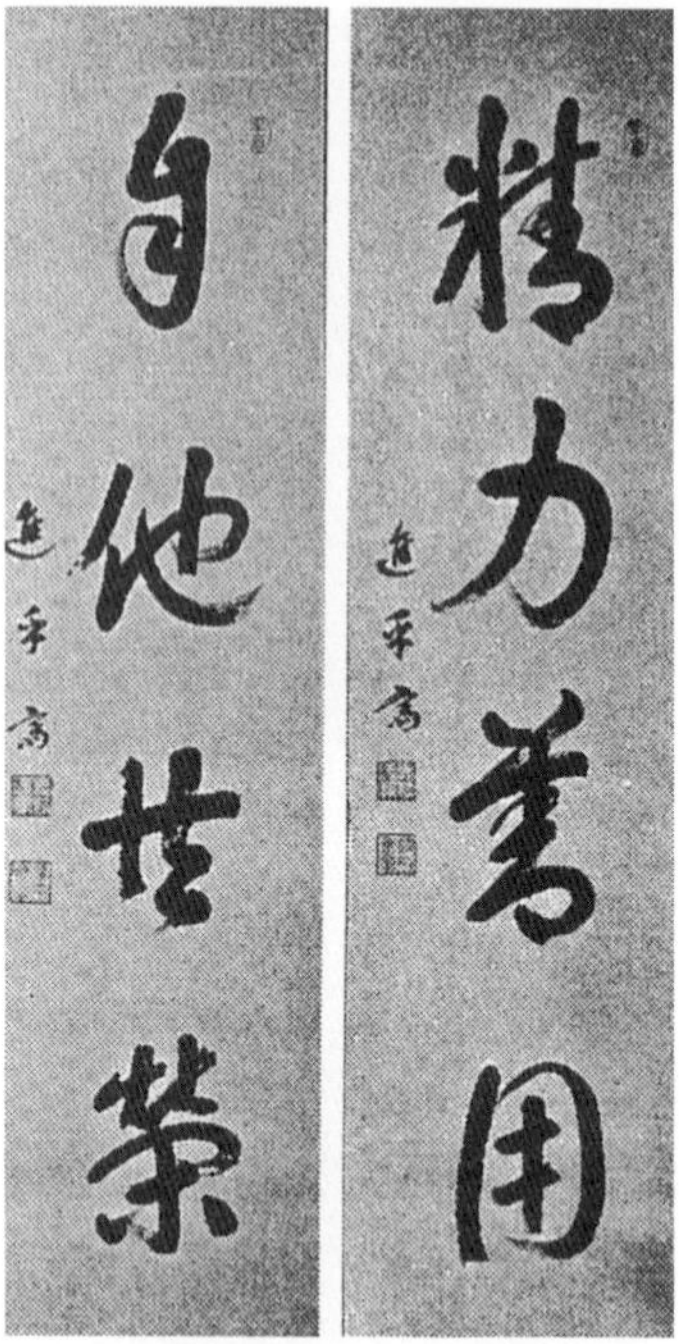

精力善用自他共栄の書
（講道館所蔵）

へず、人の為をも考へ、他人の為に尽くしながら自分の為をも図ることを忘れぬといふ所に、融和も平和も進歩も生じてくるのである」[27]とし、自分のためと他人のためを両立するように努力すればやがて国際間の融和や平和も生じてくると説いたのであった。

　この書にみられる雅号は「進乎斎」となっている。嘉納は六〇歳までは生地御影が六甲山の南にあたるために雅号は「甲南」とし、六〇歳代は荘子の養生主篇にある「臣之所レ好者道也、進二乎技一」の句にもとづき「進乎斎」とし、七〇歳代は「帰一斎」とした。

　嘉納は、一八九八（明治三一）年に造士会を設立し『國士』によって青少年の立身の方途を示し、一九一四（大正三）年に柔道の発達普及を図る目的で柔道会を組織し『柔道』によって柔道精神の高揚に努めた。そして一九二二（大正一一）年には、嘉納はこれら造士会・柔道会の統合体ともいうべき講道館文化会を結成し、嘉納の思想は「精力善用」「自他共栄」という指導理念をもって完成されたといえる。

【註】

(1) 嘉納治五郎口述・落合寅平筆録「柔道家としての嘉納治五郎（一）」『作興』六巻一号、一九二七年。
(2) 横山健堂『嘉納先生伝』講道館、一九四一年、二九二頁。
(3) 前掲註（1）。
(4) 嘉納治五郎口述・落合寅平筆録「柔道家としての嘉納治五郎（二）」『作興』六巻二号、一九二七年。
(5) 嘉納治五郎口述・落合寅平筆録「柔道家としての嘉納治五郎（六）」『作興』六巻六号、一九二七年。
(6) 嘉納治五郎口述・落合寅平筆録「柔道家としての嘉納治五郎（三）」『作興』六巻三号、一九二七年。
(7) 嘉納治五郎「柔道一班並ニ其教育上ノ価値」『大日本教育会雑誌』八七号、一八八九年。
(8) 同右。
(9) 同右。
(10) 前掲註（5）。
(11) 嘉納治五郎「寒稽古挙行の趣旨」『柔道』六巻二号、一九三五年。
(12) 嘉納治五郎口述・落合寅平筆録「柔道家としての嘉納治五郎（一二）」『作興』六巻一二号、一九二七年。
(13) 嘉納治五郎口述・落合寅平筆録「柔道家としての嘉納治五郎（七）」『作興』六巻八号、一九二七年。
(14) 嘉納治五郎「講道館柔道講義」『國士』三巻二四号、一八九八年。
(15) 運動術士『運動界之裏面』中興館、一九〇六年、一五八〜一六〇頁。
(16) 嘉納治五郎「対校試合の真意義」『柔道』四巻三号。
(17) 嘉納治五郎「講道館柔道の文化的精神の発揮」『有効の活動』八巻二号、一九二二年。
(18) 嘉納治五郎「全日本柔道選士権大会と精力善用国民体育」『嘉納治五郎著作集』第二巻、五月書房、一九八三年、三九〇頁。
(19) 嘉納治五郎「講道館柔道概説」『柔道』一巻一号、一九一五年。
(20) 嘉納治五郎「講道館柔道概説（承前）」『柔道』一巻三号、一九一五年。
(21) 嘉納治五郎口述・落合寅平筆録「教育家としての嘉納治五郎（三）」『作興』八巻四号、一九二九年。
(22) 嘉納治五郎口述・落合寅平筆録「柔道家としての嘉納治五郎（一六）」『作興』七巻四号、一九二八年。
(23) 同右。
(24) 同右。

(25) 嘉納治五郎『柔道教本』三省堂書店、一九三一年、三頁。
(26) 同右、二九頁。
(27) 同右、一二〇頁。

第三節　女子柔道の取り組み

1　女子柔道の始まり（女性の入門）

（1）最初の女性門下生

嘉納が講道館柔道を創始したのは一八八二（明治一五）年であったが、最初の女子の門下生を受け入れたのは一八九三（明治二六）年のことであった。最初の門弟は芦谷スエ子で、講道館の高弟、富田常次郎に柔道を習いたいと申し出たという。富田は嘉納の許しを得て麹町五番町の嘉納邸内の道場にて指導を始める。芦谷に続いて数名の女性が指導を受けるようになり、富田が渡米するまでの約一〇年間続いた。講道館における教育体系がある程度できあがってきた時期であり、女子柔道の可能性に着手する時期であったのかもしれない。しかしながら嘉納は一八九一（明治二四）年に結婚しており、須磨子夫人は結婚前から女子柔道の試験的な指導を受けていたともいわれている。また、息女の証言によると、嘉納は新しい技を考えつくと夜中であっても門下生を相手に技の研究をしていたらしく、須磨子もその稽古相手を務めていた。ということは、女子柔道の最初の門弟は須磨子夫人であったといえる。嘉納は、女性が柔道を行うことに対しての抵抗感がなかったことはうかがえる。明治といえば、文明開化とはいえ、女性が自転車に乗ることすら、脚をみせることすら憚られた時代であった。そう考えると、嘉納は非常に先見の明、進歩的な考えの持ち主であったといえる。

(2) 女子への指導法

嘉納は、当初女子に対して確固たる指導方法や方針をもっていなかったようで、女子の入門を許すにあたっても迷いがあった様子がうかがえる。後に桜蔭高等学校長を務めた女子教育家、宮川久子(旧姓大羽)は入門が許される過程を次のように語っている。

私が女子高等師範を卒業いたします少し前に、学業のほうはまあどうにか、かうにか卒業する事になっても、これから先、人の上に立って教育をいたしますには、どうしても学問許りでなく、身体の鍛錬、殊に精神的修養が必要であり、その為には、昔の武士道精神から割り出された柔道を学ぶのが最もいいと考へまして、その頃は、まだ女子の柔道といふことはあまり耳にしませんでしたが、二、三人の同志と申し合はせまして、麹町の嘉納先生の道場に入門をお願ひにあがりました。その時は、嘉納先生も流石に即答はなさいませんで、『いづれ家内と相談して』と申されましたが、その後間もなく奥様とも相談の上入門をお許し下さいました。[1]

このやりとりから、嘉納が、女子柔道に関しては夫人の考えに一目置いていた様子がわかる。また、須磨子夫人のことはあまり公に語られることがないが、嘉納の稽古相手を務めるほどの活発な女性であったこと、運動能力においても嘉納が女性に柔道を指導できると自信と確信を持たせるに至る人物であったと思われる。このことが実は

米国女性と柔道(講道館所蔵)

女子柔道の道を開くことに大きな影響を与えたといえる。嘉納は宮川や数人の女子に直接・間接に指導を続けていく過程で女子への指導目標や方法を整えていったと考えられるが、それでもなお確信には至っていなかったようで、そのことは、女子柔道の草分け的修行者の一人である安田謹子が一九〇四（明治三七）年に嘉納を尋ねた時の嘉納の言葉にも表れている。

現在、四、五人の女子に稽古しているが、女子の柔道についてては、わしは経験も少ないし、果して女子の柔道がその効果を認められるや否やということは、今のところではまだ研究中だから、あなたも共に研究して見るというつもりで来てくれるように。(2)

安田は女性の書生第一号として嘉納邸内に住み込み、専門的に柔道を始めた。女子に対する嘉納の指導は非常に慎重であった。病弱であった安田に対して、食事療法から始め、大小の鉄亜鈴による簡単な運動を継続的に行わせた。その後、「柔の形」の指導、受け身の練習をさせながら大学病院にて定期的に健康診断を受けさせた。その後、乱取練習、富士登山などと進んでいった。科学的ともいえるこういった指導計画によって安田は見違えるように健康になり、強靭な心身をもつようになる。このように手探りではあっても、段階を踏みながらの実際の指導の積み重ねから、嘉納は女子への柔道指導の効果を確信していったのだろう。

(3) 講道館女子部の誕生

大正に入ると、小学校、女学校、女子師範学校などで柔道を教える学校が急増する。一九二三（大正一二）年、開運坂道場において本田存《ありや》六段を指導者とし、本格的に女子への指導を開始する。一九二六(大正一五)年八月には、

女子の乱取り（講道館所蔵）

形を女子に教える嘉納治五郎（講道館所蔵）

女子修行者対象の二週間の講習会が実施された。この講習会の概要は、次のように記されている。

この講習会は、「女子に適する体育法の未だ考案されざる今日に於ては、柔道の形の如きは適当なる一法と存候のみならず護身法としても大に価値あるものと信じ」、主として「女子中学校に於ける女子体育教員及び体育に趣味を有する他の学科の女教員」を対象とし、「形により護身法を兼ねたる女子護身法を教授し、女子柔道の普及発展を企図」した。(3)

この時の参加者はわずか九人であったが、こうした試みの積み重ねが講道館女子部創設への機運を高めていった。一九二六（大正一五）年一一月、いよいよ講道館女子部が創設される。そして一九三一（昭和六）年には女子部にも誓文帳（入門帳）が作られ、入門に際して署名、捺印することとした。この頃から女子に対しても本格的な柔道指導が行われるようになった。女子柔道の先駆者としては、後には指導者として活躍した乗富《のりとみ》政子の存在があった。彼女は福岡県大牟田の町道場において稽古に励んでいたところを講道館指南役であった佐村嘉一郎の目にとまり上京を勧められる。柔道は東京でやっても福岡でやっても変わらないと上京を拒んだが、道場の先生や両親の説得もあり上京に至る。嘉納宅に書生として入門し、柔道修行が始まった。福岡では男子と変わりなく伸び伸びと稽古し、試合にも参加していたのに比べ、当時の講道館の様子を次のように記している。

〝お嬢様稽古〟で足がぶつかったりした場合にも「ごめんあそばせ」という調子で言葉遣いや礼儀作法も厳しく指導がなされた。(4)

これは歴史の浅い女子の柔道に対して、世間も好奇の目でみており、そんななかにあって柔道をする女性は「乱暴だ」「荒っぽい」というような噂や批判にさらされないようにとの配慮もあったに違いない。

柔道着は女性であっても男性と変わらないが、当時の女性は髪油を使用していたため、寝技をすると油が畳に付いて滑るので帽子を着用していた。一九三〇（昭和五）年一月、鏡開き式の延長試合を日比谷公会堂にて公開した際に、公の場において講道館女子部が初めて柔道を行った。三組が柔の形を披露したが、興味深いのは三組それぞれが異なった服装で演技をしたことである。袴、ブルマー、洋服をそれぞれが着用。おそらく、柔の形はどのような服装であっても行えること、女性にも無理なく行えるという点を示そうとしたのであろう。

一九三四（昭和九）年の鏡開き式において「講道館女子部ハ講道館師範ニ直属ス」の九条からなる規程文が発表され、女子修行者も男子同様に本館内の道場において修行が許されるようになった。同時に以下の役員が任命され、女子有段者三名も誕生した。(5)

《講道館女子部役員》

部長　綿貫範子（嘉納の長女、当時四一歳）
主事　鵜沢　孝
指導主任　半田義麿
指導補佐　乗富政子

次のような女子部規程が定められた。講道館女子部規定をおいたことは、嘉納が男子とは別の考えにおいて講道館において女子部を組織的に運営し、女子の普及発展を進めていこうという考えがあったと思われる。

《講道館女子部規程》

1　講道館女子部は講道館嘉納に直属す。
2　講道館女子部に左の役員を置き嘉納これを選任す。
　部長一、主事一、指導主任一、指導補佐
(a)　部長は嘉納の命を承け、本部の事務を掌理す。部長事故ある時は嘉納において主事をして、これを代理せしむ。
(b)　主事は部長の指揮を承け、分掌の事務を処理す。

(c) 指導主任は、嘉納の指揮を受け乱取及び形を指導し、審判の任に当る。また嘉納は随時適当なる人をして、訓育の任に当らしむ。
(d) 指導補佐は、指導主任を補佐す。
3 講道館女子部に協議員若干名を置き、嘉納これを委嘱す。協議員の任期は三年とす。
4 協議員会は、嘉納これを招集し、嘉納の諮問に応ずるものとす。
5 講道館女子部入門規程及び、段級規則は別に定むる所により、その他は講道館諸規則及び心得に準拠するものとす。

さらに女子部入門規程としては、次のようなものが掲げられた。

《講道館女子部入門規程》

1 入門を請う者は、毎日（休日を除き）午前九時より、午後三時迄本館に出頭し、入門申し込み書に履歴書を添え受付に差出すべし。
2 入門を許可する際には、左の五箇条の誓文に記名、調印せしむ。
第一条　この度、御門に入り柔道の御教授相願候上は、猥に修行中止間敷候事
第二条　御道場の面目汚し候様の事一切仕間敷候事
第三条　御許可なくして秘事を他言し、或は他見為仕間敷候事
第四条　御許可なく柔道の教授仕間敷候事
第五条　修行中、諸規則堅く相守可申は勿論、御免許後と雖も教導に従事仕候ときは必ず御成規に相背き中間敷候事
3 入門の許可を得たる者は入門料（参円）及び其月の道場費（金壱円五拾銭）を納むべし。

4　入門当日は印を持参し、袴又は洋服着用の事。
5　稽古時間は左の如し
平日　午後三時より六時まで
土曜日　午後二時より五時まで
日曜日　大祭日は休日とす
6　外国其他、遠隔の地にあり入門請う者は、講道館有段者の紹介を持って、入門申込書、履歴書、身元引受証書及び、五箇条の誓文を記したものに記名、調印し、入門料を添え送附する時は、詮議の上之を許可すべし。
7　外国其他、地方の道場に於ては、特に本書の許可を得て此の規則を取捨する事を得。
＊一年後、以下の二項目が追加された
8　講道館女子部は、当分の内少数の人数を限り、入門せしむ。
9　入門許可せられたる者は、身元引受証書を提出すべし。

入門においては、家庭調査や健康診断書・戸籍謄本の提出も義務づけられ、面接も実施された。一見すると入門へのハードルは非常に高く、良家子女の行儀見習いに映らなくもない。また、規定にはないものの、修行者の両親への配慮から男子指導員の出入りや男子による稽古には、監督がもうけられ目付役となり風紀や礼儀作法などについての指導が徹底されたという。こういったことが徹底されたのは、当時の時代背景が、女子が柔道を行うことは社会的にも認知されていなかったことが考えられ、風紀などの面にも心を配り、少数精鋭にて女子柔道の先駆者・指導者となりうる人間を発掘し育成するべく思慮されたことがみて取れる。

嘉納は時々、乗富に対して「女子の段位はどうあるべきか」「女子体力の限界と柔道との関係をどう思うか」「女子柔道を修練するには、とかくうわさがでやすい、厳しく人選をして入門させるべきである」などの問いかけをしている。こういった嘉納の考えに乗富は時には疑問を覚え、意見したこともあった。例えば、段位について周囲の者は、女性らしくということで花の名前などといった提案もあったが、乗富は、「資格は同じ柔道をやる者に男女の差別があってはおかしいので、男子と同じようにお願いします」と述べ、男子同様の段位を要求した。いかに嘉納が進歩的な考えの持ち主であったとしても、男子同様の修行や扱いを望む女子との間にはギャップもあったに違いない。乗富は、講道館に入門してから所謂堅苦しい稽古には、失望もし、落胆したと語っている。女子には試合が禁じられたことについても意見はあったことだろう。

(4) 試合を禁じた理由

嘉納は、女子の指導に関して以下のように述べている。

殊に女子は男子に比べ体力体質に於て更に精神的方面に於て、大なり小なりの相違がある上、若い女性の殆んど総ては他日母となることが予想されておるのであるから、上記国民体育の練習によって身体を鍛え、受身は勿論、乱取に耐え且つ之に適する体力を備えた上でなければ、乱取に移ってはならない。女子柔道修行者に対して呉々も望むところは、飽くまで合理的で決して無理せぬことである。無理は怪我と病気の基、女子柔道に試合とか勝負

女子柔道（1926 年、講道館所蔵）

とかを禁じておるのは、勝負や試合になると、勝ちたい、負けたくないの一心から、とかく無理をするようになり、又はそれが原因で病気を引起したり、最悪の場合は一生を台なしにするような不幸を招くこともないとは限らない、そういうことを慮るからである。(6)

ここに嘉納の女子の指導に対する考えがうかがえる。女子に対しては、その身体的・精神的特性から男子の指導とは区別していた。それも偏に女子の柔道の将来的な発展を考えてのことであった。女子部道場は嘉納の執務していた館長室の近い場所におき、女子部道場から稽古の音が聞こえてくると立ち寄って、指導や稽古をみていた。指導者も厳選し、技や稽古の優れている者を充てた。高段者といえども嘉納の許可なしに女子部道場に入り、稽古をつけることは認めていなかった。こうして女子の柔道も次第に普及し、講道館女子部だけでなく、地方の道場においても柔道を学ぶ者が現れるようになる。嘉納は将来的には女子にも試合を許すという考えがあったのである。

(5) 柔道の理想を体現する女子

嘉納が女子柔道に託す思いの一端がうかがえる言葉が残されている。「女子柔道は講道館柔道の真の姿の継承である」。これは「体力的に優れた男性による力技の柔道よりも、体力のない女性の柔軟さのなかにこそ真の柔道が受け継がれる」という考えである。「体力のない女子にこそ真の柔道が受け継がれる」といった嘉納の考えは非常に興味深い。現在の男子の試合をみるとジャケットレスリングと揶揄されるように組み合わず、足を取り合ったり、崩し、作りを無視した力技の応酬が懸念される。これに比べて女子は、同じような傾向はあるものの男子ほどに乱れず、柔道の本質的な動きが保たれているようにみえる。だからこそ、日本女子が世界で活躍できているともいえる。嘉納は積極的に柔道の効用を世界へと広めたが、その過程で柔道本来の技や動きが見失われてしまうのではないかと危惧していた。だからこそ、女子には競技化もためらい、本来の柔道を引き継いでいってほしいと願ったのだろう。

また、講道館女子部に入門し指導者として力を尽くした乗富をはじめとする先駆者たちの多くは、結婚もせずに柔道に生涯を捧げた人が少なくない。嘉納は彼女たちの将来を案じて縁談の世話もしている。しかしながら、当時の時代背景では妻となり家庭に入ってもなお、講道館に通い指導を続けることは難しかった。そこで柔道をとるのか、結婚をとるのかという苦しい選択を迫られたが、柔道への一途な思いから修行という道を選択した者も多かった。嘉納は男性指導者にも劣らない彼女たちの柔道への熱い思いを感じ、柔道の将来を担うべき存在として期待していたのである。

2　福田敬子と米国への普及

(1)　嘉納治五郎との縁

福田敬子《けいこ》は女性として初めて講道館女子九段を受けた柔道家である。二〇一〇（平成二二）年九月現在で九七歳、アメリカ・サンフランシスコ在住であり、嘉納を知る数少ない証言者である。福田の生き方を通して嘉納の教え、女子柔道への思いの一端を紐解いてみたい。

福田敬子の祖父・福田八之助は、嘉納の天神真楊流柔術の師であった。その祖父が亡くなって嘉納と福田家の交流は長いこと途絶えていたが、講道館五十年祭の折、嘉納が福田家を招待したことから再び関係が始まった。その後、嘉納自ら記念品を持って福田家を訪れ、この時初めて福田は嘉納に会ったのであった。その時の嘉納の印象を次のように語った。

偉い先生だと聞いていましたが、祖母は「嘉納、嘉納」と呼び捨てにするし、お体もあまり大きくなく華奢《きゃしゃ》であられたので、あまり怖いというような感じはありませんでしたね。着てこられた外套のポケットにはアメとチョコが入っているのが見えて、面白い方だなと思いました。(7)

この訪問時に直接、嘉納から「講道館には女子部もある。やってみたらどうか」と声をかけられたことが、福田が柔道を始めるきっかけとなった。時代は女性が武道を習うことに寛容ではなかった頃だが、家族には福田八之助の流れを継いで誰かに柔道をやってもらいたいという思いがあったのか、福田が柔道を始めることに賛成したという。家長となる実兄は生まれつき体が弱く、柔道には向いていなかったということもあったようだ。

しかしながら、実際に柔道をみた時にはかなりの驚きを感じたらしい。初めて女子部の道場を見学した時の様子を「足を大きく広げて技をかけたりして、ずいぶん派手で驚いた」と語っている。正座を崩すことすら許されないほど、厳しい躾で育てられたというから無理もない。また、前述したように当時、嘉納は女子部に関しては家柄や出自などを重視し、入門を許しており、稽古には嘉納の孫や高等師範校長の子女などばかりだった。そのため、「ごめんあそばせ」「お痛かった?」など、稽古中でも上品な物言いが用いられていた。時代背景を考えると、女性にとっての柔道は良家の子女のたしなみ、護身という意味合いが強かったのである。

(2) 講道館女子部

二一歳で講道館女子部に入門した福田は、女子部指導主任を務めた半田義麿、鵜沢孝、乗富政子の三人から指導を受けた。技などについてはあまり習った記憶がないというから、形を中心とした稽古と、自分でみて覚えるといったやり方だったと思われる。

技をかけられたら逆らわずに受け身をとる。相手が前に出てきたら、その力を利用して投げる。こうした一連の動きの品の良さに福田は魅了されたようだ。「空気投げ」で有名な三船久蔵にも師事している。三船の乱取は「軽やかなダンスのようだった」そうで、氏からは「柔道は丸い」と教わったという。

一方、嘉納はというと、福田が入門した頃にはすでに高齢で、自ら稽古をつけることはなかった。ただし、講義はよくしたらしく、「嘉納はいつも口癖のように『精力善用、自他共栄』と言われるので、中には『また親爺のいつものがはじまった』といった顔をされるお弟子さんもいたぐらい」だったそうだ。それでも、嘉納の影響力は大きく、ある時嘉納が「これからは女子もよその国に行って柔道を広めるように」と述べると、すぐに女子部の何人かが英語を習い始めたという。福田も例外ではなく、教会で英語を習い始めた。とはいえ、もちろん当時は、将来自分がアメリカに渡り、生涯を柔道に尽くすようになるとは考えもしなかった。

(3) 初めてのアメリカ

講道館は当時からすでに外国人にも門戸を開いており、各国から修行に訪れていた。女子部の指導者の一人であった鵜沢はハワイで柔道を指導していた経歴があり、その教え子がハワイから修行に来ていたと福田は記憶している。福田自身が初めてアメリカの地を踏むことになったのは、アメリカ・オークランドにある道場主を夫にもつ女性が昇段のため教え子を伴って訪れたことがきっかけだった。二代目館長の南郷次郎に「乗富、二星（温子）、福田の三人で教えなさい」と言われ、指導に携わった。その女性が帰国する際、三人のなかで唯一英語を話すことができた福田に「船のチケットは準備するのでぜひアメリカに来てほしい」と声をかけたことが、福田の運命を大きく動かすことになる。提示された指導料はほんのわずかであったが、福田の兄は「よその国に行くことはとてもいい体験になる。おこづかいがいるような場合にはあげるから、大丈夫だから行きなさい」と後押しした。

アメリカ行きは旅客船ではなく、貨物船による二週間の旅だった。アメリカの柔道のレベルは決して高くはなかった。生徒たちは日本からの講師の一挙手一投足に注目し、熱心に学んだ。指導は好評で、数カ月の予定だった滞在は一年三カ月にもなった。惜しまれながら帰国することになるのだが、この時のアメリカ人との会話にその後の福田を導くことになるヒントが眠っている。「『もう私は若くはないし、アメリカに来ることもないんでしょうね』と尋ねると、『とんでもない。あなたは柔道の知識があるから』と言われました。このとき、『確かに自分には柔道の知識がある』と思いました」。

講道館の指導者は大勢おり、女性ということで時には指導技術が低くみられることもあったに違いない。この滞在で、福田は女性であっても技術があれば先生としてリスペクトされるということを知り、指導者としての自信を深めた。さらに、女性である自分が活かされる場所として海外の方が可能性があることも潜在的にインプットされたに違いない。

(4) 二度目のアメリカから永住に至るまで

かつて福田の母は嘉納に娘の結婚相手を探してくれるよう頼んでいた。嘉納はＩＯＣ総会からの帰国途中に船上で急逝するが、生前、相応の相手を考えて、嘉納の長女が代わって福田に結婚を打診してきたことがあった。その縁談を福田は断わったのだが、その時「あなたは柔道一本ですか」と尋ねられ、「はい」と答えたという。

女性は結婚すれば家庭に入るのが当たり前の時代である。結婚するということはつまり、「柔道から離れる」ということを意味しており、家庭よりも柔道を選ぶのか、という選択を迫ったことがこの会話から読み取れる。苦渋の決断であった。この後、福田が決して若いとはいえない五〇歳を超えた年齢で二度目のアメリカ行きを決意した背景には、未婚の女性が日本で生きていくことの難しさ、女性が柔道で生計をたてる術がなかったことなどがあった。

東京オリンピック（一九六四年）で柔道は正式種目となり、福田は乗富とともに「柔の形」を披露する。その二年後、アメリカ・北カリフォルニア柔道連盟から六カ月の予定で招待を受け、福田は再びアメリカに渡る。五三歳であった。ミルズ大学、サンフランシスコ州立大学などで指導し、予定していた滞在期間が終了しても熱心な生徒から「ぜひ残って指導を続けてほしい」といわれ、福田はその申し出に応じることを決意。生徒の自宅を間借りし、地下に畳一〇畳を敷いて道場・桑港（サンフランシスコ）女子柔道クラブを創設した。その後、サンフランシスコ日本町の桑港寺住職・鈴木俊隆の厚意により、寺の一角が道場として提供された。嘉納が永昌寺を間借りして講道館を設立したことを考えると、同じような道を歩んだ嘉納と福田の強い縁を感じさせるエピソードである。

(5) 海外での柔道指導と普及

アメリカでの指導は困難を極めた。柔道の基礎的なレベルが低く、一つの技を指導するにも多くの時間と労力を要したからだ。「何かを得る、辿り着くことは一足飛びにはいかず、時間がかかるものだと思いますし、それが指導だと考えています。ここの生徒たちはとても熱心に学ぼうという姿勢がありますので、教える方も自然と力が入りました」と語っている。福田の活動が一つの所に限らなかったことにも驚かされる。看護学校などでも指導を行い、オーストラリア、フィリピン、フランス、カナダ、ノルウェーなど世界各地に赴いて、柔道を伝えた。はじめは小さな女性ということで「舐められた」こともあったというが、最後にはどこでも福田の技術に感服し、非常に感謝されたという。それには、教えの確かさや熱心さはもちろんだが、福田の人となりが大きく関係していたに違いない。福田は物腰が柔らかい。自分に敵意をもったり、よくない状況があったとしても、決して怒ったりしない。

相手と争い、力で勝負するのではなく、「柔の理」にしたがって物事を進めていった。まさに嘉納の柔道精神を理解し、実践し、貫いたといえる。書道をたしなむ福田は何か書を頼まれると「つよく、やさしく、美しく」としためる。これこそが嘉納から教わったものであり、彼女の柔道観、人生観なのである。

嘉納は女子に試合を行わせることは禁じていたが、その背景には、力による解決ではなく、真の柔道を追究するという思いがあった。福田に、「どの形がお好きですか」と尋ねた時に返ってきた言葉からもそのことが推察された。「一番力を入れて辛抱して、真の芯まで研究したのは『柔の形』です。『柔の形』はやっぱり柔術から生まれたんですよね。それは『柔の理合い』ということからよくわかります。乗富先輩はよくこの言葉を口にしていましたが、当時は、力に走っちゃいけないんだなっていうことまでは習ったんですが、その先の先まで、どこから柔の理合いが生まれてきたのかっていうことまでは教えてくださらなかった。そこからは自分の研究ですね。このことに関しては、誰よりも自分が勉強できたと誇りに思っています。それがなかったら私の柔道も価値がないと思いましたよ。九〇歳を過ぎてやっとわかったときには、一人で台所で泣きました」。

試合をするということは、相手に勝つことである程度完結し、満足を得られる。おそらく、試合で勝ったことで柔道を極めた気持ちになっている人は大勢いるだろう。試合をしなかった人間は、自分で答えを出すしかなく、それこそ道を究めるには長い道のりが必要だということがここからうかがわれる。そして嘉納はその道を女性に求めたのかもしれない。

ここまで柔道を追究していることに頭が下がる思いと同時に、驚かされる。嘉納が福田にここまで期待したかどうかは不明だが「男子に劣らずよく修行した」と褒めているであろうし、思い込んだら一筋という男性以上に強いものが女性にはあると見抜いていたのかもしれない。

(6) 嘉納の教え

人生には何かしら芯になるものが必要だ。福田にとって、それが柔道だった。柔道が己に及ぼした影響と柔道への思いをこんな言葉で表現した。「私の心の中には常々、嘉納先生の『精力善用』『自他共栄』という言葉、いいことをしなければいけない、という考えがあるんです。それを胸に修行しなければいけないっていう思いが強いんですね。だから私は優等生なの。今のみなさんも、嘉納先生のモットーをもっと正直に、自分なりに行っていくべきだと思います」。元気とはいえ、高齢のため足が悪く歩くことが困難である。それでも週二日は道場に向かい、それを弟子たちが交代で送迎する。稽古の時のみならず、食事や買い物など日々の生活を支えているのもこの弟子たちだ。日本から来た先生に対して、外国人がこれほどまでに面倒をみてくれる姿に感動を覚えるとともに、門弟たちとの結びつきの強さを感じさせられた。

福田が講道館に通っていた頃、「私はね、嘉納先生に会いたくて講道館に来るんですよ」という高段者の先生がいたという。今は実技をみせることもままならないが、それでも福田のもとにはいまも弟子が集まってくる。それは彼女たちにとって福田は「師」であり、そういった指導こそが嘉納より受けた教えであったのだろう。

3　女子柔道のこれから

嘉納が生きていたら、現在の女子柔道をみてどのように思うだろうか。女子柔道は嘉納が望んだように日本のみならず世界的に広まり、そのことが試合へとつながっていった。一九八〇年には第一回世界女子柔道選手権(ニューヨーク)が開催され、一九八八年ソウル・オリンピックで公開競技、一九九二年バルセロナ・オリンピックでは正式競技として採用された。国内的にみても一九七八(昭和五三)年に第一回全日本女子柔道選手権大会が開催されてから、現在では小学校から社会人に至るまでほとんどの大会に女子競技もある。競技においては出遅れた日本女子であったが、柔道自体の伝統、歴史的な背景、豊富な指導者を武器に瞬く間に世界に追いつき追い越した。現在、日本女子の実力は揺るぎなく、何より技術面や闘う姿勢についても評価が高い。現在活躍している選手たちの多くは女子柔道の試合が禁止されていたことすら知らない。しかしながら、その闘いぶりをみる限りにおいて、嘉納が女子柔道に託した思いは脈々と受け継がれているようにみえる。競技として活躍した選手たちは、引退後、指導者や審判員などとして活躍する女性も多くなっている。女性が結婚や出産、育児という女性ならではの役割分担を担う部分は過去においても現代においても変わらない。しかしながら、現代においては、柔道か家庭かを選ばなくとも活躍できる可能性は高い。競技は柔道のすべてではない。試合が解禁され、その部分で輝ける女性が多くなったことは喜ばしいことだが、嘉納の掲げられた「自己の完成と世の補益」を競技を離れても体現していく女性が育っていくことが期待される。

最後に女子柔道の歴史を簡単な年表にまとめておく。

一八八二（明治一五）年　嘉納治五郎、講道館を創始。
一八九三（明治二六）年　芦谷スエ子などの希望者が指導を受ける。
一九二三（大正一二）年　講道館が女子への指導を本格的に始める。
一九二六（大正一五）年　女子への柔道講習会を実施。講道館女子部創設。
一九三三（昭和八）年　小崎甲子《かねこ》、初の女子初段。
一九三四（昭和九）年　「講道館女子部規程」発表。新たに女子三名が有段者になる。
一九七二（昭和四七）年　国際柔道連盟総会においてイタリアが女子競技実施を提案。

一九七四（昭和四九）年　講道館女子部にて試験的に試合を行う。オセアニア女子選手権大会開催。

一九七五（昭和五〇）年　ヨーロッパ女子選手権大会開催。

一九七七（昭和五二）年　パンアメリカン女子選手権大会開催。

一九七八（昭和五三）年　第一回全日本女子柔道選手権大会開催。（四階級）

一九七九（昭和五四）年　第一回太平洋柔道選手権大会開催。日本から四名の女子選手が参加。四名入賞。第一回世界女子柔道選手権大会開催（一一月ニューヨーク）八階級中七階級に日本女子が参加。山口香（五二キロ級二位）。

一九八八（昭和六三）年　ソウル・オリンピック大会公開競技としての女子柔道競技に五名の日本女子が参加。佐々木光（六六キロ級）が金メダル獲得、他銀メダル一、銅メダル三を獲得。

一九九二（平成四）年　バルセロナ・オリンピック大会正式競技として女子柔道競技が採用される。田村（谷）亮子（四八キロ級）が銀メダル獲得、日本女子は銀メダル二個、銅メダル二個を獲得。


【註】
（1）嘉納先生伝記編纂会『嘉納治五郎』講道館、一九六四年、四五六頁より引用。
（2）同右、四五七頁より引用。
（3）同右、四六三頁。
（4）乗富政子『女子柔道教本』潤泉荘、一九七二年、一〇頁。
（5）同右。以下、女子部規定、女子部入門規定も同様。
（6）前掲註（1）、四六四～四六五頁より引用。
（7）インタビュー、二〇〇九年二月九日～一一日、サンフランシスコの福田氏の自宅にて。以下括弧内の引用は同上日

64

程のインタビューによる。

第二章　教育者としての嘉納治五郎

高等師範学校長　嘉納治五郎

第一節　嘉納の教育改革

1　教育者としての嘉納

(1) 校長第三期までの経歴

嘉納治五郎の高等師範学校および東京高等師範学校長としての在任期間は、三期二三年余の長きに及んでいる。

第一期　一八九三年九月～九七年八月（四年）

第二期　一八九七年一一月～九八年六月（七カ月）

第三期　一九〇一年五月～二〇年一月（一八年八カ月）

学習院教頭の頃の嘉納治五郎
（講道館所蔵）

嘉納は一八八二（明治一五）年一月、学習院に講師として迎えられる。これを教育者としての嘉納の第一歩と位置づけてもよいであろうが、嘉納自身は、教授兼幹事に任ぜられ「院務の全体に干与することになった」ので「広い意味における教育のことを研究するようになったのはこの時から」(1)と回想しており、徐々に教育や学校運営に傾倒していったともいえよう。

学習院では院長であった谷干城《たてき》や大鳥圭介の信任を得て活躍していた嘉納であったが、後任の三浦梧楼《ごろう》とは折り合いが悪く、一八八九（明治二二）年に洋行し一八九一（明治二四）年に帰国するとまもなく学習院を去ることになった。ここから三度目の高等師範学校長就任までの嘉納の履歴は実に目まぐるしいものがある。

一八九一年四月には文部省参事官に任ぜられたが、八月になると参事官兼務のまま第五高等中学校の校長として単身熊本に赴任する。しかしわずか二年足らずで文部省に呼び戻され、教科書検定などの仕事に携わる。ほどなく一八九三（明治二六）年六月からは第一高等中学校長を兼務、さらに九月には高等師範学校長兼務も命じられ、その後高等中学校長については免ぜられる。これが嘉納の一度目の高等師範学校長就任である。

当初は中等教員養成にさほど興味を示さなかった嘉納であったが、徐々に高等師範学校の機能の重要性を認識し、規模の拡張、年限の延長（三年制から四年制へ）、専修科の設置といった改革を行っている。嘉納は日清戦争後には中等学校が増設され、多くの教員が必要とされるであろうことを見越していた。しかしこの頃から、文部省内の人事はすこぶる不安定となっていった。一八九四(明治二七)年秋から西園寺公望《きんもち》が二年ほど文部大臣を務めた後は、蜂須賀茂韶《もちあき》（一三カ月・在任期間、以下同じ）、浜尾新《あらた》（一カ月）、西園寺（二カ月）、外山正一《とやままさかず》（二カ月）、尾崎行雄（四カ月）、犬養毅《いぬかいつよし》（一カ月）と文相が頻繁に交代している。

そのようななか、一八九七（明治三〇）年春、蜂須賀文相が都筑馨六《つづきけいろく》を文部次官に起用しようとした際、嘉納は適任ではないとして浜尾らとともに、これに強く反発した。その結果、嘉納はこの年の八月に高等師範学校長非職となる。しかしその直後九月末に文部大臣が蜂須賀から浜尾に交代すると、嘉納は一一月になって再び高等師範学校長に任ぜられる（二度目の校長就任）。

だが、翌一八九八（明治三一）年一月に西園寺文相から普通学務局長就任の要請を受けたため、当初は両職を兼

高等師範学校正門（御茶の水、1900年頃）

任するも、外山の助言に従い局長職に専念するために六月に学校長を辞任する。このため二度目の校長就任期間はきわめて短いものとなった。また普通学務局長についても、当時の文部次官柏田盛文と再び衝突し、同年一一月に非職となっている。

　嘉納自身も実に多彩な遍歴をたどっているが、一方の文部省人事もこのように安定していなかった。当時の新聞は、「文部の官吏は文部省に在る間こそ教育の事に尽力するも一旦同省を去るに及んでは全く教育の事を打忘れ再び之を顧みるものも無きに至る事殆ど通例」と批判しており、[2] 文部省内の椅子を文字どおり腰掛けと考える者も少なくなかったようである。局長非職から二年半、嘉納は在野で過ごすことになる。しかし、この後一九〇一（明治三四）年五月、嘉納は三度目の高等師範学校長に就任するが、その間も帝国教育会などで重職を担っており、嘉納の教育に対する関心は常に高いものがあった。

(2) 校長第三期就任時の中等教育の状況

　一般に近代化の途上にある国は、教育制度については国民教育の水準を上げるための初等教育（義務教育）と、エリート層を形成するための高等教育の整備にまず力点が置かれる。日本もその例外で

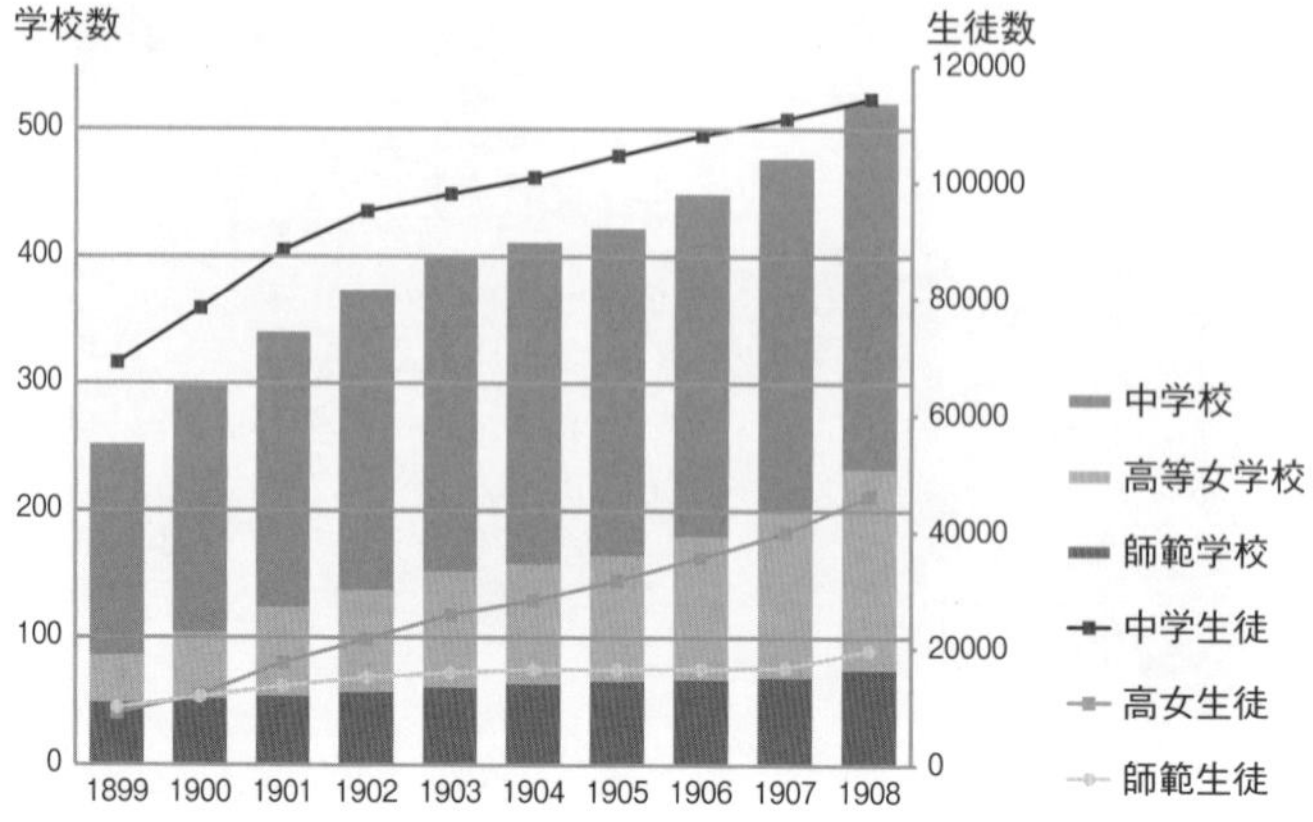

図2−1　明治30年代における中等教育の拡大

はなかった。一八七二（明治五）年に示された学制は、大学、小学校の間に、中等教育機関である中学校を置いており、当時としては珍しい単線型の学校体系を構想していた。しかし、国は大学の設置に汲々とし、地方は小学校の開設に難渋していた当時の状況を考えると、中等教育機関の整備が後回しにされることは容易に想像がつくだろう。

この立ち後れていた中等教育の整備は明治三〇年代に急速に進む。まず法制面が再整備された。一八九九（明治三二）年二月、中学校令の改正と実業学校令、高等女学校令の制定が同時に進められる。すでに一八九七（明治三〇）年の師範教育令によって師範学校が再整理されていたことも加わり、六年間の小学校教育に続くさまざまな中等教育機関が法的に整うことになった。これと並行して、中等教育が本格的に拡大していく。図2−1は明治三〇年代における中等諸学校の学校数や生徒数を示したものであるが、一貫して右肩上がりとなっている。戦前、義務教育後も教育を受けられる子どもはごく限られていたが、それでも中等教育機関への進学率をみると、一八九五（明治二八）年の四・三％が一九一〇（明治四三）年には一二・三％と三倍近く増加している。

中等教育の拡大に伴い、多くの中等教員が必要とされた。高等師範学校はその中心となるべきであったが、男女各一校ではその需要に到底応えることはできなかった。一九〇二(明治三五)年に広島に高等師範学校が開設され、従来の高等師範学校は東京高等師範学校、と地名が冠されるようになった。女子についても一九〇八(明治四一)年、奈良に二番目の高等師範学校が設置される。一方、帝国大学も卒業生に中等教員免許を与えていたため、多くの人材を中等教育機関に送り込んでいた。その帝大も一八九七(明治三〇)年に京都に増設されている。他の中等教員養成ルートとしては、文部省が行う検定の合格者に免許状を与える試験検定制度、文部省の許可、指定を受けた学校を卒業すると免許が授与される無試験検定制度があり、それぞれ中等教員養成の一翼を担っていた。しかしそれでも中等教員は不足したため、一九〇二年からは各地の高等教育機関に併置するという形で、臨時教員養成所が開設されている。

嘉納が三度目の校長として着任する際の我が国の中等教育の状況はこのようなものであった。中等教育の急速な普及に伴い、中等教員を養成する機関や方法も多様化していった。しかし、量的に対応するのみでは十分ではない。中等教育が一般の人々にとって身近なものになっていくにつれ、そこで教鞭を執る教師の質や力量の向上が求められていくのである。

2　中等教員養成をめぐる確執

(1)　頻繁な教育課程の改正

ここで中心的に取り扱うのは、嘉納による一九〇三(明治三六)年の東京高等師範学校の学科、学科目、毎週授業時数の改正であるが、これより以前にも、高等師範学校では頻繁にそのカリキュラムに改革が加えられてきた。また、嘉納自身が最初の校長として迎えた一八九四(明治二七)年に、従来の文学科、理化学科、博物学科の三学科を文科、理科の二学科に再編する改革に関わった。二度目の校長として迎えた一八九八（明治三一）年には、師範教育令制定を好機として学科を細分化して教育学部、国語漢文部、英語部、地理歴史部、理化数学部、博物学部の六学部に再編している。また一八九九（明治三二）年に校長として就任した伊澤修二（一八五一～一九一七）も翌年に大きな改革を施している。伊澤は四年制の課程を、予科一年と本科三年に分け、国語漢文を主とする第一学部、地理歴史を中心とする第二学部、数学物理化学を主とする第三学部、生物博物を主とする第四学部に再編した。

このように目まぐるしく改革が加えられた点に、高等師範学校では新しい中等教員像の模索が続いていたことが示されているが、その考え方は校長によって異なっていた。とりわけ二度目の校長職を退いた嘉納にとって、伊澤の改革は不満だったようである。当時の新聞は「前年嘉納氏が校長をやめた後は伊澤氏はこれと入代りになつて就任匆々《そうそう》高等師範の学科課程を改革」したが「嘉納氏はこれに対して何といつたであるか」「当時在野の嘉納氏は滔々長舌を揮つて伊澤氏の改革に反対したではなかつたか」[3]と伝えており、伊澤と嘉納の中等教員養成観には隔たりがあった。

(2) 伊澤と嘉納の違い

二人の違いを具体的にみてみよう。表2–1は伊澤による一九〇〇（明治三三）年の教育課程（第一学部、国語漢文）である。一方、表2–2が三度目の高師校長となった一九〇三（明治三六）年の嘉納による国語漢文部の教育課程である。両者の違いについては、船寄俊雄が、嘉納の改革は「細分化をはかり、学科に関する専門的学識の深化をめざし」、その一方で「教育学的素養に関する時間数を大幅に減少させた」ものであると述べている。[4] 現在でいうならば、伊澤時代よりも、教職に関する専門科目を削減し、その分教科に関する専門科目を上乗せした、ということである。実際、嘉納はかなり意識的にこの改革を行っていたようで、「伊澤修二氏が校長たりし時代より因襲せ

表2−1　伊澤によるカリキュラム改革（本科第一学部国語漢文）

学期	学科目	倫理	教育学	心理学	国語	漢文	英語	独語又ハ仏語	歴史	哲学	言語学	生物学	生理学	体操	合計
第一学年	第一学期	実践道徳 東洋倫理史		普通心理学	講読 講読	講読 作文	講読 講読、文法、作文		国史			生物通論		体操及遊技 兵式訓練	
	毎週時数	二		三	（六）〔二〕	（六）	（二）〔一二〕		三			二		三	二七
	第二学期	同上		同上	同上 同上	同上	同上 同上		同上			生物 進化論		同上	
	毎週時数	二		三	（六）〔二〕	（六）	（二）〔一二〕		三			二		三	二七
	第三学期	同上		同上	同上 同上	同上	同上 同上		同上			同上		同上	
	毎週時数	二		三	（六）〔二〕	（六）	（二）〔一二〕		三			二		三	二七
第二学年	第一学期	実践道徳 西洋倫理史	教育ノ理論 及応用	応用心理学	講読 比較法文 文学史	講読 文学史 作文	講読 講読、作文、 文学史	講読 文法 作文					人身生理	体操及遊技 兵式訓練	
	毎週時数	二	四	二	（六）〔二〕	（六）	（二）〔八〕	〔四〕					二	三	二七
	第二学期	同上	同上	同上	同上 同上	同上	同上 同上	同上					同上	同上	
	毎週時数	二	四	二	（六）〔二〕	（六）	（二）〔八〕	〔四〕					二	三	二七
	第三学期	同上	教育史	同上	同上 同上	同上	同上 同上	同上					同上	同上	
	毎週時数	二	四	二	（六）〔二〕	（六）	（二）〔八〕	〔四〕					二	三	二七
第三学年	第一学期	実践道徳 倫理学	教育史 各科教授法		講読 文法 文学史	講読 作文	講読 作文 英文学	同上 独又ハ 仏文学		哲学概論	声音学大意			体操及遊技 兵式訓練	
	毎週時数	二	六		（六）	（六）	〔八〕	〔四〕		二	三			二	二七
	第二学期	同上	各科教授法 教授練習		同上	同上	同上	同上		同上	同上			同上	
	毎週時数	二	六		（六）	（六）	〔八〕	〔四〕		二	三			二	二七
	第三学期	同上	学校衛生 教育法令 教授練習		文学史	講読	同上	同上		同上	博言学大意			同上	
	毎週時数	二	一四		（二）	（二）	〔二〕	〔二〕		二	三			二	二七

（　）内の時間数は国語漢文を主とする者、〔　〕内の時間数は外国語を主とする者に課す

表2−2　嘉納によるカリキュラム改革（本科国語漢文部）

学年	学期	学科目	倫理	心理学及教育学	国語	漢文	英語	歴史	哲学	言語学	体操	合計
第一学年	第一学期	毎週時数	二	二	六	六	五	三			三	二七
			倫理学	心理学	講読 文法 作文	講読	講読	国史			普通体操 及遊技 兵式訓練	
	第二学期	毎週時数	二	二	六	六	五	三			三	二七
			同上	心理学	同上	同上	同上	同上			同上	
	第三学期	毎週時数	二	二	六	六	五	三			三	二七
			同上	心理学	同上	同上	同上	同上			同上	
第二学年	第一学期	毎週時数	二	三	七	七	三	三			三	二八
			倫理学	教育学	講読 文法 作文	講読 文学史	講読	東洋史			普通体操 及遊技 兵式訓練	
	第二学期	毎週時数	二	三	七	七	三	三			三	二八
			同上	教育学	同上	同上	講読	東洋史			同上	
	第三学期	毎週時数	二	三	七	七	三	三			三	二八
			同上	教育史	講読 文法 作文 文学史	同上	講読	東洋史			同上	
第三学年	第一学期	毎週時数	二	五	六	七			二	三	二	二七
			倫理学	教育史 教授法	講読 文学史	講読			哲学概論	言語学 声音学	普通体操 及遊技 兵式訓練	
	第二学期	毎週時数	二	五	六	七			二	三	二	二七
			同上	教育 教授法 学校衛生 教育法令	同上	同上			同上	同上	同上	
	第三学期	毎週時数										

第三学年第三学期に於て実地授業を課す

し『学力よりも教育家』を造るといふ方針に一変革を加へ高等師範の弱点たる生徒の学力の不足を補足する為め教科目に改正を施すの案」を携えて嘉納が文部省と交渉している様子が伝えられている[5]。

嘉納はなぜ学科に関する専門科目を重視したのであろうか。それはここに指摘されているような高師「生徒の学力不足」、とりわけ帝国大学出身者に比べ学力が劣っている、という世間の評判を克服するためであった。一つの学科を長い時間をかけて深く学ぶ帝国大学に対し、高等師範学校は中等学校で複数の教科を担当できるようトレーニングする機関であった。そのため、一つ一つの教科についてみれば、帝大に対しどうしても学力の点でもの足りない、という欠点が従前から指摘されていた。帝大に伍して教科に強い中等教員を養成しようとするならば、教科に関する専門科目を重視せざるを得ない。そして確保できる総授業時間数が限られているならば、専門科目を上積みするためには、教職に関する専門科目を削減することが必要となる。

高等師範学校の記章

しかし、教職科目を減らしながら教科専門科目に重きを置くことで、カリキュラムが帝大と変わりのないものになっていくおそれもある。「高等師範学校が現今の如く学科を高尚ならしむるに努め高きを大学を競はんとするが如きは是れ其の特色を閑却するものに非ずや」[6]と心配する声が当然あがった。帝大と競うことで高師の教育課程が帝大に近づいていくのであれば、わざわざ高等師範学校を特設する必要はなくなってしまう。高等師範学校不要論は明治時代においてたびたび示されていたが、嘉納の改革は高師不要論を説くものにわざわざ論拠を与えかねない危うい側面を持していた。なぜそのような危険を冒してまで教科を重視する必要があったのか、もう少し当時の中等教員養成の状況をみてみよう。

(3) 高等師範学校と臨時教員養成所

前述のように明治三〇年代には、大量の中等教員が求められた。そこで文部省は一九〇二（明治三五）年に臨時教員養成所（以下臨教）を開設する。これは、二年制の教員養成施設を五つ既存の高等教育機関に付設するもので、それぞれ第一（国語漢文、博物）、第二（物理化学）、第三（数学）、第四（数学）、第五（英語）というように、ほぼ教科ごとに一つの養成所を置くという制度であった。このうち第三臨教が一〇年ほど継続するものの、多くの臨教は四〜六年で廃止されており、文字どおり時に臨んで設けられた変則的な教員養成機関であった。

しかしこの臨教は設立当初から、高等師範の存在を微妙な形で脅かすことになった。まず、臨教は高等師範学校ではなく、帝国大学や各地の高等学校、東京外国語学校などに付設された。この措置が関係者には文部省が高等師範を軽視しているのではないか、という疑念をもたせることになった。なるほど高等師範が中等教員養成機関の中核であるならば、臨教を高等師範学校内に付設するのが自然である。わざわざ帝大などに置くという文部省の措置に何らかの意図を感じてもおかしくはない。臨教は高等師範学校内に付設すべき、という嘉納の進言を文部省が聞き入れなかったのだ、という推察も流れた。これについて文部省は「嘉納氏が中等教員養成所を高師に付設」しようとしたことを文部省側が拒んだというのは「跡方も無きことにて高師には専修科のあるあれば嘉納氏より斯る提議あらん筈なし」と否定しているが[7]、猜疑心を抱えた高等師範関係者は少なくなかったであろう。

しかも当初短期間での養成には批判的な声があったものの、実際に運用するとこの臨教の評判は悪くなかった。例えば『教育時論』は、「臨時教員養成所の成績は、意外に好評にて、就中仙台に於ける数学科の如き、三十名の生徒中、僅に一二名を除くの外、総て優等の成績を現はし、二ヶ年卒業の後に於ては、高等師範卒業生に譲らず」[8]と伝えている。表2−3は臨教のカリキュラム（国語漢文）であるが、国語五五時間、漢文六一時間となっており、教科を重視したとされる嘉納による高師本科の授業時数をさらに上回っている。加えてそこで養成される教員の資質が「高等師範学校卒業生に譲らず」となればどうなるか。先の『教育時論』は続けてこう指摘している。

　今若し此の風説をして真相を得たりとせば、論理上の結果は、然らば高等師範学校は不経済的設備なるを以て、寧ろ廃止して、臨時教員養成所を拡張するの勝れるに若かずといふに帰するや明らかなり。(9)

表2−3　臨時教員養成所の課程（国語漢文部）

学期		倫理	教育	国語	漢文	英語	歴史	合計
第一学年	第一学期	二		九	一〇	三	四	二八
	第二学期	二		九	一〇	三	四	二八
	第三学期	二		九	一〇	三	四	二八
第二学年	第一学期		三	九	一〇	三	三	二八
	第二学期		三	九	一〇	三	三	二八
	第三学期		六	一〇	一一	三		三〇

　前述のように、帝大に負けない学力を身につけるという改革の方針は、高師の存在意義を薄くさせる危険があった。しかしその帝大に付設された臨教の存在もまた高師にとっては脅威であった。一方では帝大に伍すため、そしてもう一方では臨教に追いつかれないため、教科専門に重点を置かなければならなかった。当時の高等師範学校は、帝大と臨教との間に板挟みとなっていたのである。

(4) 文部省との確執

　その意味で、嘉納は改革を急いでいたと思われるが、文部省の反応は鈍かったようである。さきに嘉納が、「学力よりも教育家」という伊澤の方針を変更しようとしている、と伝えていた新聞を取り上げたが、この記事は続けて、嘉納がその「案を立てて文部省に建議せるは既に久しき以前の事」と続けており、それにもかかわらず改革が進展していないことから、高等師範と文部省との連絡がうまく取れていないのではないかと報じている。

その原因の一つとして、当時の文部大臣菊池大麓《だいろく》と嘉納との不仲を指摘するマスコミは少なくなかった。読売新聞ははっきりと「菊池文相と嘉納高等師範学校長とが相和せずして動もすれば相反目し互いに確執して譲らざる由は久しき以前より教育社界に噂せらるる」と記しており、[10] 別の新聞も「菊池文相と嘉納校長とは元から仲のよくない方だという評判」があり、これが、嘉納が高師の改革案を示して「頻りと文相に向て実行の談判」をしているのに「文相は軽く鼻先きで之をあしらひ」「今尚ほそのままになっている」原因ととらえている。[11]

教育雑誌も両者が不仲であることを前提に、「嘉納が留守に（嘉納はこの年の七月から清に赴いていた。筆者註）、仰々しく高等師範の悪口をせっせと遣らせたのも、みんな種子は菊池から出たといふ噂が専らだ」と報じている。[12] つまり、当時周辺は、嘉納と

東京高等師範学校正門（大塚、1931 年）

菊池との対立を「茗渓派と大学派」の争いととらえ、そこに、嘉納の改革案に対する文部省の反応の鈍さの理由や、臨教を高師ではなく帝大に付設する意図を見出そうとしていたのであった。

この噂に対し「文部省当局者の一人」は「嘉納氏と菊池氏とに関する世評の如きは跡方もなき虚説にして畢竟は火事場泥棒的の事を為さんと欲する者が両氏を離間せんが為め斯る風説を流布したるもの」だと強く否定する。[13] しかし、この二人については嘉納が文部省に在職していたころから「文部次官菊池大麓氏と嘉納普通局長との間柄の面白からざるは疾く世人の熟知する所」[14]とすでにその関係が取りざたされており、文部大臣と高師校長という立場上の衝突というよりは、個人的な関係自体が必ずしも良好ではなかったように思われる。

この膠着状態は、後に示すように、一九〇二（明治三五）年暮れの第七回高等教育会議に、諮問案第一二として「高等師範学校ノ学科学科目及其毎週授業時数ニ関スル事項」が議題となることによってようやく止むことになる。嘉納からの建言に文部省がやっと重い腰を上げた、というところであろうか。

3　中等教員養成改革の目指したもの

(1)　高等教育会議での論議

高等教育会議とは、一八九六（明治二九）年に勅令「高等教育会議規則」を以て設置された文部大臣の諮問機関である。議員は帝大総長、分科大学長、文部省各局長、高等師範学校長、高等商業学校長など教育関係者を中心に構成されており、現在の中央教育審議会を想像すればよいであろうか。先に述べたように、一九〇二年末に七回目の高等教育会議が開催され、その席で嘉納の懸案であった高等師範学校のカリキュラム変更がようやく諮問案として示されている。ここまでの事情からいって、文部省が示した諮問案は嘉納の原案を下敷きにしていたであろう。

表2−4　高等教育会議諮問案（予科と本科国語漢文部）

学科目＼学年	予科	本科 第一学年	本科 第二学年	本科 第三学年 第一学期	本科 第三学年 第二学期	本科 第三学年 第三学期
倫理	一	二	二	二	二	二
教育学		二	三	五	五	
国語	四	五	六	六	六	四
漢文	三	七	七	七	七	四
英語	一二	五	四			
歴史		三	二			
数学	四					
哲学				三	三	
言語学				二	二	二
体操	三	三	三	二	二	
合計	二七	二七	二七	二七	二七	一二

嘉納はこの諮問についての論議に議員として参加することになる。高等教育会議の議事録は印刷の上、関係者に配布されていたのであるが、現存している議事録はごくわずかである。幸い、高師のカリキュラム改革が諮問案として示されたこの第七回の議事録は残されているので、諮問案についての論議を確認することができる。

しかし、嘉納と文部省との間でさんざんやりとりがあったはずのこのカリキュラム改革案は、諮問されてしまうと、会議席上ではほとんど議論にならなかった。表2−4はそこに諮問された予科と本科国語漢文部のカリキュラム案である。他に、英語部、物理化学部、博物学部のカリキュラムが提示され、文部省側からは諮問案提示に際し、第一学部…から国語漢文…というように「名称ヲ改メタ」こと、「心理学ハ教育ノ部デヤツテ宜シカラウト云フ」ことで心理学を削除したこと、従来第一学部（国語漢文）に「生物学生理学ガ這入ツテ」いたが「是ハ余リ必要ガナイダラウト云フ考カラ削」ったことなど、取りようによっては重大な変更と受け止めることができるような説明が文部省側から行われた。[15] しかし委員の木下広次が「今相見マスルト格別重

東京高等師範学校第一図書室（1914 年）

要ナコトデモナイヤウニ思ヒマス」「委員ヲ設ケズトモ斯ノ如キコトハ直ニ御採決ニナッテハ如何」かと、第一読会で直ちに諮問案を承認しても構わない旨発言しており、少なくとも高等教育会議のメンバーにとってはとりたてて注意深く吟味すべき諮問とは受け止められていなかったようである。

しかし一応、整理委員会を経て第二読会に回されることになり、嘉納ら五名が委員として指名される。整理委員会でどのような議論が展開されたのかは残念ながらわからない。しかし、第二読会では整理委員会によっていくつかの修正が加えられたことが報告されている。

整理委員会の結果について嘉納は、①予科について国語、英語の時間数を若干削り論理、図画、音楽を加えたこと、②心理学を教育に含めて教授することを明確にするため「教育学」から「心理学及教育学」という名称に改めたこと、などの修正を加えた、と発言している。この修正案もほとんど論議されることなく、全会一致で確定している。②の「心理学及教育学」としたことについては、「原案デモ心理学ハ教育学ノ中ニ加ハツテ居ルト云フコト」だが「其ノ事実ヲ一層明カニスル為ニ」併記した、と説明されている。[16] 旧来の（伊澤による）カリキュラムでは教育学と心理学は別々の科目として教授されていたが、両者は（できれば教育学に一本化して）統合的に教えることが目指されていたといえよう。また①予科に図画を取り入れたことも注目すべき修正である。この措置は中学校卒業者に対する訓練を念頭に置いているものであるが、実際にこの教科ではどのようなことを教えようとしていたのであろうか。

もともと諮問案はこの年開校した広島高等師範学校と東京高等師範学校の教育課程の整合を図るためのものであり、授業時数配当をもとに、二つの学校がそれぞれに具体的な教授内容を決めるようになっていた。そこで高等教育会議の結果をうけて告示された文部省令にもとづき嘉納が編成した一九〇三（明治三六）年の東京高等師範学校のカリキュラムをもう一度みてみよう。

(2)「黒板」と「教育実習」

表2-5が先の高等教育会議で確定した予科のカリキュラムである。すでに述べたように論理、図画、音楽が追加されており、図画は週二時間の設定となっている。そして表2-6が文部省の告示を受けて東京高師が編成した具体的な予科の教授内容である。当時三学期制であった東京高師は、二学期に図画の授業として投影画法大要、照鏡画法大要に加え黒板画練習を行うとしている。予科の段階で教師に必要なスキルの一つを身につける教育が行われようとしていたのである。

また、嘉納による本科の教育課程では、各部とも最終学年の三学期が空欄になっている。課程表に欄外には「第三学年第三学期ニ於テ実地授業ヲ課ス」と記されており、最終学年最終学期に教育実習を集中的に実施するように設定されていた。

先に述べたように、確かに、伊澤に比べて嘉納のカリキュラムでは専門科目の比率が高まり、その反面教育学関係の科目の時間数は減ることになった。しかし、板書といった予科での教職スキルの体得、仕上げとしての集中的な教育実習などの措置を考えると、嘉納が教職関係の科目を軽視していたというわけではなさそうである。また単純に教科の重視のみを考えていたならば、例えば国語漢文部では、それらの時間数をもっと増やしてもよいはずで

表 2−5　高等教育会議確定案（予科）

学科目／学年	倫理	国語	漢文	英語	論理	数学	図画	音楽	体操	合計
予科	一	三	三	一〇	二	四	二	二	三	三〇

表 2−6　嘉納によるカリキュラム改革（予科の科目配当）

学期	学科目	倫理	国語	漢文	英語	数学	論理	図画	音楽	体操	合計
予科	毎週時数	一	三	三	一〇	四	二	二	二	三	三〇
	第一学期	人倫道徳ノ要旨	講読、作文、文法	講読	講読、文法、作文会話、書取	算術、幾何学	演繹法	臨書写生画	声楽練習及理論	普通体操及遊技兵式訓練	
	毎週時数	一	三	三	一〇	四	二	二	二	三	三〇
	第二学期	同上	同上	同上	同上	代数学、幾何学、三角法	帰納法	投影画法大要照鏡画法大要黒板画練習	同上	同上	
	毎週時数	一	三	三	一〇	四	二	二	二	三	三〇
	第三学期	同上	同上	同上	同上	同上	方法学	水彩画	同上	同上	

あろう。しかしもともと三年三学期を教育実習に充てるため空欄としたために総授業時間数が伊澤時代から一気に二〇時間以上削減されており、そのために、教科専門の比率が高まっているのであって、実際には国語漢文とも一、二時間増えたくらいでそれほど増加しているわけではない。

つまり、教職科目と教科専門科目の比率は程度の問題であり、嘉納も教科専門科目を強くすることで帝大と競《せ》ろうと単純に考えていたわけではなさそうである。冒頭で示したように、中等教育の拡充期であった明治三〇年代、すでに中等教員に求められるのは、その教科についての深い学問的理解だけではなくなりつつあった。

嘉納のカリキュラムをさらに理解するため、当時の中等教育の実態と嘉納の中等教員に関する発言をみてみたい。

4　変わる中等教員像への対応――嘉納が残したもの

(1)　学校騒動と中等教員の資質

当時の中学校では、同盟休校や授業のボイコット、生徒同士の暴力事件といった学校騒動が散発し、新聞でもたびたび取り上げられるなど、社会問題化しつつあった。中等教育がごく一部の階層を対象とした特権的な教育ではなく、地方においても比較的恵まれた家庭の青年であれば手の届くものになりつつあるなか、この学校騒動の原因については、「其の罪は教師に皈すべきものである」といったように、生徒ではなく学校や教師側にある、という社会一般の見方は少なくなかった。文部省参事官の経験をもつ寺田勇吉もまた「学科担任ノ教員ニシテ其ノ操行ニ欠点ナク学科ニ熟達シ教育ノ旨趣ニ通ジ教授法ニ熟練ナルトキハ生徒ノ心服ヲ得決シテ之ニ抵抗スルガ如キコトナカラン」と学校紛擾の原因が教師側にもあることを指摘している。[17]

寺田のこの指摘は、同時に当時の中等教員に求められる資質を示すものである。人徳があり、深く専門を修め、そして教授法に優れていることが必要である、とされているが、このうち教授法や教育学的素養の必要性については、明治三〇年代後半になると次のように強く認識されるようになる。

教育界に考慮せられをるは、臨時教員養成所を主として、多くの学校卒業中等教員が、高価を以て配付せらるにも係はらず、教員の教員たる特徴とも見るべき教授方法に無識なるは、目下全国何れの学校も困難を感じつつある所にして、卒業生等は新下りと学力と校門とを笠に着て、容易に自己の無能力を覚らず、大学的講義を其侭受け売りして、生徒の程度能力の如きをば殆ど顧みざるを一般の痛病なりとす。[18]

この指摘から、すでに中等教員は専門に強ければ務まる職業ではなくなってきたことがわかる。中等教育の普及によって、青年期を対象とした教育学や教育方法の開発とその体得が求められたのである。

(2) 嘉納の理解

では嘉納は中等教員のあり方についてどのように考えていたの

東京高等師範学校桐花寮（1914 年頃）

であろうか。『教育時論』の伝えるところによれば、嘉納は一九〇八（明治四一）年三月、東京高師の卒業証書授与式で、①高尚な理想とその実現、②教育の効果の重要性の認識、③教育に対する深い趣味、④確実で豊富な学識、⑤教育方法の熟達、⑥生徒に対する厚い同情、⑦強固な意志、⑧身体の強壮、⑨常識的な社会理解、の九つの事項を説いている。[19]

このうち、④は教科についての専門科目、⑤は中等学校における教授法の実際、⑥は中等教員の人格の重要性を説いている点で、先の寺田の指摘とほぼ重なる。高師については、従前から帝大と比較され、専門科目の学力不足が指摘されていたが、一方で臨時教員養成所のカリキュラムに対する批判にみられるように、教授方法に明るい教師が求められ始めていた。高等師範はその存在意義からみても、豊富な学識と教育方法の熟達を両立させることが求められた教育機関であったし、その要請に応えうる学校であった。嘉納がそれを十分自覚していたことがこの告辞からもみて取ることができる。

また、嘉納は別の席で、帝大で講じられる教育学と高等師範学校で教授研究される教育学との違いについて、次のように述べている。

> 教育学の原理、原則と云ふやうな、深遠な問題、高尚な研究は普通の教育家には吾輩は余り望まない、これは大学でやるべきものである、（中略）然らば高等師範学校では何をするか、其の任務であるかと云ふに大学で研究した真理を、我が頭の物となし、これからして教育の方針、教授の主義、方法等を割出して来り、而してこれを全国の師範学校に指示してやることである。[20]

嘉納は、高等師範で展開されるべき教育学研究は、基礎研究、原理研究ではなく、そこから導き出される実際の学校教育に資するような実践的なものであるべきだ、ととらえていたようである。教育学と心理学を学科目として併せて教えようとしていたこととつながるかもしれない。

このように考えると、本節でみてきた嘉納による高師カリキュラムの改革は、単純に帝大に比しての学力不足を克服するためのものだけとは言いがたい。むろん学力を重視していたことは確かであるが、一方で、高師のアドバンテージである教授方法や教育技術を無視していたわけではない。予科で基本的な教育技術を体得させようとしていたこと、教育実習を仕上げとして最終段階で集中的に実施しようとしていたことなど、教育学的素養や教授法に対する目配りを考えると、教科専門科目と教職科目の両立を追求していたことは明らかである。文部省が養成機関を多様化することで対応しようとしていた中等教員に対する量的需要に対し、嘉納はできるだけ質的に応えようとしていた、と考えたい。

教える内容が高度になれば教科専門を重視しなければならないし、教育問題が噴出すると教職科目を厚くすることが要請される。一方で、教員養成機関での学修期間が限られているのであれば、必然的に両者の比率をどうするか、という調整が必要となってくる。これは、現代の中等教員養成においてもなお難問として大学に突きつけられている課題である。明治三〇年代は中等教員養成におけるこの難問がまさに難問として浮上する時代であり、嘉納はその解決に最初に取り組んだ一人だったのである。

5　中等教員養成のモデルとしての高等師範

教科に詳しい教員か、教育に優れた教員か、という中等教員養成の課題に対する解決の糸口は、教科専門と教職とを統合する「その教科をどう教えるか」という教授法の研究の進展にある。すでに伊澤の時代から高等師範では

東京高等師範学校庭球部（1904 年）

教授法についての授業が設けられていたが、実際には明治後年になっても「小学校の教育に於いては、教授法の研究頗る細微に入り、実際の技倆亦見るべきもの有りと雖も、中学校に至りては、殆ど教授法上の進歩いふに足らざるなり」[21]と内実が伴わないままとなっていた。このような状況のもと、一九〇八（明治四一）年に中等教育研究会が組織される。その研究会設立趣意書には「本邦教育ノ状勢ヲ察スルニ初等及ビ専門ノ教育ハ国運ノ発達ニ伴ヒ其ノ進歩稍見ルベキモノアリト雖モ中等教育ニ至リテハ未ダ遅々ノ態ヲ脱セズ」とあり、中等教育研究の立ち後れが自覚され、その克服が研究会の目的とされた。

研究会の事務所は東京高師内におかれ、会長には嘉納が就任している。研究会は雑誌『中等教育』を刊行し、教科教育に関する研究論文などを掲載したが、嘉納自身もときどき筆を執り研究会には積極的に関わっていた。また研究会からはその後、教科ごとの分科研究会が生まれていったが、嘉納はそれに対しても助力をしていた。高等師範学校は嘉納等の尽力によって中等教育における実践研究の中心となっていた。

また高等師範学校のカリキュラムは、そのまま戦前日本の中等教員養成のモデルとしても機能した。冒頭で中等教員養成機関として、無試験検定による許可学校があったと述べた。これは公私立学校で審査を経て文部大臣の許可を受けた学校は、卒業者に対し中等教員の免許状を授与できるという制度であった。許可学校制度は一八九九（明治三二）年に設けられたが、要件として、高等師範学校または女子高等師範学校の学科目と同等以上のカリキュラムを整えていることを求めていた。そのため、許可を求める学校からの申請に対しては、その学校の教育課程が高等師範学校と比べてどうであるか、という観点から審査されることになる。

戦前のいくつかの許可学校については、審査の際の実地調査の報告書が残されている。例えば一九二七（昭和二）年に東京の専門学校が申請した国語漢文、地理歴史について調査した審査官は「国語漢文地理及歴史ニツキ其毎週授業時数ヲ東京高等師範学校文科第一部及仝第四部ト比較スルニ」として東京高等師範学校と申請した学校の授業時数の対照表を掲げ「尚修身教育ノ毎週授業時数ハ高師ニ比シ少シ」と報告している。[22]そのため許可学校の認定を得ようとするならば、必然的に高等師範学校のカリキュラムをモデルとして自校の教育課程を整えなければならなかった。

つまり嘉納等が行った高等師範学校のカリキュラム改革は、中等教員養成を目指す当時の許可学校のカリキュラムをも規定することになった。高師のカリキュラムが実質的に戦前日本の中等教員養成のナショナルカリキュラムであったということもできるのである。

これについては、中等教員養成を高師レベルで保とうとしていた、と積極的に評価できる一方、教員養成の画一化を招いたとその裏面に言及することもできるが、ここではそれに立ち入らず、高等師範学校の影響力の大きさを指摘するにとどめたい。またこの事例は昭和に入ってからのもので、むろんその時にはすでに嘉納は高等師範学校の校長を退いている。

しかし、このように中等教育実践や中等教員養成に大きな影響を与えた高等師範学校の校長を嘉納が長年にわたって務めていたという意味は大きくかつ重いと受けとめなければならないだろう。

このように中等教員養成をめぐって嘉納と当時の高師が取り組んだ課題、そして高等師範学校というシステムとその影響力は、中等教員やその養成のあり方を考える上で今日でも十分に示唆的である。明治後期の中等教員養成関係者の取り組みは、今後とも研究されなければならないが、嘉納がそのキーパーソンの一人であったことは広く知られてよい事実である。

【註】

(1) 大滝忠夫『嘉納治五郎　私の生涯と柔道』新人物往来社、一九七二年、六五～六六頁。
(2)「久保田譲氏を文部次官に推挙する理由」『読売新聞』一八九七年四月二七日付。
(3)「嘉納校長排斥の声（続き）」『日本』一九〇二年九月四日付。
(4) 船寄俊雄『近代日本中等教員養成論争史論』学文社、一九九八年、一〇六頁。
(5)「文部省対高等師範（続）」『読売新聞』一九〇二年一〇月二九日付。
(6)「学政改革の要綱」『教育時論』六七七号、一九〇四年二月。
(7)「文部当局者の談話」『読売新聞』一九〇二年一〇月三〇日付。
(8)「高等師範学校を廃しては如何」『教育時論』六二五号　一九〇二年八月。
(9) 同右。
(10)「文部省対高等師範」『読売新聞』一九〇二年一〇月二八日付。
(11)「嘉納校長排斥の声（続き）」『日本』一九〇二年九月三日付。
(12)「毛錐余憤」『教育時論』六三二号、一九〇二年一一月。
(13) 前掲註（4）。
(14)「文部次官更迭の事」『読売新聞』一八九八年二月一日付。
(15)『第七回高等教育会議議事速記録』第四号、一九〇二年一一月二七日。
(16) 同右、第八号、一二月二日。
(17) 寺田勇吉『学校改良論』南江堂、一八九八年、四〇～四一頁。
(18)「学校卒業中等教員」『教育時論』七七〇号、一九〇六年九月。
(19)「高等師範学校卒業式」『教育時論』八二八号、一九〇八年四月。
(20) 嘉納治五郎「今日の教育家は何を為すべき乎」『教育時論』七四九号、一九〇五年二月。

(21) 「中学教育の改善」『教育時論』七九五号、一九〇七年五月。
(22) 「公立私立学校卒業者ニ対シ無試験検定ノ取扱ヲ許可シタル学校」国立公文書館蔵。

孔子祭の復活

孔子祭典会委員長　嘉納治五郎の想い

一九〇七（明治四〇）年、維新以降絶えて久しい孔子祭典の行事が復活し、盛会な祭典となった。その催事を行う初代委員長が嘉納治五郎であった。

孔子祭典の復活の背景には維新後の湯島聖堂を舞台とした近代教育の変遷がある。聖堂とともに昌平坂学問所もまた、明治政府に接収され、学問所は昌平学校となり、間もなく昌平学校は医学校、開成学校と統合され、大学校と称し、一八七〇（明治三）年に大学（現、東京大学）となり、その本校がこの地に設置された。しかし、早くも翌年に大学本校は閉鎖し、文部省が同所に設置され、一八七二（明治五）年に文部省が移転し、湯島聖堂は我が国が行う初の博覧会場となり、学問所の校地に師範学校（現、筑波大学）が開校した。それ以来、湯島聖堂の孔子の祭典は行われなくなっていた。

このような経緯と近代化のなかでの新たな国づくりを儒教で打ち立てようと、一八八〇（明治一三）年に斯文《しぶん》学会が発足する。「斯文学会は、明治一三年岩倉具視が欧州から帰り、国家の前途を憂慮し、儒教によって堅実な思想を養成し、国家の基礎を固めようとして創立され」、その折に宮内省は「風教を振張し文学興隆する旨意を以て其会設立の趣被聞召思召を以て金千圓下候事」と国家として助成を行った。

学会が成立した当時、嘉納治五郎は東京大学文学部哲学政治学および理財学科二年次に在籍し、同時に二松学舎に通って漢学を学んでいる。おそらく嘉納は、西洋思想を学ぶ一方、欧化偏重に陥らぬよう、東洋思想、儒教精神を学んだのであろう。やがて時がたち、嘉納は東京高等師範学校長となった。一九〇三（明治三六）年に東京高師が大塚移転したのを機に孔子祭典の話が持ち上がったのである。

鈴木三八男編『聖堂物語』によれば、「明治三十九年に至り、當時聖堂を管理した東京高等師範學校の職員の有志で、釈奠《せきてん》の禮が久しく欠けていることを遺憾とする者が多く、孔夫子を崇敬し、我が国における其の教化を感謝する誠意をあらわすために、その祭典を大成殿で行うことを計画したが、さらに廣く同志を集めて祭典を盛大に行うことを議決」し、「孔子祭典會」が創立されるにいたった。「同四十年（一九〇七）一月十六日發起人會を開き、（中略）嘉納治五郎を委員長とした」ことを伝えている。祭典は一九一八（大正七）年斯文学会と孔子祭典会が統合されて、現在の財団法人斯文会が発足し、継承された。その記録によれば一九一八年から一九二〇（大正九）年まで、嘉納治五郎は祭典部長と記されており、翌年より、嘉納の後の東京高師校長三宅米吉がこの任を継ぎ、一九二一（大正一〇）年から一九二八（昭和三）年まで斯文会祭典部長を務め、かくして、孔子の祭典は聖堂を管理する斯文会によって現在まで継承されてきたのであった。

一九〇七（明治四〇）年の孔子祭典復活から一〇〇年後の二〇〇七（平成一九）年、孔子祭復活を記念して特別展「草創期の湯島聖堂」が、史跡湯島聖堂を管理する財団法人斯文会と国立大学法人筑波大学の共催で、湯島聖堂大成殿を会場に開催された。孔子祭を復活させた一〇〇年前の嘉納治五郎の祭典の在り方が、再現されたのであった。

「日本の徳教が孔子教に依って説かれると云ふことは、國の将来の為には誠に悦ぶべきことであると思ふ」（『足利学校釈奠講演筆記』第三巻五頁）。近代柔道を生み、近代教育に大きな貢献を果たした嘉納治五郎の孔子祭にかけた思い、それは、清国より政府留学生の教育を引き受け、自らの私財を投げ打って、留学生教育を行う宏文学院開設にも反映している。

嘉納治五郎は孔子祭典を復活させ、一〇余年にわたり、祭典の実行委員長を行った。彼が祭典を行い、高等師範学校の教員によって受け継がれた孔子祭の余香は「東京師範学校附属図書館印」の捺印のある湯島聖堂関連資料として、筑波大学附属図書館に収蔵されている。

「歴世大儒像」のうち朱子像

湯島聖堂大成殿孔子および四配像（復元制作：柴田良貴教授による）

第二節　体育・スポーツの発展

1　東京高等師範学校における校友会設立

(1)　嘉納の運動遊戯（スポーツ）観

東京高等師範学校では、嘉納校長のもと、学生たちのスポーツ活動を統括する組織（運動会、校友会）がつくられた。この校友会を通して、日本全国に体育・スポーツが普及・発展していくことになるのであった。

嘉納は、柔道も含めて、西洋スポーツや遊戯、日本人に伝統的な徒歩や水泳などを総称して、「運動遊戯」と称している。嘉納の考えた運動遊戯の価値については、一九一〇（明治四三）年にまとめられた『青年修養訓』のなかで、次のように述べている(1)。

> 第一に、筋骨を発達させ身体を強健にするという点から、その種類方法を選び、些小の余裕の時間も運動に費やすよう心掛けること。
>
> 第二には運動遊戯を、単に身体のためばかりではなく、自己に対して人に対しての道徳上品位上の修養の資に供すること。
>
> 第三にはこのような運動の習慣を修学時代を終わると同時に廃止にしないで永くこれを継続し、心身ともに常に若々しくあること。

端艇競争（1914 年頃）

運動遊戯（スポーツ）の価値は、身体そのものの機能を発達させるとともに、道徳や品位の向上に資することができ、さらに、それを生涯継続していくことの重要性を説いたのである。

嘉納は、道徳的な向上という点に、特に関心が高かった。これは、嘉納自身が、東大卒業後選科に入り、道徳教育の研究を行っていたことからもうかがえる。

嘉納は青少年に柔道や体育（長距離走、水泳実習など）を行わせることによって、身体を強健にさせるのみならず、正義、公正、驕らないことなど、精神的、道徳的に自他ともに向上させることができると考えていた。さらに体育を続けることで、心身ともにいつまでも若々しく活動しながら、生涯を幸福に生きることができる、とした。

なお、嘉納のいう道徳とは、一八八九（明治二二）年の「柔道一班並ニ其教育上ノ価値」で、「体育」、「勝負」、「修心」の三つに分けて説明しているなかの「修心」にあたると思われる。[2]嘉納は、柔道の実践による心の教育を「体育」と不可分のものとし、正義、公正、驕らないことなどの徳性を涵養すること、智力を練ること、そして勝負の理論を世の百般に応用することに分けている。智力を練るとは、進歩的な思想を嫌わず、偏見を去り、事実を観察していく科学的な態度を身につけることであり、勝負の理論を世の百般に応用することとは、柔道の修行で得た体験を社会生活のなかに活かしていくことであった。

スポーツの実践により筋力を高めるとともに、精神的な面での向上をはかり、ならびにそれを生涯続けるということは、今日においてもそのまま通用するスポーツの価値観である。今日のスポーツ教育の考えと比しても、嘉納の先見の明には注目すべき面がある。このような考えは、柔道の実践を通して体得した実践知であったと思われる。

(2) 嘉納校長によるスポーツの活用

嘉納は、上記の意義をもつ運動遊戯（スポーツ）を、教育現場で有効に活用すべく、すなわち、学生の教育に資するものとして、東京高等師範学校の校長在任中に学生生活のなかに取り入れた。

柔道にみられるような、伝統的な武術を近代的に再編して、身体と心を練ることを目指したのみならず、西洋スポーツについても、積極的に取り入れ、東京高等師範学校の教育システムに導入したのである。高等師範学校および東京高等師範学校長としての足跡に、その点を見出すことができる。

嘉納が高等師範学校長に就任すると、学生たちの体育やスポーツ活動が、校長の後押しで盛んになった。そのことを概観すると次のようになる。[3]

一八九四（明治二七）年　大運動会を開催し、全学生、教職員が参加した。

一八九六（明治二九）年　各運動部を統括する「運動会」が設立され、学生は、そのうちの一部または数部に所属して、毎日三〇分以上運動することが奨励された。

一八九八（明治三一）年　御茶の水から池上本願寺までを走る健脚競走（長距離競走）が行われる。

一九〇一（明治三四）年　新たに課外活動を束ねる組織として、「運動会」を「校友会」に再編、校長自らが会長に就任した。秋、大塚で陸上大運動会を開催し、全国中学校、師範学校生徒の競走一九〇五（明治三八）年　夏の水泳実習（約二週間）を全予科生（新入生）の必修とした。

会も行われる。

一九〇八（明治四一）年　柔道と剣道のいずれかを新入生の必修とした。徒歩競走（長距離競走）が春・秋年二回行われるようになる。

柔剣道のいずれかを履修し、春と秋に長距離を走り、夏には二週間の水泳実習を行い、秋に陸上大運動会に参加、そして校友会活動にも参加する、というのが嘉納校長時代の東京高等師範学校の学生であった。文科や理科という専門のいかんにかかわらず、すべての学生が参加した。嘉納が校長を務めた期間、東京高等師範学校は当時の日本で、体育・スポーツに最も熱心な高等教育機関の一つであったといえる。

嘉納校長時代に誕生した東京高等師範学校の運動部には以下のものがある。

柔道部、撃剣（剣道）部、弓技部、器械体操部、相撲部、ローンテニス部、フットボール（蹴球）部、ベースボール部、自転車部、ボート部、徒歩部、游泳（水泳）部、卓球部、ラ式フートボール（ラグビー）部

東京高等師範学校柔道部（1914 年頃）

嘉納は、柔道や撃剣などの武道のみならず、テニスやサッカー、ラグビーなどの西洋のスポーツも学生が行う運動として奨励した。

(3) 校友会運動部の理念

嘉納は、東京高等師範学校創立四十周年を記念して刊行された校友会誌記念号に「校友会員に告ぐ」とした一文を校友会会長として掲載している。そこに、嘉納の校友会にかける思いが示されている。

校友会設立以前には、寄合会なる名を以て学生時々相会し、互いに談話することがあったが、其れは主として修養上のことにつき談話する位に止って居た。然るに学校の発展に伴ひ、更に各方面に亘って学生を活動せしめ、殊に体育奨励の機関たる可きものを立てたらどうかといふ考えをおこし、明治三四年に始めて校友会を創立するに至った。

思うに学校教育は、教場に於て教を受け、寄宿舎に於て監督指導をうけるのみでは、未だ完備せるものとは云い兼ねる。なほ学生をして、各々自己の考を発表し其の考に基づきて行動せしめ、其の教場並に寄宿舎に於ける教育の結果の行為にあらはれたるを見て、将来の指導薫陶の方法を考へ、あらゆる機会を利用して訓

東京高等師範学校徒歩部（1914 年頃）

諭す可きことを決するに就いての、資料を得ることを務めなければならぬ。それ故、在学中学生をして各々校友会各部の仕事を分担して、其の事に当らしむるは夫等の目的を達する為、洵に必要なることである。斯る考から、校友会に十余の部を設け、学生をして代る代る各種の役割に当らしめ、傍実務になれしむるやうにつとめて居る。且つ、時々校友会で挙行し、全校学生の参加する長距離徒歩競走、陸上大運動会の如きものは、平素各部各寮にわかれて居る学生をして、一致の行動をとらしめ、共同以て事に当たるの良習慣を養成するに足りると思ふ。

斯く校友会は、教場並びに寄宿舎に於ける普通の教育以外にありて、学校教育上、最も必要なる事柄である。夫故、学校は相当に重きを校友会に置き、或は之を批評し、或は之に注意を加へて、漸次其の発達をはかって、今日に至った。もとより、今日に於ても、尚不備の点改良を要す可き点は多々あるけれども、世間多数の学校に比し、遜色なき程の状態にあると信ずる。これまことに、創立以来の、幹事長はじめ、教授並びに学生から出た役員の努力によるもの。今や其の努力を謝すると共に、学校としては、校友会設立の目的の一部を達し得たものとして、大いに慶賀するところである。

今茲に此の事を一言して、将来益々完全なる発達を遂げ、校友会創立の目的を、遺憾なく実現するに至らんことを希望する。(4)

この書は校友会が設立された一九〇一（明治三四）年から一〇年後に出版されており、校友会活動の一〇年間を振り返って書かれている。ここで明らかなことは、校友会は体育奨励の目的をもって嘉納が創設したということである。

また、「学生をして、各々自己の考えを発表し其の考えに基づきて行動せしめ」、「学生をして各々校友会各部の仕事を分担して、其の事に当らしむる」とあるように、学生の主体的な活動を期待するものであり、そのことが将

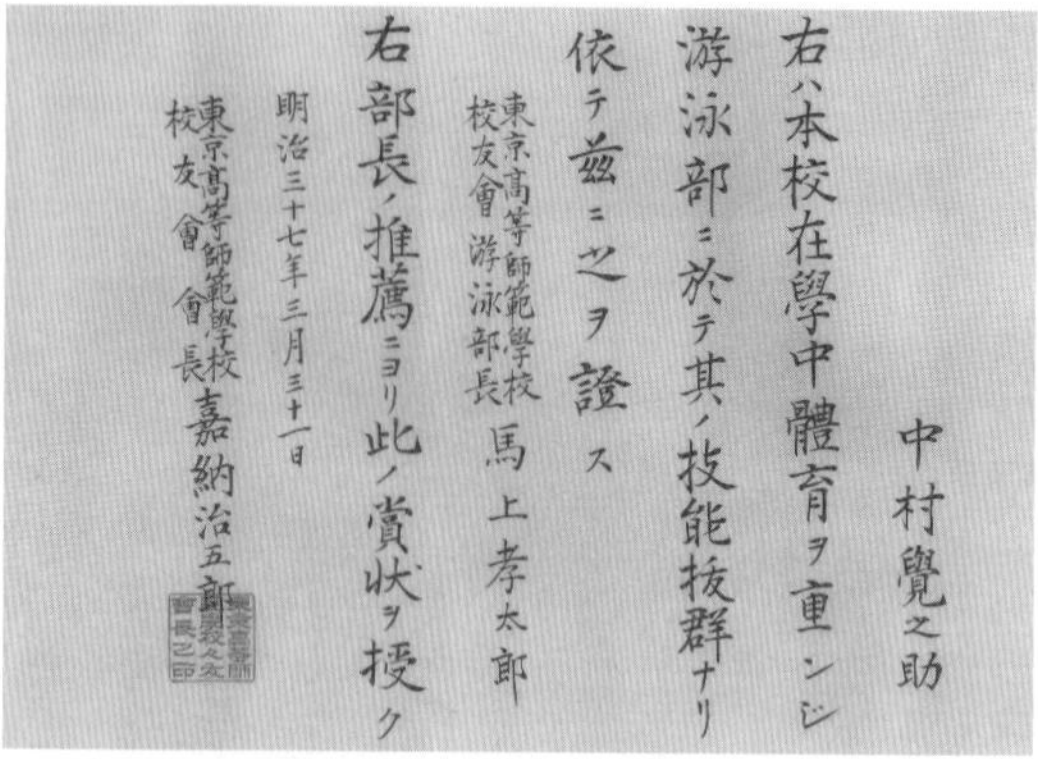
中村覺之助
右ハ本校在學中體育ヲ重ンジ
游泳部ニ於テ其ノ技能抜群ナリ
依テ茲ニ之ヲ證ス
東京高等師範學校
校友會游泳部長　馬上孝太郎
右部長ノ推薦ニヨリ此ノ賞状ヲ授ク
明治三十七年三月三十一日
東京高等師範學校
校友會會長　嘉納治五郎

東京高等師範学校校友会表彰状（1904 年）
（中村統太郎氏所蔵）

来の指導方法を身につける貴重な資料になるというものであった。

また、長距離走大会と陸上大運動会に全校の学生が参加することで、共同の習慣を養うことも目指された。

生徒監であった峰岸米造は、学校では教師と生徒がお互いに胸襟を開いて接しなければならないが、実際にお互いを知ることは難しい、それを校友会の活動が補い、同情同感の念を起こしてうるわしい関係を築いていると述べている。

学生の自主的な活動を促して各運動部、すなわちスポーツの発展に寄与しようとするとともに、将来の指導者としての資質を身につけさせようとしたこと、さらに陸上大運動会や長距離走大会などを通して、共同の精神を養うようにしたことなどから、東京高等師範学校における校友会活動は、学校教育におけるスポーツ教育の先駆的な例であったといえよう。

この校友会は一九〇七（明治四〇）年に社団法人になり、定款を作成した。その中で、卒業生や職員であった者も校友会会員（特別会員）になれることを規定した。こうして卒業生も巻き込んで校友会運動部は発展していった。

(4) 校友会各運動部によるスポーツの普及

東京高等師範学校校友会の各運動部は積極的に専門学校や中学校の大会を創設し、また指導者を全国各地に派遣するなどして、スポーツの普及に貢献した。その様子は以下のようであった。

（陸上競技）

高等師範学校の大運動会は、一八九四（明治二七）年秋に初めて開催され、右尚館前の広場に縄を張って、競走、フットボール、三人抜相撲、撃剣、綱引、剣舞など二〇数種目の競技が行われた。

校友会設立以後は陸上大運動会とよばれ、規模は大きくなった。第一回陸上大運動会は一九〇一（明治三四）年一〇月二日に大塚に完成した新校舎にて行われた。経費は前年度の七四円から二九七円と四倍になった。校友会主催の第二回陸上大運動会は一九〇二（明治三五）年一〇月に行われ三〇種目余りが行われた。これには中学・師範学校の来賓競走が行われた。また都内の中学・師範学校のみならず、千葉、柏壁、埼玉の師範学校も参加した。これは高等師範学校出身者がこれらの師範学校に教員として赴任した後、母校での陸上大運動会に参加したのであった。こうして陸上大運動会の規模も大きくなり、卒業生を通して各師範学校などに広まっていくこととなった。

東京高等師範学校校友会秋季陸上大運動会（1904 年）

高等師範学校という性格から、卒業生を通して、他の師範学校などにも普及していった。これは陸上大運動会のみならず、長距離走大会や水泳実習なども同様であった。

第三回陸上大運動会は一九〇三（明治三六）年一一月に東京高等師範学校のグラウンドで行われ、師範中学優勝旗競走が正式な種目となり、東京府師範学校が優勝した。翌年の第四回陸上大運動会（一九〇四年）の折に

庭球の試合（1914 年頃）

は、この大会の事務分掌規定が制定されている。これにより、陸上大運動会の運営が明瞭化された。すなわち、会場係、装飾係、運動係、賞品係、接待係、食事係、売店係、記録係、庶務会計係を置いて、運営されるようになった。

この年の種目数は二七になり、師範中学優勝旗競走には二〇の学校から四〇名が参加し、東京府師範学校の倉井満弘が優勝した。この時の陸上大運動会には久保田文部大臣も参観し、一万人余りが観戦したと報告されている。

一九〇五（明治三八）年の第五回陸上大運動会には、東は羽後（秋田）の横手中学、西は宮崎師範学校から、全部で二二校が師範中学優勝旗競走に参加した。

第七回から第九回陸上大運動会までは、皇族が参観している。第七回の一九〇七（明治四〇）年には三皇孫殿下、第九回には伏見宮、山階宮など七人の皇族が来観した。第八回の折には、角力、棍棒体操、騎馬擬戦、附属小学校児童遊戯などを皇族が観戦した。

また、一九〇六（明治三九）年には生徒有志が歩行術研究会を作り、組織的な選手養成にも取り組み始めた。

（柔道部）

一九〇二（明治三五）年に大塚新校舎柔道場が落成した折、東京の各専門学校学生を招待して第一回柔道大会を挙行した。卒業生のほとんどが全国の中等学校の教員に赴任したので、柔道の素養をもつ教員の着任は、柔道の普及につながった。柔道経験を有する教員の全国派遣の成果として、全国中等学校柔道優勝大会の主催につながった。さらに、柔道大会を主催したにとどまらず、一九二一（大正一〇）年から全国の中等学校生を対象とする夏季講習会を開催し、柔道の普及に努めたのであった。

（蹴球部）

一九〇三（明治三六）年には、フットボール部が『アッソシエーションフットボール』と題するサッカーの指導書を鐘美堂から出版した。蹴球に関する我が国最初の指導書の出版であった。この年から各地の学校にサッカーの指導に出かけている。一九〇三年から一九一二（明治四五）年までの明治時代だけで、次の師範学校や中学校にサッカーの普及をはかって指導に出かけた。

横浜外人クラブと試合した東京高師蹴球部員（1904年）

埼玉県師範学校、栃木県師範学校、群馬県師範学校、東京府青山師範学校、日本体育会体操学校、福島県師範学校、茨城県師範学校、茨城県下妻中学校、兵庫県姫路師範学校、山形県師範学校、奈良県師範学校、滋賀県師範学校、愛知県第三中学校、新潟県高田師範学校。

また翌一九〇四（明治三七）年に横浜で外人スポーツクラブに挑戦して敗れたが、これは日本におけるサッカーの最初の国際試合となった。

一九〇九（明治四二）年一一月末から東京高等師範学校の運動場が附属中学校の建築場として工事に入ると、嘉納校長の所有地である豊島ヶ丘で練習を行わせるなど、嘉納校長は運動部に惜しみない貢献をしている。

2 長距離走の普及

(1)「駆ける」ことの意義

嘉納治五郎は、歩行や長距離走と水泳を日本人に適したスポーツとして重視した。歩行や長距離走について、嘉納は次のように述べている。

成可く運動と云ふものは願わくば毎日、少くとも隔日位する事でなくては不適当である。(中略)其れから段々考えてみると国民全体に運動をさせやうと云ふ事に就ては誰でも出来ると云ふ事が一つの条件でなければならぬ。器用な者は出来不器用な者は出来ないと云ふものは不適当である。成可く誰でも男女年齢の区別なく出来るものでなければならぬと云ふ事が第一の問題である。第二には費用の懸らない設備がいらないと云ふ事である。第三は男女年齢の区別なく成可く人に拠って好き嫌ひのないと云ふもので而も面白くて熱中すると云ふ事のないものが宜い。とさう考えて見ると一番適当な運動法は歩くと云ふ事である。(中略)

歩く程には広く行はれないけれども、歩く事に次いで行う運動法は駆ける事である。之れは設備も要らぬ、費用も懸らぬと云ふ条件に能く適つて居るから、差支ない年齢体質の者の為には成可く廣く行ふと云ふ事が宜からうと思ふ。(5)

このような考えに立った長距離走の普及は高等師範(東京高等師範学校)を基盤としてなされていくのであった。高等師範学校では、第一回長距離競走(健脚競走)を一八九八(明治三一)年に、第二回を一九〇一(明治三四)年大宮氷川公園で行った。一九〇四(明治三七)年以後は従来の秋の遠足会を徒歩競走に改め、一九〇八(明治四一）年には春の遠足会をも徒歩競走とし、以後春秋に玉川、大宮等への長距離走が定着した。基本的に全校生徒が参加した。卒業生たちの多くは、東京高等師範学校で行われた学校行事を赴任先でも伝えたので、長距離競走も多くの中学校や師範学校で行われるようになった。

(2) 金栗四三の貢献

長距離走の普及は、三回のオリンピック競技会のマラソンに出場した東京高等師範学校出身の金栗四三（一八九一〜一九八三）の影響も大きかったと思われる。一九一一年の国際オリンピック競技会派遣選手予選会の結果、一九一二（明治四五）年、東京高等師範学校の生徒であった金栗は帝大の三島弥彦とともに、我が国最初のオリンピック代表選手としてストックホルムでの第五回オリンピック競技会に参加した。この大会では暑さのため途中棄権してしまったが、その後も世界記録を樹立して日本代表選手として一九二〇（大正九）年、一九二四（大正一三）年のオリンピック競技会にも参加し、「マラソン王」の異名がつけられたのであった。その金栗は、競技者として高地トレーニングを開発するのみならず、マラソンの全国的な普及にも尽力した。

金栗が国内で走破した長距離走には次のものがあり、日本全国を走破しながら普及に努めた。

一九一七（大正六）年四月　日本初の駅伝となる「奠都記念東海道五十三次駅伝競走」を企画し、金栗自身もアンカーを務めて優勝した

同　年　七月　富士登山マラソン競走出場

一九一九（大正八）年七月〜八月　下関—東京間一三〇〇キロを二〇日間で走破

同　年　一一月　日光—東京間一二〇キロを一〇時間で完走

一九二〇（大正九）年二月　東京箱根駅伝往復駅伝競走を企画し実行

一九二二（大正一一）年八月　　　　樺太—東京間を二〇日間で走破
一九三一（昭和六）年　　　　　　　九州一周マラソン走破

一九二〇（大正九）年には、自身二度目のオリンピックとなる第七回オリンピック競技会（アントワープ大会）にマラソン競技で出場した。優勝を期待されていた金栗であったが、足の故障などもあり、一六位（二時間四八分四五秒）という結果に終わる。降りしきる雨のなかでのレースで、耐熱練習の効果をみることはなかった。アントワープ・オリンピック後はドイツに渡り、そこで女子体育の発展ぶりを目の当たりにした。帰国後は日本での女子体育の普及のため精力的に活動していった。

一九二四（大正一三）年、金栗が三三歳の時に第八回オリンピック競技会（パリ大会）のマラソン競技の予選会で優勝した。しかしながら、本番では、すでに体力的、年齢的にもピークを過ぎていた金栗は、前半のオーバーペースが災いし、三二キロ地点で棄権してしまった。このオリンピックを最後に金栗は現役の第一線から引退した。引退後は陸上競技を中心にスポーツの普及にいっそう尽力する。

オリンピック代表になった
金栗四三（1911 年）

特に金栗が箱根駅伝を構想、具体化したことは重要である。一九二〇年に明治大学、東京高等師範学校、早稲田大学、慶應義塾大学の四校で第一回大会を開催し、東京高等師範学校が優勝した。当時の大会名は「四大校駅伝競走」であったが、その後、この大会は大学や専門学校の間で人気が高まり、「箱根駅伝」として長距離走の普及に大きく貢献するのであった。

金栗は、全国を長距離走で走り抜いたが、その折に、単に走るのみではなく、各地の学校に赴いて走ることの楽しさなどについて講演を行い、子どもたちと一緒に走りながら、全国を走破したのであった。

例えば、一九二二（大正一一）年、金栗は樺太—東京間の約一四〇〇キロを二〇日間で走破したが、金栗はただ樺太—東京間を一人で走ったのではなく、その主要な町で、講演やスポーツの指導を子どもたちに施しながら走破したことが日記に記されている(6)。講演の内容としては、日本人初のオリンピック選手として第五回ストックホルム・オリンピックのマラソン競技に出場した話など、金栗の経験、体験談が多く、時には教育に関する話にも及んでいた。

金栗が走破の途中で通った市や町では、出迎えや宿泊する宿、食事なども準備され、当時の新聞に金栗の記事が大きく掲載され、町をあげて歓迎する所が多かった。このことからも、金栗の挑戦に対する人々の関心の高さがうかがえる。またこの時代は現代以上に、日の丸をつけて走るということは名誉なことであったため、日の丸をつけて走った金栗の講演等がその地域の人々に与えた影響は計りしれないものがあったと考えられる。

金栗はランニングの最中に、その地域の青年や学生たちと一緒に走ったという事実も興味深い。多い時には二〇名くらいの若者が彼について走ったことが日記に書かれており、なかにはかなり長い距離を金栗と一緒に走った人もいた。金栗と一緒に走った彼らは長距離走やスポーツに興味をもつ者も多く、結果的に、長距離走の発展につながった。オリンピックでは入賞すらできなかった金栗ではあったが、長く日本代表選手を務めた金栗の評判は高く、各地で迎えられたのであった。

全国各地の学校に東京高等師範学校出身者が赴任したことや、金栗という著名な選手を輩出したことにより、長距離走は各学校で普及していった。

3　水泳（遠泳、高師泳法）の普及

(1) 東京高等師範学校における水泳実習の始まり

『校友会発展史』（一九一一年）のなかで記述されている「游泳部史」（田中啓爾著）や東京高等師範学校の校友会誌によって、初期の水泳実習について概観すると次のようである。

一九〇二（明治三五）年七月、総勢六〇名が房州鏡ヶ浦へ出かけた（汽船で夜八時頃出発し、北条に朝四時頃到着）。期間は二週間。潜水と浮身の練習を行い、師範は小堀流の小堀平助であった。翌一九〇三（明治三六）年は、二週間から二カ月に延長されて実施した。三里遠泳を六回まで実施したところ、完泳者は一八名であった。師範は神伝流の上田征爾氏。宿舎は八幡神社に近い濱田屋と中村屋であった。一九〇四（明治三七）年は、六〇名余りが参加し、三里遠泳では四三名が成功した。宿舎は岩谷別荘であった。

この時に高師泳法が編み出されるのだが、これについて『校友会発展史』で特に次のように記されている。

中野次郎師範（東大）が神伝流の達人に拘はらず破天荒の大英断で水府流の伸游《のしおよぎ》、小堀流の踏水術《とうすいじゅつ》、観海流の平泳など代表的の華を抜き然も「扇横游一段《あおりよこおよぎ》」などいふ科学的の名まで附して教育的な「高師游法」の教程を作り上げられたことは永久に滅せぬ巨人の足跡である。(7)

いわゆる「高師泳法」が誕生したのであった。「扇横游一段」が開発された直後の一九〇四（明治三七）年の校友会誌第五号には、「遊泳練習の方針」のなかで、水府流の伸游（扇足横泳）、小堀流の踏水術（巻足立泳）、観海流の平泳（蛙足平游）が、泳法上特に優れていると述べている。さらに、こうした泳法の再編について次のように説明されている。

今日社会の進歩と共に游泳の道も亦進歩せざる可からず故に本校游泳部が正に取らんとする所の方針は各流各派に偏せずして實用に適するもの体格の均整なる発達に叶うもの形式の勇壮にして美観を備ふるもの精神の修養に価値あるべき技術と其練習方法に就て其の精神を抽き之を整然たる教目に組織して斯道を以て教育の資料に最も価値あるものたらしめんとするにあり(8)。

ここでは、高師泳法が、伝統的な水術を、実用的かつ教育的に再編した泳ぎであることが述べられている。

(2) 高師泳法の展開

「高師泳法」が編み出された翌年一九〇五（明治三八）年から、東京高等師範学校の予科生（一年次生）が全員水泳実習に参加することになった。文科・理科という専攻を問わず、全予科生は二週間、北条海岸で過ごしたのであった。これは嘉納校長の命によるもので、新しい「高師泳法」の教育的な展開とそれを普及させようとする嘉納の熱意の表れでもあった。一九〇五年の水泳師範は中野次郎のほか、一高

第1回東京高等師範学校水泳実習（1902年）

の生徒が助手として参加した。

嘉納が、いかに水泳実習に力を注いだかについては、校友会誌の記事から読み取れる。そこには、嘉納は交通の便の良くないなか、ほぼ毎年房総の北条まで赴き、実習生を激励している様子が記されている。やがて参加者が増えるにつれて、間借りの宿舎では十分な実習ができないことから、専用の宿舎建設の議が起こり、房総の北条と三浦半島の松輪を視察した結果、北条に建設することになった。この宿舎建設の折りに、嘉納は自ら足を運んで交渉に当たった。一九〇六（明治三九）年、游泳部の宿舎、芳躅舎《ほうしょくしゃ》が完成した。芳躅とは、芳しき跡という意味で、嘉納校長の命名による。この年より、水府流太田派師範、本田存《ありや》が水泳師範に加わり、指導陣が揃った。この年の水泳師範は向井流の麦倉嘉吉、水府流太田派の本田存、神伝流の中野次郎であった。これらの布陣をみる限り、「高師泳法」は水府流太田派のみに固執したものではないことがわかる。

東京高等師範学校游泳部寄宿舎（1914 年頃）

同年、第一高等学校と連合して八月六日に北条海岸において、第一回関東連合游泳大会が開催された。この大会はこれ以降、毎年開催された。関東連合游泳大会には東京高等師範、第一高等学校、外国語学校、早稲田大学、安房中学校、開成中学校、川越中学校、東京高等師範学校附属中学校、水産講習所、埼玉県師範学校、高等商業学校などが参加した。

このような、競争的な方法の活用は嘉納の基本的な考え方であった。競争的な方法は若者に体育に興味をもたせ

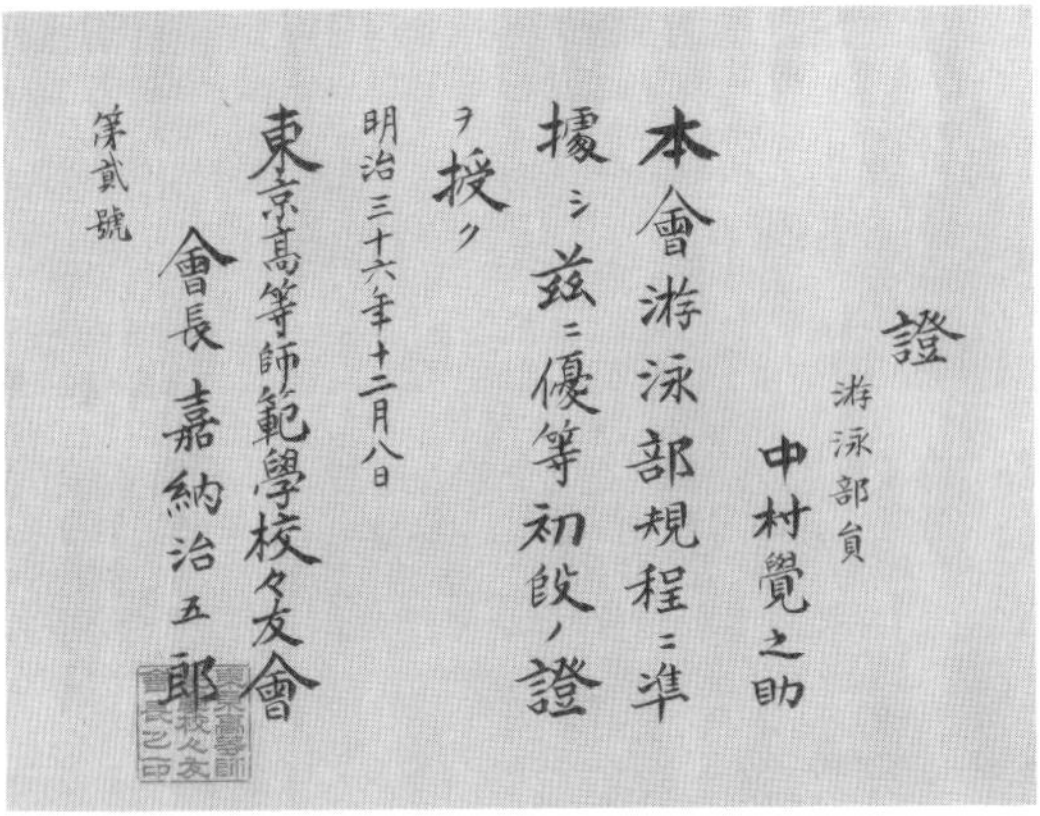
證
游泳部員
中村覺之助
本會游泳部規程ニ準據シ茲ニ優等初段ノ證ヲ授ク
明治三十六年十二月八日
東京高等師範學校々友會
會長　嘉納治五郎
第貳號

東京高等師範学校游泳部初段証（1903 年）
（中村統太郎氏所蔵）

るのに役立つと考えていた。やがてこの大会は、一九一四（大正三）年の大日本体育協会主催の第一回水上大会の開催へとつながっていった。

また、一九〇二（明治三五）年にはすでに進級制度がとられていた。班別の指導および活動が行われていて、期間中行われる遠泳終了時や級別進級試験など数回の機会に随時進級者が発表されていた。また日課の游泳の成績によって進級している例もある。進級の制度および基準に関しては一九〇二～〇五年の校友会誌に記載されている。当初は、その進級基準は距離によるもののみであったが、翌一九〇三（明治三六）年より、進級基準の一つとして技術的なものが加わった。さらにこの四年間の資料から、徐々に進級基準の距離が長くなっていき、年々水泳実習に参加している者の泳力が向上していったことがわかる。このように生徒の泳力に応じて、各級の内容も変更された。さらに、段位も取り入れ、特に優秀な生徒に段位証が嘉納校長より授与された。

一九〇四（明治三七）年、冬の游泳会において、東京高等師範学校講堂にて三里および一里半の游泳者二七名に賞牌、優等生三名に初段証を嘉納校長が授与した。さらにその後、嘉納が一時間訓諭したことが述べられている。

各中学校に遊泳の指導者として学生を派遣したのは一九〇六（明治三九）年からであった。游泳部が発足してから四年で、「高師泳法」を全国に伝える手だてが考えられたといえる。伝統的な流派にこだわらない、游泳大会の実施、級・段位制度の導入、中学校への指導者の派遣などは、嘉納が柔道で展開した方法と同じであり、水泳についても同様の手だてが取られていたのであった。最初の一〇年間にあたる一九一三（大正二）年までに実習に参加した東京高等師範学校の生徒は、延べ数で予科一三二一名、専科七三三名、本科九八六名で、総計三〇〇〇名を超えた。北条海岸での実習は一九四二（昭和一七）年の夏まで続けられた。

(3) 游泳実習で用いられた泳法とその流派

東京高等師範学校の游泳実習では、「高師泳法」を中心としながらも、さまざまな流派の游法が実習の恒例種目として演じられた。またそれと同時に「高師泳法」とよばれる独特な游法の開発がなされた。この「高師泳法」の発達には、游泳実習で行われたいくつかの流派の游法が大きく影響を及ぼしていた。当初の流派は小堀流や神伝流であった。そして高師泳法が教程に登場するのは、一九〇四（明治三七）年であり、それを中心に教程が整理され、完成するのは一九〇九（明治四二）年のことであった。

この教程が、その後しばらく、第二次世界大戦までの間、基本的な教程になっていった。この内容には、「高師泳法」のほか、小堀流、向井流、神伝流そして水府流太田派も含まれていた。嘉納の高師泳法についての考えは、一九一三年に発刊された『游泳教授要録』に示されている。そこでは次のように記されている。

第一、一意、実力の養成を旨とし、各派より、専ら、実用的游法を抜き之を必須科目とし、其他の諸游法は、随時、之を授け、以て必須游泳法の円熟を期す。

十里遠泳（1914年）

第二、各種の遊戯、並に、遠泳は游泳の興味を振興し、且、胆力修養の助となり、練水の効あるを以て、力めて、之を行ふ。

第三、漕舟は游泳練習と共に習得するを最便とす。故に、游泳の傍、漕舟の事を練習せしむ。

第四、一級以上の部員は之を研究生とし、広く、游泳術、及、教授法の研究に任じ、以て各派を統一して、日本国に於ける完全なる游泳法を作ると共に、完全なる教授法を定めんことを期す。(9)

嘉納はあくまでも、一つの流派にこだわらず、実用的泳法とその教授法の確立を目指した。東京高等師範学校では、二級に進むと、本田師範認証の上、嘉納校長名で、中学校の水泳指導資格が与えられた。彼らは全国の中学校の水泳指導に赴いて活躍する。また多くの卒業生が中学校などに赴任したので、「高師泳法」が普及していった。ただ、彼らは本田師範の教えも受けていたので、高師泳法は水府流太田派の泳法として認識されてしまうことにもなった。

このように嘉納は柔道の創設と同じように、水術についても近代的再編を試みたといえる。嘉納の流派にこだわらない新しい水術を作成する上では、太田派にもこだわらない泳法の確立を志向したといえる。その具体的な泳法は「高師泳法」と名付けられ、整備されていった。

いて指導したからであった。

戦前においては、「高師泳法」はかなりの範囲に広まったといえる。それは多くの指導者が師範学校や中学校に赴

4　体操専修科から体育科の創設へ

(1)　体操専修科の開設

東京高等師範学校長としての嘉納による大きな業績の一つに、体育科の設置があげられる。それまでの体操科を体育科にしたことで、体育を文科や理科と同等に引き上げたという大きな意味をもっていた。

明治二〇年代の半ば過ぎから中等教育機関への進学熱が高まり、学校数、在学者数共に増加し始めた。中等学校生徒の増加に伴う教員不足に対処するため、文部省は一八九四（明治二七）年に定めた「高等師範学校規程」の第一二条で、「尋常師範学校尋常中学校ノ教員ノ欠乏ヲ充タス為ニ特別ノ必要アル場合ニ於テハ専修科ヲ置クコトヲ得」と規定した。これを受けて同年、高等師範学校の規則も改定され、その第八章第四三条で「尋常師範学校尋常中学校教員ノ欠乏ヲ充タスタメニ特別ノ必要アル場合ニ於テハ専修科ヲ置クコトアルヘシ」と定められた。この規則にもとづき、一八九五（明治二八）年四月の国語漢文科の設置から一九三一（昭和六）年四月の図画手工科の設置まで、延べ四一の専修科が設置され、そのうち体操科関係の専修科は八回開設された。

この間、嘉納校長のもとで、体操科は改革されて発展していった。

一八九九（明治三二）年四月、手工科、物理学化学科、動物学植物学科および農学地学科とともに「体操専修科」が開設された。定員は三〇名で、当初の修業年限は二年一学期であったが、一九〇〇（明治三三）年一月に改正され、二年に短縮された。学科目として倫理、教育学、国語、生理衛生、普通体操、兵式体操が課された。

次に官費による「修身体操専修科」が一九〇二（明治三五）年九月から一九〇五（明治三八）年三月に至る二年二学期を修業年限として開設された。前回開設の「体操科」に比べ期間が二学期間延長された。また、学科目として漢文、英語、音楽が加えられた。

「文科兼修体操専修科」は、一九〇六（明治三九）年四月、一九〇七（明治四〇）年四月、一九〇九（明治四二）年四月および一九一一（明治四四）年四月と四回開設された。第一回は官費で修業年限三年だったが、第二回からは私費で修業年限が四年となった。定員は一九〇九年入学までは約三五名で、一九一一年は約三〇名であった。学科目については、倫理、教育、体操、生理衛生を主要科目とし、さらに兼修科目として本科国語漢文部と同一程度の国語漢文、本科英語部と同一程度の英語、本科地理歴史部と同一程度の地理歴史の三種のうち一種が課された。

この専修科の創設について、嘉納は「高等師範の出身者が教員としていろいろの学科を教授し、かねて柔道をも教えたならば、効果がさらにあがるであろうと思い[10]」設置したと説明している。しかしながら、文科の資格も取れるため、必ずしも体操科の発展のために尽くす人材を養成できたわけではなかった。そのために体操科のみの専門に戻ることになった。

「体操専修科」は一九一三（大正二）年四月と一九一四（大正三）年四月に開設された。いずれも私費で、修業年限は三年、定員は約六〇名であった。この専修科の特徴は、兼修がなくなったことと、柔道と剣道が学科目として掲げられ、専攻にも体操と並んで登場したことである。武道に関しては、一九一一年七月、「中学校令施行規則」の一部が改正され、「体操ハ教練及体操ヲ授クベシ又撃剣及柔術ヲ加フルコトヲ得」となったことを反映するものであった。武術の正課採用が認められたことにより、武道教師の資格や有資格教師の養成が緊急な課題となったのである。この専攻を体操、柔道、剣道の三つに分けた点は、次期の「特科としての体育科」につながるものであった。

「体操専修科」は一九一八（大正七）年に最後の卒業生を出してその役割を終えることになった。この間の卒業生はちょうど二〇〇名である。彼らの卒業直後の勤務校は、師範学校と中学校の教員が全体の八〇％を占め、高等女学校と実業学校を合わせると八六％に達した。さらに、「その他」に分類したなかには一二名の本校研究科生が含まれており、彼らのなかには後に中等学校の教員になった者もいると思われるので、卒業後中等学校の教員になった割合はさらに高かったといえよう。

この「体操専修科」の設置について、嘉納は次のように語ったことが伝えられている。

従来、技術的体操教師はないでもないけれども、未だそれで以て完全といふことは出来ない。今度此の科を設置したのは独り技術の発達を計るばかりでなく能くその理論を解し、今日の進歩した方法を解得せしめるためである。(11)

嘉納は、単に技術的に長《た》けただけの指導者ではなく、それらに理論的な知識と応用力を備えた指導者の育成を企図して、このような改革を進めていたのであった。その集大成が体育科の開設であった。

大塚周辺（1930 年頃）

(2) 体育科の開設

一九一五(大正四)年二月、文部省令を以て「高等師範学校規程」が改正され、これにもとづき「東京高等師範学校規則」も改正された。同規則は第二条で、「学科ヲ分チテ文科理科トシ更ニ分チテ各三部トス前項学科ノ外特科トシテ体育科ヲ置ク」と規定し、ここに「特科としての体育科」が開設されることになった。この「特科としての体育科」は、「本校ハ師範学校中学校高等女学校ノ学校長及教員タルヘキ者ヲ養成シ兼ネテ普通教育ノ方法ヲ研究スルヲ以テ目的トス」という同規則第一条の趣旨の下に設置されたのであり、「専修科規定」によって教員の欠乏を充たす必要がある場合に臨時的に設置された「体操専修科」とは、その性格を異にするものであった。修業年限は第五条で「文科理科体育科ハ各四箇年トシ内一箇年ヲ予科トス」と定められ、体操専修科当時の三年から文科、理科と同じ四年に延長された。このことは、制度的には体育科が文科、理科とほぼ同格の存在になったということであり、体操科教員養成のカリキュラムの充実を含めて、体操伝習所以来中断されていた本格的な体操科教員養成ならびに体育研究の再開を意味していた。

学科目については第三条で「体育科ノ学科目ハ修身、教育学、体操教練及競技、柔道、剣道、体育理論、解剖生理衛生及救急療法、心理学及論理学、国語及漢文、英語、歴史トシ、体操教練及競技、柔道及剣道ハ其一ヲ主トセシム　但シ随意科目トシテ英語ヲ課ス」と規定された。「体操専修科」にはなかった学科目として、「心理学及論理学」と「歴史」が加えられた。学科目の内容は次のようであった(第一〇条)。

修　　身	実践倫理、倫理学、国民道徳論、西洋倫理学史、道徳史、東洋倫理学史
教　育　学	教育学、教育史、教授法、学校衛生、教育法令
体操教練及競技	体操、教練及競技

柔　　　道　　柔道総論、柔道各論、形、乱捕、問答、教授法
剣　　　道　　剣道総論、剣道各論、形、試合、問答、教授法
体育理論　　体育理論
解剖生理衛生及救急療法　　解剖学、生理学、衛生学、救急療法
心理学及論理学　　論理学、心理学
国語及漢文　　講読、文法、作文
英　　　語　　講読、文法
歴　　　史　　国史、東洋史、西洋史
随意科目　　英語

それまでの「体操専修科」は教員の欠乏を充たす必要がある場合に臨時に設置されたコースで、修業年限が三年であったが、体育科は四年制になった。さらに一九二一（大正一〇）年には本科になり、文科、理科と制度的に同等のものになった。その意味でこの体育科の開設は、「技術の発達を計るばかりでなく能くその理論を解し、今日の進歩した方法を解得せしめる」という嘉納の体育指導者の理想を達成するための集大成であった。また嘉納は体育科のなかに柔道と剣道のコースを入れているように、武道の技術と理論を総合的に教えられる体育の指導者の養成もはかった。教育学や生理学などの諸科学をベースにした深い識見をもった柔道指導者こそ、嘉納の求めた指導者であったからだ。こうして体育科が設置されたことは、教育現場における教科としての体育の立場を確固たるものにしたのであった。

一九一五（大正四）年の「体育科」の設置は、校友会運動部の発展にも勢いを増すことになる。カリキュラムの

充実がはかられ、柔道や剣道を専攻とする学生も増加したからである。嘉納校長は体育科一期生の卒業を見届けてから、一九二〇（大正九）年に四半世紀に及んだ東京高等師範学校長の職を辞したのであった。

【註】

（1）嘉納治五郎『青年修養訓』同文館、一九一〇年、一〇〇～一〇一頁。
（2）嘉納治五郎「柔道一班並ニ其教育上ノ価値」『大日本教育会雑誌』八七号、一八八九年。
（3）長沼亨「校友会一般史」『校友会誌』二九号、一九一一年。
（4）嘉納治五郎「校友会員に告ぐ」『校友会誌』二九号、一九一一年。
（5）嘉納治五郎「国民の体育に就いて」『愛知教育雑誌』三五六号、一九一七年。
（6）金栗四三『樺太―東京間踏破誌』一九三二年、玉名市歴史博物館こころピア所蔵。
（7）田中啓爾「游泳部史」『校友会誌』二九号、一九一一年。
（8）東京高等師範学校校友会游泳部「游泳練習の方針」『校友会誌』五号、一九〇四年。
（9）東京高等師範学校校友会游泳部『游泳教授要録』東京高等師範学校校友会游泳部、一九一三年。
（10）大滝忠夫『嘉納治五郎　私の生涯と柔道』新人物往来社、一九七二年、一〇八頁。
（11）「嘉納先生育英三十年史」『校友会誌』六七号、一九二〇年。

第三節　大学への昇格運動

1　臨時教育会議と嘉納――師範大学案

(1) 臨時教育会議

一九一七（大正六）年一〇月、嘉納治五郎は、寺内正毅《まさたけ》内閣が設けた教育諮問機関である臨時教育会議委員に就任した。臨時教育会議は、一九一九（大正八）年五月に廃止されるまで、小学校教育・男子の高等普通教育・大学教育および専門教育・師範教育・視学制度・女子教育・実業教育・通俗教育・学位制度の九つの諮問について答申するとともに、兵式体操の振興と国体明徴思想の高揚などに関する建議を上申するなど、第一次世界大戦後の教育のあり方全般について審議を重ね、大正時代の後半から昭和初年にかけての主要な教育政策の基礎を定めた(1)。

臨時教育会議における嘉納の活躍はめざましく、小学校教育・大学教育および専門教育・師範教育および兵式体操の振興に関する審議では主査委員を務め、すべての答申および建議の審議において、嘉納ほど多く発言した委員はいなかったという。とりわけ、東京高等師範学校と密接に関わる小学校教育・師範教育と大学教育および専門教育に関しては、かねてからの自説を強く主張した。

小学校教育に関して嘉納は、まず、優れた小学校教員を確保するためには教師の物質的かつ精神的待遇問題が解決されなくてはならないという文部省普通学務局長の頃からの自説を述べた。続いて、道徳教育について言及し、日本の教員は知識を教えることは上手であるが、道徳についてうまく教えることができないとして、教育勅語に関する解釈や知識教育に偏重している道徳教育の改善を力説した。また、体育にも言及し、身体のことや働くということを重んずる気風を国民に養うこと、および体操をもっと楽しいものにするということを内容とする体育改善の方策を主張した。さらに、「総テノ人ガ画一ニ同ジ教科書ヲ用ヰ、同ジ方法デ教育ヲ受ケルト云フコトハ必ズシモ必要ノアルコト、ハ思ヒマセヌ」(2)と述べ、教科書や教育の方法が画一的なため、国民の生活と遊離し役に立たない教育になっていると批判した。

審議の結果、小学校教育では、小学校教員の俸給を国庫と市町村の連帯支弁とし、国庫の負担額を将来その半額とすること、教育内容を改革して記憶中心主義的な教育を是正するとともに、国民道徳教育を徹底し、体育問題を重視することなどが答申された。

小学校教育に関する審議の過程で嘉納は、教員の地位や待遇から考えれば、教員は十分にその任務を果たしているとして教員の功績を高く評価しながらも、教員の改善すべき点として、①教員に教職者としての自覚が不十分であること、②教員の学力および教育の方法に関する研究が不足していること、③徳育において知識に偏して、感情と行動を結びつけ、良心を養うことについての研究が足りないことの三点を指摘し、その解決策として、小学校教育の改善を図るには教員の改善を緊要とすること、教員の志操及学力を向上進歩せしむるの途を講じることなどを主張した。こうした主張はやがて、師範学校制度の改善、高等師範学校の師範大学案、教員講習制度の充実などに結実する。

東京高等師範学校附属小学校（1932年）

(2) 師範学校制度の改善

嘉納は、小学校教員の養成と密接に関わる師範学校制度の改善についても力説した。臨時教育会議当時の師範学校制度は、二年制の高等小学校卒業者が一年間学ぶ予備科と、予備科修了者や三年制の高等小学校卒業者などを収容する四年制の本科第一部および中学校や高等女学校修了者などを収容する一年制の本科第二部とに分かれていた（図2―2）。しかし、予備科が設けられた師範学校は全国九三校中七校にすぎず、三年制の高等小学校も数少ないため、高等小学校卒業者が師範学校に入学するためには一年間の空白期間（浪人）を余儀なくされ、教員の待遇低下とあいまって教員を志望する者が減少していた。

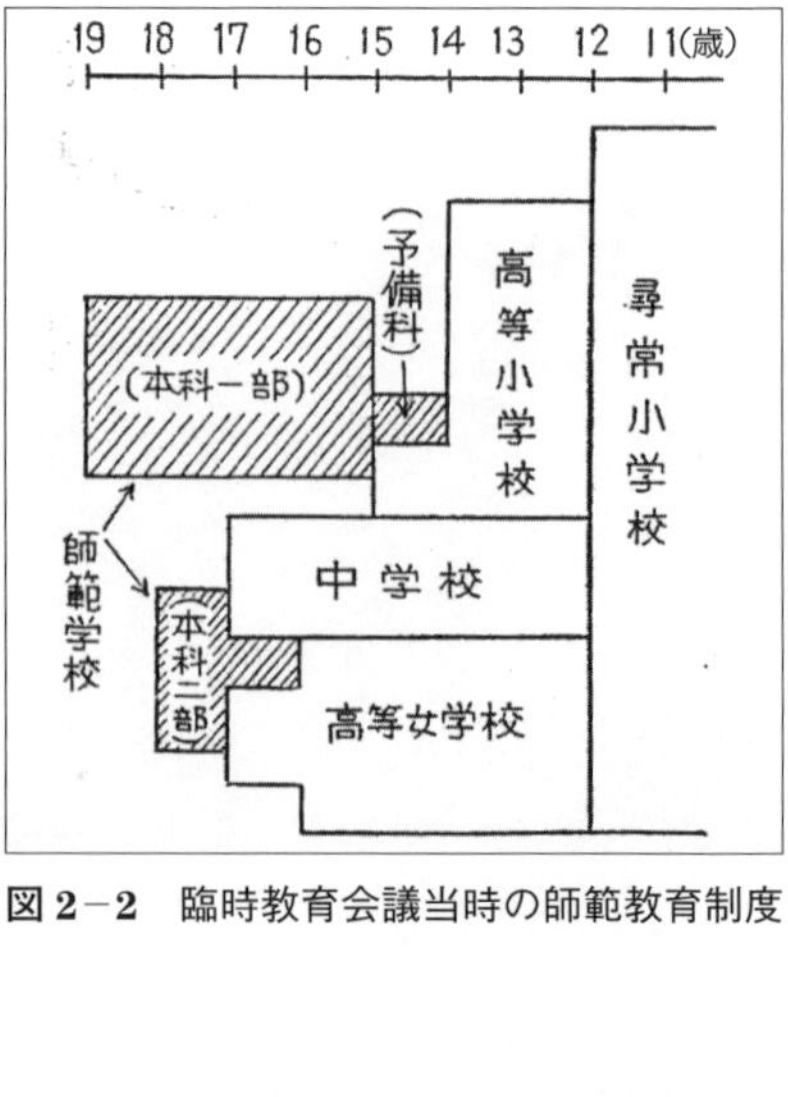

図2―2　臨時教育会議当時の師範教育制度

嘉納はこうした事態を解決するため、高等小学校卒業者がそのまま師範学校に入学できるように予備科を廃止して本科第一部を五年制とすることと、師範学校教員俸給を国庫支弁として給費制度の拡充を図ることを主張した。あわせて、優秀な教員を養成するために、道徳をはじめ国語・地理・数学・唱歌・体操教育をいっそう重視することも強調した。嘉納の主張は、財源問題からこの時には実現しなかったが、一九二四（大正一三）年に設けられた文政審議会での諮問を経て、一九二五（大正一四）年四月の師範学校規程改正（予備科の廃止・五年制本科第一部・専攻科の設置）により実現することになる。

一方、女子教員の採用に関して嘉納は、「女子ガ教員ニナルト家庭ガ荒レル」「女子ハドノ女子デモ大切ナル職業ヲ有ツテ居ルカラ、即チ第二国民ヲ育成スルコトデアルガ、此重大ナル女子ノ任務ヲ奪ウテ之ヲ教員ニスルト云フコトハ余程考物デアラウト思フ」と述べ、消極的な姿勢を示している。もっともこうした考えは、日本女子大学校を創設した成瀬仁蔵らを除く委員に共通するもので、臨時教育会議では、「国民教育ヲ主トシテ婦女子ノ手ニ委ヌルカ如キハ決シテ剛健質実ナル国民ヲ養成スル所以ノ途ニアラサルヘキ」という理由により、「小学校ニ於ケル男女教員ノ間ニ相当ノ割合ヲ保タシムルノ方針ヲ以テ師範学校生徒ヲ養成スルコト」という答申が出された(3)。

しかし、女子教育に関しては、政治・軍事・財政・経済万端の基礎は家庭教育および社会教育であり、それにあずかる女子教育の役割は大きいとの考えから、女子教育の重要性を主張した。嘉納の主張する女子教育は、家政上の実用的知識よりもむしろ精神教育を重視するもので、女子には「第二の国民」を育成する重要な使命があるとして「女子ニフサハシイ高等学校」「堅実ナル日本国民精神ヲ本トスル所ノ高等ノ女子ノ学校」の必要性を強調した。

(3) 高等師範学校を師範大学に

高等師範学校に関し嘉納は、「東京高等師範学校を大学に昇格せしめて従来に比して一層品位もあり実力もある教育者を出し、又研究機関を設けて、道徳教育は勿論、各般の教育につき研究調査をして教育の改善に資したい」という考えから、高等師範学校の年限を一年延長し、研究科を設け、高等師範学校を格上げして師範大学とすることを主張した。

当時、中等教員の養成は、男女四校の高等師範学校（東京・広島・東京女子・奈良女子）に加え、官立・私立大学と中等教員検定試験などで行われていたが、優秀な教員の養成など課題が山積していた。嘉納は、高等師範学校の特色として、①学科目が卒業後に従事する学校の学科目と適合し、その組み合わせには無駄も不足もないこと、②寄宿舎制度によって教育の効果をあげていること、③学科をたんに知識として教えるのではなく、中学校生徒に教えられるように細かい点に立ち入って教えていることの三点をあげたうえ、高等師範学校における教育の特色は

「教育者精神の養成」であると力説し、中等教員養成における高等師範学校の独自の役割を強調した。嘉納の師範大学案は、こうした考えにもとづき出されたのである。

嘉納の師範大学案に対し、貴族院議員江木千之《かずゆき》、東京帝国大学総長・貴族院議員山川健次郎、三十四銀行頭取小山健三らは、帝国大学に文科・理科大学とならぶ分科大学として教育科大学を設ける帝国大学教育科大学論の立場から強硬に反対した。また、臨時教育会議副総裁久保田譲は、高等師範学校を師範大学に格上げし、帝国大学の一分科大学とし、高等師範学校における教員養成施設は師範学校の附属機関として存置させるべきと主張した。

臨時教育会議では、中等教員養成の中心を師範学校に置こうとする嘉納の主張と帝国大学に置こうとする江木らの主張をめぐり活発な議論が戦わされた。対立の背景には、大学教育および専門教育に関する見解の違いがあった。大学教育に対し、嘉納は専門教育を中心とした単科大学もしくは分科大学論を主張したのに対し、江木や山川は学問の総合的な研究を中心とした総合大学論を主張していたからである。

(4)「名をすてて実をとる」

臨時教育会議では高等師範学校を師範大学とすることに対する異論が多かったため、嘉納は、「名をすてて実をとる」方針に転じ、一九一一(明治四四)年四月に設置された二年課程の専攻科を拡張して各学科に及ぼすこととした。一九一五(大正四)年二月、高等師範学校規程が改正され、高等師範学校の学科は文科と理科に分けられ(各科は三部に分かれる)、別に特科として体育科(広島高等師範学校には教育科)が設けられていたが、専攻科は予算削減により修身漢文部・英語部を一回設置しただけで、臨時教育会議を迎えていたからである。

一九一八(大正七)年七月、臨時教育会議は、高等師範学校の改善に関し、①高等師範学校は「従来ノ如ク教員養成ヲ目的トスル特設機関」とし、職員の待遇を高め、内容の改善に力を注ぐとともに研究科および専攻科を「常設」とする、②中等教員の需要の増加に対して高等師範学校の収容力の増加を図る、③高等師範学校の給費生制度を復活するなどを答申した。答申を受け嘉納は専攻科の拡充、職員の待遇改善など大学昇格に向けた高等師範学校の改善に着手し、専攻科には一九二八（昭和三）年までの毎年、修身教育部が開設された。

また、臨時教育会議は、①高等教員の急増に備え、文科大学に教育学科を置き、将来に大学において「多数ノ人材ヲ教育界ニ出シ教員ノ地位ヲ高ムル」こと、②教員養成に関して帝国大学は学生の教授法の練習のために高等師範学校附属学校を利用する、高等師範学校専攻科・研究科の学生が帝国大学の講義や施設を利用するなど、「帝国大学ト高等師範学校ト相互連絡ヲ保チ」「研究上ノ便宜ヲ図ルコト」と答申した。

嘉納の「名をすてて実をとる」方針は、教育の総本山である東京高等師範学校の存在意義をよりいっそう高める結果をもたらしたのである。

2　高師の嘉納か、嘉納の高師か——大学昇格運動

(1)　大学令の公布

一九一八（大正七）年一二月、臨時教育会議の答申にもとづいて大学令が公布され、従来の専門学校令による専門学校が新たに大学に昇格した。この結果、東京・京都・東北・九州・北海道の五帝国大学に加え、一九一九（大正八）年には大阪医科大学（公立）、一九二〇年には東京商科大学（旧東京高等商業学校）、愛知医科大学（公立）、私立（財団法人）では慶應義塾・早稲田・明治・法政・中央・日本・国学院・同志社の八大学が大学として認可された。

こうして官公私立の各専門学校が相次いで単科大学に昇格するなか、東京高等師範学校の大学昇格の気運は低調であった。その理由は、臨時教育会議での審議からも明らかなように、政府内で高等師範の大学昇格反対論が強かっ

たことによる。岡田良平前文部大臣・江木千之・久保田譲ら貴族院系の教育元老は、高等師範学校を教育魂をもった者を養成する特殊の教育機関とみなす森有礼《ありのり》初代文部大臣以来の思想をもち、高等師範学校を大学とすることを好まず、高等師範学校はあくまで高等師範学校として存続させるべきだと主張していた。高等師範学校は大学の外に立って、教育の総本山として独自の存在意義をもつべきだという考えが依然として強かったのである。このことは従来の高等師範学校に関する限り、岡田らは大いなる保護者であり、功労者であることを意味するが、大学昇格に関する限り大きな障害となった。

一方、嘉納もまた岡田らの考えに近かった。嘉納は、臨時教育会議における答申は大学という「名は得られなくとも、実は得られたわけ」で、答申が「決議とおりに遅滞なく実行さへすれば、師範教育の成績を挙げる上に、格別不自由もあるまい」と考えていたのである。

(2) 大学昇格運動

一九一九(大正八)年一二月、大阪高等工業学校・東京高等工業学校で大学昇格運動が起こると、東京高等師範学校でも大学昇格運動が起きた。東京高等工業学校の大学昇格運動のなかで中橋徳五郎文部大臣が出した「大正十年度において専門学校中適当なる者数校を選んで之を単科大学に引直すべし」という声明や秋田鉱山専門学校の大学昇格報道などに対し、直轄学校の首位におり、帝国大学に次ぐ地位を占めると自負する東京高等師範学校の在校生や職員、卒業生の団体である茗渓会が結束して大学昇格運動を起こしたのである。

大学昇格運動は、「昇格か、廃校か、我等は起たざるべからず。今夜直ちに学生大会を開きて運動に着手せん」という意味の檄文が掲示板に掲げられた一二月三日から始まった。午後五時、在校生六〇〇名が講堂に集結して第一回学生大会が開かれ、「発火せざる爆弾を投ずる勿れ」という規約と「吾人ハ東京高等師範学校ヲ大学ニ昇格センコトヲ期ス」という決議が決定され、あわせて「吾人ハ大正八年拾弐月参日ノ決議ヲ貫徹センガタメニ最後マデ一致ノ行動ヲトルコトヲ誓フ」という連判状が作成され、全校生徒の署名調印が行われた。学生大会が散会となったのは翌四日午前二時であったという。

四日朝から各級委員による「各教授の戸別訪問」が始まり、教授会も「満場一致」をもって大学昇格運動に賛同し、三宅米吉委員長以下一四名の中央委員が選出された。午後七時半から開かれた第二回学生大会では、専攻科学生も行動を共にする、全国の茗渓会員に対して檄を飛ばす、「秩序を尊重し、学生の本分を忘るゝことなく平常とおり授業を受ける」などの決議が行われた。講堂には大学昇格運動の二大モットーである「教育尊重」と「精神文化之宣揚」の二文字が掲げられた。

五日には、学校職員・学生・茗渓会の「三角同盟」が成立し、職員会では専攻科生徒による後援組織「白熱団」の結成や「宣揚歌」の作成などが報告された。本科二年城生資雄が作詞した宣揚歌『時は来れり』の歌詞は次のものである。

一、桐の葉は木に朽ちんより　　秋来なばさきがけ散らん
　　名のみなる廃墟を捨て、　　醒めて起つ男の子ぞ我等
二、日の本の教への道に　　いと高き学び舎ありと
　　人も知る茗渓の水　　よし枯れよ濁さんよりは

「宣揚歌」は、慶應義塾の応援歌の節を借りて完成し、大学昇格運動ではしばしば歌われた。(4)

(3) 高師の嘉納か、嘉納の高師か

大学昇格運動に対して、嘉納は、東京高等師範学校に対する自らの考えと学校長としての立場という狭間のなか

苦しんだようだ。嘉納は、当時の心境を次のように記している。

私は一度臨時教育会議で大学の名に拘泥せぬ考で、名を棄て、実を取ることに同意した関係上、自分は一同に説いて文部省をして来年度に於ては予ての決議を実行することを確約せしめるからといつて、昇格の運動を止めさせようとした。併し時既に遅しで、平素私と好い間柄である生徒も、教員も、卒業生も、既に頭脳が熱して中々聞入れぬ。今日となつては、飽くまでもこの目的を貫く為に突進するより外はないとの堅い決心を示した。自分はその運動に加はる訳には行かぬ。併し政府が従来余り師範教育に冷淡であつたのは事実である。又所謂昇格運動なるものは、嘗て私が臨時教育会議で最初主張した案そのものを実現せしめようといふ叫びである。又師範教育の為かくまで熱心に尽力しようといふ精神は、今日まで自分が養つたのであるから、この運動は自分が強て遮る訳に行かぬ。(5)

こうした心境を物語るように、嘉納は、大学昇格運動第三日目にあたる一二月五日、秘かに江木千之宅を訪問し、「大塚の騒動は極力鎮撫するつもりだが、問題の発展如何によっては、自分も出て行かずばなるまいかと思う」(6)と述べた後、「三角同盟」が成立し、「昇格必成の為、三者が同一歩調を取る」ことを決議した茗渓会委員会に出席し、職員・学生や卒業生を前に次のような声明を発し、「一致の行動を」をとることを言明した。

余は昨年臨時教育会議に於て述べたる行掛りもあり、此際は名を捨て、も実を取りて（即専攻科の拡張及内容充実、研究機関の設置、附属高等学校の附設等）満足すべき考へなりしも、諸君の唱道する所更に一段進歩せり。而して亦余が年来主張し来りたる所に一致せり。余と多年共に〳〵提携し来りたる教授卒業生諸氏、並に現在薫陶しつつある学生諸子が、斯くまで固く之を主張するに於ては、余豈に独り一身の毀誉褒貶を顧みて諸君と離る、ものならんや。今後必ずや諸君と共に一致の行動を取るべきことを茲に言明す。(7)

六日、「嘉納校長は、臨時教育会議以来の行掛りもあり、その立場については我々のもつとも懸念した所であつたが、校長は年来の御主張でもあり幾多の困難を排除して断乎として我等の行動に賛同せられることとなった」という報告が学生になされると、「結束強固となつた一団」は「いやが上に白熱化」した。午後六時半から開かれた第三回学生大会では「宣揚歌」が高らかに歌われたという。

嘉納は、七日、七〇〇余の学生が「宣揚歌」を高唱するなか開かれた茗渓会大会で、次のような演説を行った。

一、明治二十七年自分が本校に赴任して以来、今回の様に教授・卒業生・生徒の全部が学校のために一致団結して立つたことはない。自分は実に嬉しい。

二、国家の大本は教育にある。従来熟れの内閣の時にも自分は普通教育振興のため、又本校の発展のため、種々尽力し主張した。

　然も文部当局は多くの場合、何故か知らぬが暗々の裡に予算を削つてしまふ。果して自分の案が悪ければ、何故それを指摘し修正して呉れないのだろう。

三、自分は主張が通らぬために幾度か学校を去らうかとも思つた。併し学識や手腕の上からは、自分より勝つた人があらうとは思ふが、普通教育を思ふ上に於て果して自分に勝るものがあるかどうかに思ひ至つては、遂に今日まで去ることが出来なかつたのである。

四、本校で重要な教授は従来屢々《しばしば》大学に抜き去られた。比較的不遇な地位にあつた人を私が本校に招き推薦し海外留学せしめ、帰朝して折角良教授を得たと安堵する間もなく、動もすれば大学へ拉し去られるのだ。私の心中を察して下さい。此等の諸氏は強ひて止めれば、無論留つたであらう。併し私が此等の諸氏から相談をうけた時、その人々の幸福を祈る心からは、どうしても留められなかつた。もしもこの学校に大学同様の研究施設さへあつたなら、斯麼辛い思ひをせんでもよかつたらうに。

五、自分はせめて大学の実だけでも、どうしても取らうとするけれども予算は削られ、計画は実行されぬ、時勢が至らないのか。当局に理解がないのか。将又嘉納が愚鈍なる為めであるのか。

六、自分が今回諸君の挙に賛することは、従来の行きがかりよりすると実に立場が苦しい。併し自分は一身の名誉一個の私心の故を以て、此大事を冷やかに傍観し、或は沮止するに忍びぬ。それ故に世上の毀誉褒貶を顧慮する暇なく、遂に断成意を決して立つたのである。

諸君。お察し下さい。この挙が万一成功せぬ場合には自分は諸君と共に斃れるのみである。(8)

一方、茗渓会実行委員は、嘉納の演説を次のように記している。

今度の昇格問題については、本日初めてかくも結束固き諸君共に今後全然行動を一にすることを誓ふのである。自分は迄大分苦しい立場に立つて居たので余程考へた。即ち名実共に得ずとも、只管内容を充実し普通教育の為め最高の権威あらしめば則ち足るのである。只一途に名を得んとする必要なしと考へてゐた。然し今となつては飽く迄も飽くまでも斃而後止の大勇猛心を以て名実共に獲得せねばならぬ。思へば自分の態度として誠に急変化ではあるが、之も時代思潮に逆行出来ない以上止むを得ない。故に今後は吉田松陰の如き至誠を発揮して教育尊重のため奮闘ねばならぬ。(9)

嘉納が演説で述べた「名実共に得ずとも、只管内容を充実し普通教育の為め最高の権威あらしめば則ち足るのである」という一節からうかがえるように、当初、嘉納は東京高等師範学校のイメージをフランスの高等師範学校であるエコール・ノルマル・シュペリウール（Ecole normale superieure、略称ＥＮＳ）に重ねていた。

エコール・ノルマル・シュペリウールは、フランス革命期の一七九四年一〇月国民公会によって教員養成を目的として設立され、一時廃止されたが、一八〇八年三月にナポレオンによって再び設立された高等師範学校である。パリのユルム通に現存する大学の教員・研究者を養成する高等教育機関グランゼコールの一つである。現在フランスにはパリとリオンに二校ずつ計四校の高等師範学校が存在するが、単に高等師範学校というとユルム通の高等師範学校を指すことが多いという。嘉納は、東京高等師範学校のイメージをエコール・ノルマル・シュペリウールに重ね、演説では「師範大学院」と口にし、「高等師範が勢い大学に匹敵する力を得る」と述べたという。[10]

高等師範学校に対する自分の考えや心境を率直に吐露しつつ、学校長として「吉田松陰の如き至誠を発揮」して大学昇格への決意を披露した嘉納の演説は、参加者に共感を与えた。事実、東京高等師範学校校友会は、こうした嘉納の胸中と態度を次のように記している。

校長は一校を統御して行くべき国家の官吏である。然も校長は臨時教育調査会の一委員として先般の学制案の議決をした人である。是等の立場よりして学生のこの昇格運動を抑止防止することはあつても其の運動に参加することの困難なるは明かなことである。然し本校の昇格は先生元来の主張であり、且つ教育の尊重、精神文化の宣揚のためには四千の卒業生、七百の学生と離れるに忍びずして、一身を犠牲にし終に其の陣頭にたゝれた。我等は陣頭に立ゝれる校長の大西郷にも似た雄々しき姿を眺めて、思はず感涙に咽ばざるを得なかった。[11]

一方で、こうした嘉納の姿勢に対し、大学昇格運動は文部省の退職勧告に対する「復讐的な意味で嘉納先生が煽動した」もの、「嘉納先生排斥運動の変形したもの」といった新聞報道がなされた。なかでも中橋文相は大学昇格運動に強く反対した。一二月一〇日付『大阪朝日新聞』は「怪《け》しからぬ嘉納校長　高師昇格運動は無意義だ」の見出しを掲げ、中橋文相の談話を次のように報じていた。

東京高等師範が大学昇格の運動を始めるといふのは全く無意義だ。夫に嘉納校長までが教授や学生と一緒になつて騒ぐといふのは実に怪しからぬ。別して高師の校長といへば全国の校長の模範たるべきものだ。学校の教師を養成すべき高等師範が何故に大学となる必要があるか。大学は最高学府として学術の蘊奥を研究するのだ。教師を養成すべき高師は自ら画然たる区別がある。昇格の理由とかいふ大学の名義にしなければ人材が集らないなどとは如何なる論挙に依るものか知らないが大学と同じやうな人材を集めて何になるか。茗渓会なども一緒に騒いでゐるが、彼《あれ》が彼処の流儀だが、茗渓会などの学閥を作つて騒ぐのが怪しからぬ。一体直轄学校と文部省とは同一体の者でなければならぬのに学校は何か独立団体のやうに勝手に騒ぐのは感心せぬ。学生が政治運動や行政関係の事に運動するなどは以ての外だ。学生が政治運動に騒ぐのは支那や露西亜より外にない。日本は巴里会議の結果世界の一等国となったに拘らず二等国以下の支那や露西亜のやうな真似をするとは馬鹿な話だ。夫が為に文部省があり校長もあるのだ。況んや校長までが一緒になつて騒ぐといふならば……そんな校長ならば廃めさせるより外にない。

大学昇格運動は、嘉納や中央委員会委員長三宅、および東京高等師範学校卒業生で衆議院議員であった三土忠造らの尽力により、一二月一五日に中橋文部大臣が「師範教育の改善向上に対し努力する」「大学を特設したいという希望に対して考慮する」という声明を出して〝事実上〟決着した。神戸高等商業・大阪高等工業・東京高等工業および東京と広島両高等師範学校の五校の大学昇格を文相が認めたのである。

この声明により、大学昇格運動は「一段落」し、以後、昇格運動は茗渓会を中心に「本会の主張を社会に宣伝する」文化運動として行われた。一方、五校以外の専門学校でも大学昇格運動が始まり、文部省に強く要求すれば大学に昇格できるという考えから、各学校の卒業生団体や卒業生団体に迫られた当該学校長が文部省に押しかける現象も生じた。

(4)　校長辞職

大学昇格運動が一段落を迎えた一九一九（大正八）年一二月二八日、嘉納は、「本会は母校昇格の必成を期し更に教育の権威を確立せんことを期す」という決議が行われた茗渓会臨時大会で、次のような演説を行った。

自分は今回本校の昇格問題につき学生並に茗渓会と進退を共にす

昇格祝賀会（1929 年）

る覚悟で起つたのであるが、幸に吾々の意思は当局の諒解する所となつて、問題も茲に一段落を告ぐるに至つたことはお互に慶賀に堪へぬ。自分は本校に職を奉じてより前後約二十四年、従来種々の難問題に対して職を賭すべき場合は何処もあつたけれど、普通教育の前途を思へば、軽々に自分の一身の態度を決すべきものでないと思つて今日までやつて来た。併し、今回は本校茗渓会の諸君の熱誠と、その団結の力を見るに至つては、最早自分は何時この職を去つても可い。故にまだ二三十年も更に現位置に止まるか、或は明日にでも罷めるかも知れない。(12)

こうした演説を裏づけるように嘉納は、翌一九二〇（大正九）年一月九日、学校長の辞表を提出した。辞表提出後のある日、嘉納は、東京高等師範学校生徒を前に「臨時訓話」を行い、次の理由により校長を辞職することを表明した。

一、昇格問題も希望の曙光を認めて一段落ついたので今は自分も居る必要はない。然も其の後任として適当な人を推薦することが出来る。
二、自分はかねて糖尿病にかゝつて居るが此の頃保養の必要があるので、此の激職には堪へぬのである。
三、近々欧米に渡り、その戦後改造されつゝある様を観察し、更に新き見識を以て帰朝し、更に大にこの普通教育のために尽したい。そして自分は微弱ながら本校の外部から後援者となりたい。(13)

一月一六日、辞表は受理され、嘉納は、三期にわたり二三年半在職した東京高等師範学校から去った。嘉納は関係者に配布した印刷物の中で「今回の辞職」と「先般の昇格問題」とは「全然関係がない」と述べたうえ辞職の理由を次のように記している。

現今我が国には、種々重大な問題が頻出して居りますが、其の多くは、世界の大勢から割出して解決しなければなりませぬ。教育上に於ても、将来世界が何う進んで行くかが分らなければ、決定し難い事柄が多々あります。然るに、世界の大勢を知るには、自ら欧米諸国に行つて、其空気に触れて来ぬ以上は、書物で見た事、人から聞いた事だけでは、隔靴掻痒の感を免れませぬから、此の際彼の地に渡つて、親しく研究して見たいと思ひます。併し、今日の東京高等師範学校長は、学校を離れて、久しく海外に遊ぶ訳には参りませぬ。

次に又、私には、自ら大いに力を尽して見たいと思ふ事業が種々御座います。其の中特に力を要すべき一例を挙げて見ますれば、講道館の如き之であります。講道館は、外形に於ては次第に発達して参りましたが、内容に於ては、未だ大いに改善を要する点があると思ひます。而して、私自身がその衝に当らなければ、成効甚だ困難であらうと思ひます。兎も角、其れには、相当の時間を要する次第で、高等師範学校の劇《ママ》職に在つては、十分に力が尽せませぬ。斯様に、種々の希望乃至事業を有つて居りましても、私が学校長の職を辞する結果、今日まで折角建設し来つた師範教育に関する事業が、破壊されて了ふ様であつては、決然辞職する訳にも参りませぬが、既述の如く、昨今では、内に有力な教授もあり、外に多数の卒業生が応援すると云ふ様になつて居る以上、後事を左程顧慮するにも及ばなくなつたのであります。

終りに、私は糖尿病の宿痾を有つて居ります。之が、頃日来心労の多かつた為、聊か重つた様にも思ひ、医師より静養の勧告も受けて居ります。若し此際、学校長の職を辞して外遊すれば、前年外遊して好結果を得た経験に徴し、必ず快復して、永く国家社会の為に尽すに足る丈の、体力を養ひ得ること丶信じます。(14)

嘉納の辞職に関しては、「自分は潔く、多年の古巣を出て往ったのは、さすがに綺麗な進退であった」と賞賛の声があがる一方で、昇格運動に反対した責任をとって辞職した、文部省から退職を慫慂《しょうよう》されたといった新聞報道もなされた。しかし演説や印刷物から明らかなように、辞職は嘉納自身が決断したことであり、辞職の直接の理由は「病気」（糖尿病）であった。事実、嘉納は、「高等師範の発達史は急勾配の坂に重い車を引き上げた様なもので、実にほんの一二間引き上げるにも大勢が脂汗を流して骨を折つたもので、一寸手を緩めると忽ち滑り落ちる。今は富士の山ならば八合目か九合目迄、漸く押し上げた様な所である」[15]と述べており、師範大学の実現という頂上への登頂を前に、後任の三宅米吉に後を託したのである。

一月二三日に行われた嘉納校長の御別式で東京高等師範学校附属小学校生徒総代は、「『僕の学校の校長さんは嘉納先生だぞ』と常にほこつてゐた」「私どもはかやうに先生を敬慕して居ります。そして永久に先生を忘れません」という「謝辞」を述べた[16]。

一方、新たに校長となった三宅は、退職後の一九二一（大正一〇）年七月、東京高等師範学校と茗渓会が開催し、三〇〇人が出席した「嘉納先生謝恩式」において、次のような謝辞を述べた。

先生が過去二十余年を回想して「急勾配の阪へ重い車を推し上げるやうなものであつた」と仰せられたのは真に意味の深い御言葉であると思はれます。今や当校は先生多年御尽力の結果遠からず大学にもならうといふ矢先に遽に先生を当校より喪ひましたことは誠に遺憾に堪へません。車はもう八合目まで登りました、あと一二合という処で先達に離れたやうな心持が致すのでございます。（中略）今日先生は学校長の位を退かれたとは申すもののそれは形の上の事であります。先生の精神は当校に吹き込まれてあります。先生の魂は当校に宿つてお出です[17]。

(5) 東京文理科大学へ

一九二一（大正一〇）年七月、文部省は五校昇格案を新たに設置された教育評議会に提出した。教育評議会は「東京及広島に文理科を内容とする単科大学を設置」するという諮問案に対し、単に文理科を内容とする単科大学を設置するだけでは、教育の本山たる現在の高等師範学校を大学に昇格させたことにはならないとして、①高等師範学校専攻科を文理科大学の組織に改め、高等師範はその附属として存置すること、②文理科大学においては教育者養成に必要なる特殊の教育を施すこと、③文理科大学の入学に際しては高等師範学校卒業者にも高等学校卒業者と同等の入学資格を認めることの付帯条件をつけ諮問案を可決した。大学昇格に際しては、大学令による単科大学か、教員養成専門の師範大学または教育大学にするかなどが議論されたが、結局、大学令にもとづく文理科大学とし、高等師範学校をこれに附置することで決着したのである。

一九二九（昭和四）年四月、官立文理科大学官制により、文理学部一学部の単科大学として東京と広島に文理科大学が創設された。関東大震災の影響で当初の予定より遅れたものの、この結果、教育学科・哲学科・史学科・文学科・数学科・物理学科・化学科・生物学科・地理学科・研究科選科等からなる東京文理科大学が開学した。

学生や茗渓会の悲願であった大学昇格の夢は、昇格運動が始まってから一〇年の歳月をかけここに実現したのである。

大学への昇格祝い（1929 年）

【註】

（1）海後宗臣編『臨時教育会議の研究』東京大学出版会、一九六〇年。
（2）「臨時教育会議（総会）速記録」第三号（一九一七年一〇月四日）『資料 臨時教育会議』第二集、文部省、一九七九年。
（3）「臨時教育会議（総会）速記録」第二三号（一九一八年九月一七日）『資料 臨時教育会議』第五集、文部省、一九七九年。
（4）実行委員・雑誌部委員「昇格問題の経過」『校友会誌』六六号（宣揚号）、東京高等師範学校校友会一九二〇年。
（5）嘉納治五郎「東京高等師範学校昇格の由来とその将来に就いて」『教育』四八〇号（母校昇格達成記念号）、茗渓会、一九二三年四月。
（6）相沢熙『日本教育百年史談』学芸図書、一九五二年、三四三頁。
（7）実行委員長「母校昇格運動日録」『教育』第四四三号（母校昇格運動号）、茗渓会、一九二〇年三月。
（8）前掲註（4）。
（9）前掲註（7）。
（10）「創立の経緯を語る（座談会）」『東京文理科大学閉学記念誌』東京文理科大学、一九五五年、八三頁。
（11）「城北大塚の十ケ年（後期）」『校友会誌』六七号（嘉納先生記念号）、東京高等師範学校校友会、一九二〇年。
（12）前掲註（7）。
（13）前掲註（11）。
（14）嘉納治五郎「東京高等師範学校昇格問題の真相と拙者辞職の理由とに就いて」『有効の活動』第六巻第二号、一九二〇年二月。
（15）嘉納治五郎「回顧六十年」『教育』四五七号（嘉納先生謝恩記念号）、茗渓会、一九二一年五月。
（16）「謝辞」前掲註（11）。
（17）「嘉納先生謝恩式」『教育』四六〇号、一九二一年八月。

第四節　留学生教育

1　宏文学院における留学生教育

(1) 嘉納による清国留学生の受け入れ

明治期以降、日本において国費留学生を最初に受け入れたのは嘉納治五郎である。清朝政府は日清戦争での敗北等を通し、改革を実行するための人材養成の必要性を痛感し、明治維新を経て近代化を成功させた日本に多くの留学生を派遣した。依頼を受けた外務大臣兼文部大臣西園寺公望は、東京高師校長の嘉納治五郎に留学生受け入れを打診し、嘉納が了承したのであった。こうして清国からの官費留学生一三名を一八九六（明治二九）年に嘉納が受け入れた。嘉納は神田三崎町に塾舎を設け、東京高師教授であった本田増次郎を主任にし、数名の教師を招聘して日本語および普通科の教授を始めた。

一八九九（明治三二）年には七名が卒業し、新たに学生が入って来ると、塾舎を拡大し、「亦楽《えきらく》書院」と名づけた。国語学の三矢重松を中心に留学生教育が行われた。

その後、さらに多くの清国からの留学生が嘉納のもとに来るようになったことから、一九〇二（明治三五）年には、彼らに日本語教育と中等学校レベルの普通教育を教授する学校として、亦楽書院を発展させて「弘文学院」（一九〇六年に「宏文学院」に名称変更）を牛込区西五軒町に設立した。清国人に日本語および普通教育を授ける「普通科」（三年課程）とともに、教員養成を目的とした速成師範科（六カ月の課程）や警察官の養成を目的とする警務科（三年課程）など専門の学科が設けられた。

嘉納が清国からの留学生を積極的に受け入れた理由は、嘉納自身の次の言葉に示されている。

我が国は、近時数十年の間に欧米諸国の文明を輸入し、その長を採りて我が短を補い、以て百般の事物に改革を施し、長足の進歩をなしたるものにして、その間或る事に於いては成功し、或る事に於いては失敗せり。かくの如き経験を有する我が国に学びて改革を施すは、清国のためには大なる得策と謂わざるべからず。（中略）故に清国より来るものは勉めて之を歓迎し、之と相親しみ、之を指導し、之に厚意を表し、便宜を与えざるべからず。（中略）何れにせよ。学識経験を有するもの、清国に雇聘せらるるに方りては、唯自己の利益をのみ考えず、真に清国の利益を図る考えを以て往かざるべからず。真に善隣の道を尽してこそ、始めてその結果反射して我が国の大利益となるべし。

予は、かくの如き考えを有するが故に、今回弘文学院といへる学校を起こし、清国より我が国に来りて諸種の学問を為す学生の為に便宜を与えることとせり(1)。

宏文学院（講道館所蔵）

嘉納は、清国が日本の近代化について、成功例のみならず失敗した点も含めて、学ぶことは意味があると、日本の近代化を客観的にとらえることの視点を示している。また、日本人は、自己の利益のみを考えず、真に清国の利益を図る考えを以てあたること、真に善隣の道を尽くしてこそ、はじめてその結果反射して我が国の大利益となる、という考えは、後に嘉納が発表する「自他共栄」の考えにつながっている。

一九〇〇（明治三三）年、留学生七名の卒業証書授与式が講道館で行われた際に、嘉納は次のように述べている。

諸子の中、半数は卒業後尚本邦に止りて高等なる学術を研究せられ、半数は公使館又は領事館の通訳官となり、若くは本国に帰り、学校に就職し、何れも習得したる日本語を実地に利用せらるることになり、誠に予の満足に思ふ所なり。然れども諸子は決して之に甘んぜずして、更に習得したる日本語を以て、各種の学術を研究し、今日の新知識を得ざる可からず、今や東洋多事なるの際、諸子は益々自愛して大清国の為に、将た東洋の平和と隆盛の為に尽力せられん事を望む。(2)

嘉納と清国留学生（講道館所蔵）

嘉納は、留学生の卒業生に対して、日本語を修得して研究や通訳として働いていくことに満足を示すとともに、さらに勉学に励んで、祖国や東洋の平和のために尽くすことを説いている。

これに対して卒業生の答辞は次のようなものであった。

時々先生ノ正大ナル議論ヲ聴タルガ故ニ、我等ノ脳漿ニ浸淫シ、三年前ノ思想ニ比較スレバ、真ニ別人ノ如キナリ。嗚呼善イ哉先生ノ教育、我等能ク感奮セザル可ケンヤ。(3)

三年間に及ぶ修学のなかで、留学生たちが、嘉納の説いた教えを理解していった様子が描かれている。

創設当時の授業は、一学年四三週、毎週三三時間と決められていた。修業年限は三カ年で、普通学科の授業科目は次のように決められていた。

第一学年…修身、日本語、地理歴史、算学、理科示教、体操

第二学年…第一学年の科目の他、幾何学、代数学、理化学、図画、英語

第三学年第一部…修身、日本語、三角術、地理歴史、動物学、植物学、英語、体操

第三学年第二部…修身、日本語、幾何学、代数学、三角術、理化学、動物学、植物学、図画、英語、体操

また、運動部の設置がなされたことも弘文学院の特徴の一つであった。これについては、「平常ニ於テ職員及ビ生徒ノ運動ヲ奨励スル為ニ運動部ヲ設置シ、創立費ハ学院ヨリ幾分ノ補助ヲ為シ、維持費ハ会員ニ於テ之ヲ負担スル（中略）運動部委員三名トシ学院長ヨリ之ヲ指名サル委員ハ運動部ノ発達ヲ計ルノミナラズ学院全般ノ衛生事項ニ注意シ兼テ大運動会ノ発達ヲ計ル事」と記されており、弓術・庭球・遠足部の設置とともに、運動会を毎年挙行することになった。これは東京高等師範学校における校友会活動を範にしたものであったことはいうまでもない。

留学生教育にも本格的に体育・スポーツ的な要素を組み入れたのであった。

弘文学院での体育・スポーツ活動については、体操の授業が週五時間と日本語の次に多く、東京高等師範学校のグラウンドや体育館を借りて行われることも多かった。すでに一九〇三（明治三六）年には、弘文学院の家屋を改修して柔道場をつくり、講道館牛込分場にして、留学生にも柔道を学べる環境を整えた。弘文学院で学んでいた魯迅（本名・周樹人、一八八一～一九三六）ら三三名がこの年、講道館に入門している。弘文学院独自の陸上大運動会は一九〇四（明治三七）年から開催された。嘉納は、留学生にも柔道と合わせて、さまざまな運動ができるよう整備したのであった。

(2) 清国教育関係者との交流

一九〇二（明治三五）年七月から一〇月の三カ月間、嘉納は清国の招聘を受けて、北京、天津、上海、安徽、江蘇、浙江などを周遊し、教育振興について張之洞ら政治的指導者や教育関係者らと意見交換した。普通教育における徳性の養成や小学教育を担当する教師の重要性を強調している。また柔道と精神修養についても説明した。

嘉納はこの清国訪問の所感を『國士』に掲載している。それによれば、清国は改革を断行すべきと思っている人はごく少数のみで、これを強く主張すれば、必ず当局の反対にあうこと、したがって、強いて清国の大勢と争わず、着実にして、しかも清国をして自然に進歩に向かうような方法を講じる必要がある、その方法は、清国と外国との交通を頻繁ならしめて、世界の大勢を知らしめることである、と述べている(4)。さらに、清国頽廃の原因は政治と教育にあるとし、旧態依然の官吏登用試験を「実用に遠き死学」と評し、教育の方法の誤りによる悪影響はきわめて大きいと警告している。このように当時の清国のあり方を鋭く分析した。嘉納は清国の混乱は欧米列強の侵略を招くとして警戒したが、その改革は教育などによる平和裡の漸進主義的改革を主張し続けたのであった。留学生のなかには、暴力的革命の断行を主張する者もいたが、嘉納は常に教育による社会変革を彼らに説いた。

年々増え続ける留学生の受け入れに対応して、さまざまな課程を増加させ、教師も増やして教育を行ったが、その一方で質の低下が留学生たちから一九〇五（明治三八）年頃から指摘されるようになった。速成師範科からは、多岐にわたる教職専門科目を整理し、社会科学や自然科学科目の増加を要求する要望書が出された。数学と英語の教員の力量不足を指摘する意見書や、日本語および日語文法の教授法の統一を求める意見も出されたのであった。

嘉納学院長は、一九〇六（明治三九）年に宏文学院改組委員会を設置し、ただちに改革に乗り出した。速成師範科など短期間での課程を全廃し、普通科、師範科の修業年限を三年に延長した。そして卒業生を、文部省直轄学校無試験入学資格を認定させるべく整備した。さらに、中国において遅れていた理科教育の充実をはかることも計画された。嘉納は宏文学院に高等師範部を設置して、理化学中心の大学に昇格させる案を文部省に提出したのである。この案は認められなかったが、東京高等師範学校への入学が一定程度許可されることになった。

(3) 宏文学院の教師

一九〇六年の宏文学院の教職員数は次のとおりであった。[5]

学院長一名、教授・講師八五名、事務員三三名、雇員一八名、臨時雇員三七名

宏文学院の教育には、高等師範学校の教授陣が深く関わっていた。宏文学院の改革については、嘉納学院長の要請に応えて、講義録を編纂することになったが、これには東京高師の教授陣が多く執筆した。東京高師関係者により刊行された普通科・師範科講義録は次のものであった。

地理学（東京高師教授・矢津昌永）、世界歴史（同教授・峰岸米造）、地文学（同教授・大関久五郎）、幾何学（同教授・生駒萬次）、植物学（同教授・高橋章臣）、鉱物学・地質学（同教授・佐藤伝蔵）、化学（同教授・和田猪

三郎）、経済学（同教授・葛岡信虎）、教育学（同教授・波多野貞之助）、各教科教授法（同教授・大橋銅蔵）、学校管理法（東京高師附属中）、日本教育制度（同教諭・増戸鶴吉）

一方東京高師関係者以外の執筆者は次のとおりであった。

倫理学（東洋大学教授・中島徳蔵）、心理学および論理学（東洋大学教授・高島平三郎）、算術（学習院教諭・東野十次郎）、代数学（立花頼重）、動物学（陸軍大学教授・安東伊三次郎）、物理学（正木直太郎）、法制（法制局参事官・下岡忠治）、生理衛生学（帝国大学教授・三宅秀）

これらの講義録から、東京高等師範学校の関係者が、宏文学院の留学生教育に深く関わっていたことは明らかである。また、日本語教科書の編纂も行われ、松本亀次郎や三矢重松らの日本語担当者を中心として、敬語の用法や文法の教授法などに研究を重ねて『日本語教科書』全三巻が一九〇六（明治三九）年に刊行された。宏文学院では、日本語教育においても先駆的な役割を担ったのであった。

これらの教授陣以外にも、嘉納は当時著名な教育者らを抜擢して教師として雇っている。例えば、一九〇三（明治三六）年に『人生地理学』を出版して人文地理学の面で注目され、茗渓会（東京高師の同窓会）の書記も務めていた教育者、牧口常三郎を地理学の教師として一九〇四（明治三七）年から雇っている。牧口の『人生地理学』は留学生により翻訳され中国にて出版された。

宏文学院の教育は独創的な面も多くあった。中国の状況を理解させるために、いろいろと配慮されたことであった。例えば理科教育の鉱物学では、取り扱う鉱物を中国の卑近な鉱物に限定し、理科を初めて学習する留学生に配慮した。また、植物学でも日本と中国の主要植物を比較することから始められた。また、地理学は、天文地理、自然地理、人文地理、五大州各地理などから成るが、清国地理学習を最も重視した。清国の地勢、気候、天然資源、住民、交通、海運、貿易などで編成されていて、留学生たちに清国の客観的状況を理解させることに重きがおかれていた。世界歴史では、アジアアフリカ諸国への植民地化の実際を概説し、清国や日本を取り巻く国際情勢を理解させるようにした。

こうした改革と授業面での工夫により、宏文学院の卒業生の多くが高等教育機関へ進学することになった。蔭山によれば、一九〇六（明治三九）年度入学者一四〇名（官費三二名、私費一〇八名）のうち、判明した一一八名の進学先は次のようであった[6]。

旧制高等学校・帝国大学一九名（一六%）
高等専門学校四二名（三六%）
東京高等師範学校七名（六%）
専門学校（私立大学）四四名（三七%）
各種学校六名（五%）

改革後の宏文学院の学生の多くが、卒業後日本の高等教育機関に進学した。進学者の専攻は、法律、法政、経済、商業が多く、次いで師範と医師であった。幅広い分野にわたる人材を宏文学院は輩出していたのである。

しかしながらこうした宏文学院の改革の成果は長くは続かなかった。中国から日本への留学生数が激減したからである。それは速成科という短期留学が全廃されたことによる影響が大きかったが、清国における教育費の節減と欧米諸国が中国人留学生奨励の国家的政策を打ち出したことによるものであった。そのために一九〇九（明治四二）年七月に宏文学院は閉鎖の已むなきに至る。宏文学院への入学者総数は七一九二名、卒業者数は三八一〇名であった。幅広い分野に卒業生を送り出した宏文学院は中国の近代化に一定の影響を与えたことはまちがいない。

一方、宏文学院の閉校後、嘉納は留学生教育に終止符を打つことはなかった。東京高等師範学校において、引き続き留学生を受け入れていった。その数は少数ではあるが、彼らが中国の教育改革に果たした役割は大きかったのである。

2　東京高師の留学生

(1) 留学生の受け入れ

高等師範学校には、一八九九（明治三二）年には八名の留学生が修学していたが、これが高師における留学生受け入れの始まりである。嘉納は、留学生が大学や専門学校などに入学しやすくするために文部省と交渉し、一九〇一（明治三四）年には、文部省令第一五号により、弘文学院で普通学科（三年）を修業した学生は、京都帝国大学、札幌農学校、仙台医学専門学校、岡山医学専門学校、高等師範学校、女子高等師範学校などの文部省直轄学校に入学することができるようになった。しかし、入学希望者が定員を超える場合には、選抜試験が行われたので、実際には、無試験で高等師範学校に入学することはできなかったが、魯迅はこの制度により、仙台医学専門学校に入学したのであった。

やがて、清国と文部省との話し合いにより、「五校特約」が一九〇七（明治四〇）年に結ばれた。これは、官立の高等教育機関への入学が定員により阻まれていたのを緩和するために設けられたもので、以後一五年間に、第一高等学校、東京高等師範学校、東京高等工業学校、山口高等商業学校、千葉医学専門学校の五校に限り、毎年合わせて一六五名の留学生定員を設けるというものであった。これにより、一九〇八（明治四一）年以降一五年間、東京高等師範学校は毎年二五名の留学生を受け入れることが決められた。これ以降、東京高師に入学する留学生は毎年徐々に増えていった。多い時は三〇名近くを受け入れた。総人数は多くはないが、東京高師の学生総数は全校でも五〇〇名ほどであったので、割合からすると留学生数は決して少なくはなかった。

嘉納が校長を辞任する直前の東京高等師範学校の学生数は次のようであった。(7)

一九一九(大正八)年度

学生数(日本人)	六一六名
特別学生(朝鮮からの学生)	七名
外国学生(中華民国からの留学生)	一一三名
総計	七三六名

一九二〇(大正九)年度

学生数(日本人)	六六五名
特別学生(朝鮮からの学生)	七名
外国学生(中華民国からの留学生)	一二五名
総計	七九七名

朝鮮と中国からの学生数は合わせると、一九一九(大正八)年度は一二〇名にのぼり、この数は学生数全体(七三六名)の一六%を超える。さらに一九二〇(大正九)年度も七九七名中に占める外国人学生数は一三二名で、同様に一六%を超えている。

一九一一(明治四四)年末、清国において辛亥革命が起こり、留学生たちが学費の件で動揺した際に、嘉納は講堂に留学生を集め、校長自ら私財を出してでも対策を講じるので学資の件は心配せず、帰国せずに修学を続けるように促した。この嘉納の度量の大きさは、留学生を感激させたのであった。

(2) 東京高師留学生の帰国後の活躍

嘉納に教えられた留学生の中には、後の中国を形成する際に指導者として活躍した者が多くいた。宏文学院の卒業生には、文豪魯迅をはじめ、黄興（辛亥革命で活躍）、陳天華、秋瑾（詩人）、陳独秀（『新青年』主筆）、田漢（劇作家）ら、後の中国の指導者たちが含まれていた。田漢は宏文学院卒業後、東京高師に入学した。

一九三〇（昭和五）年の『茗渓会客員名簿』によれば、中国（支那）における客員会員として次の卒業生が掲げられている。(8)

『茗渓会客員名簿』●凡例　氏名〔出身〕卒業年、専攻（所属は一九三〇年当時）

范　源濂〔湖南〕（教育部総長、北京師範大学長）
陳　文哲〔湖北〕（教育部編訳館編訳員）
陳　榮鏡〔湖北〕（教育部視学）
邸　其俊〔広東〕（交通部部員）
許　壽裳〔浙江〕一九〇八、教育・地歴（女師大教員、魯迅の親友）
銭　家治〔浙江〕一九〇八、教育・地歴（教育部視学普通司科長）

談　錫恩〔湖北〕一九〇八、教育・植物（教育部視学）
毛　邦偉〔貴州〕一九〇九、倫理（教育部試験委員会主任）
陳　英才〔湖北〕一九〇九、教育・化学（北京師範大学教授）
張　邦華〔浙江〕一九〇九、教育・化学（教育部普通司科長）
陶　履恭〔直隷〕一九一〇、地歴・法制経済（北京大学兼師範大学教授）

朱　文態〔江蘇〕一九一〇、化学〔教育部編訳館編訳員〕
王　海鑄〔江蘇〕一九一〇、法制経済〔財政部部員、香山慈幼院視学〕
黄　際遇〔広東〕一九一〇、数学〔山東大学教授〕
黄　恭憲〔湖北〕一九一一、教育・数学〔師範大学教授〕
洪　彦遠〔浙江〕一九一一、数物〔教育部視学〕
楊　立奎〔安徽〕一九一一、物化〔北京師範教員〕
彭　世芳〔江蘇〕一九一一、博物〔教育部視学〕
黄　伝霖〔江西〕一九一一、数物〔師範大学校教授〕
張　胎恵〔安徽〕一九一一、数物〔師範大学校教授〕
蔵　きょ〔湖北〕一九一二、英語〔交通部編纂員〕
舒　之鎏〔湖南〕一九一二、英語〔交通日報記者、中国大学教授〕
符　鼎升〔江西〕〔参議院議員兼師範教務長〕
唐　廷秩〔湖南〕一九一二、博物〔農業大学教授〕
陳　映璜〔湖北〕一九一二、博物〔教育部編訳館編訳員〕
孫　炳　〔浙江〕一九一二、博物〔教育部主事〕
劉　玉峰〔直隷〕〔師範大学校教授〕
呉　家鎮〔湖南〕一九一四、英語〔教育部代理検事専門司院長〕
張　遠蔭〔四川〕一九一四、博物〔教育部主事〕
張　仁輔〔直隷〕一九一四、博物〔教育部部員兼女附中教員〕
焦　宝　〔直隷〕一九一四、博物〔京師学務局局長〕
符　詩鎔〔貴州〕〔参議院議員〕
鄧　萃英〔福建〕一九一五、物化〔教育参事、後に教育部次長、北京師範大学長〕
李　安陸〔江西〕〔参議院議員〕
蔡　振東〔福建〕〔交通部部員〕
艾　華　〔貴州〕一九一六、英語〔北京女子大学校教授〕
李　胎燕〔福建〕一九一七、地歴〔春明公学校長〕
林　萬儒〔広東〕一九一八、英語〔師大附属中主任〕
陳　俶達〔福建〕一九一九、文三〔中国大学教員〕
曾　紹興〔江西〕一九一九、体甲〔師範大学校体育主任〕
張　光漢〔福建〕〔師範大学校、医光漢医科院長〕
證　剛傑〔四川〕〔内務部部員〕
徐　祖正〔江蘇〕〔師範大学校教授〕
張　黄　〔江西〕〔北京大学校教授〕
呉　祥麒〔浙江〕〔北京女子大学校教授〕

これらから、中国からの留学生は帰国後、大学教授や教育部（文部省）の仕事に就く者が多くいたことがわかる。東京高等師範学校出身の留学生たちが中華民国の教育に一定の影響を及ぼしたものと推測される。その根拠の一つとして、中華民国の教育部普通教育司第三科は四人全員が宏文学院、そのうち三人は東京高等師範学校出身の者たちであった。普通教育司第三科は、中華民国全土の師範学校を管轄しており、師範教育に東京高等師範出身者が関わっていた。

活躍した者を次に何人かあげておきたい。

范源濂（一八七六〜一九二七）は中華民国において三回、三年余りにわたり、教育部総長（文部大臣に相当）を務めた人物である。彼は一八九九年に日本に渡り、やがて東京高師に学んだ。一九〇二年に弘文学院が設立されると、そこで講義通訳者となった。嘉納治五郎の信頼も厚かったと思われる。范源濂は一九〇五年に帰国すると、教育の要職を歴任し、実績を積んだ。日本の師範教育を導入しようと図ったのであった。中華民国が誕生してからも、范源濂の手腕は評価され、中華民国教育部総長として、師範教育をはじめとした教育制度を整備したのであった。その後范源濂は、北京師範大学長を歴任した。なお、当初の北京師範大学校歌の作詞は范源濂によるものである。

田漢は、湖南省長沙出身で一九一七年に東京高師の英語科で学び、帰国後に作家として活躍した。一九三五年の映画『風雲児女』の主題歌「義勇軍行進曲」を作詞した。この歌は一九八二年以降、中華人民共和国の国歌に採用された。オリンピック競技会の表彰式で流れる中国国歌の作詞は東京高等師範学校で学んだ田漢によるものなのである。

楊昌済は、嘉納に推されて宏文学院から東京高師へ入学し、その後スコットランドで哲学、倫理学、教育学を学び、教育による救国を掲げた教育者になった。一九一三年湖南第一師範学校で毛沢東（一八九三〜一九七六）と出会い、毛沢東から青年時代の師と仰がれた人物となった。

楊昌済や陳独秀は毛沢東の体育思想に影響を及ぼした。毛沢東が学生時代に、「体育の研究」を雑誌『新青年』に著したが、そこには嘉納治五郎の名前が出てくるのみならず、内容も嘉納の考える体育と同様の表現がみられる。それらは次の文に示されている。


「現代の文明国のうち、体育はドイツがもっとも盛んで、フェンシングは全国に普及している。日本には武士道がある。近ごろは、わが国古来の余技をとりいれ柔術をつくりだしたが、その剛直なことはみるべきものがある」

「体育はひとつの道で、徳育、知育と組み合わされて全きものとなる。しかし、徳といい、知といっても、身体に帰するのであって、身体がなければ徳も知も存在しない」

「道徳もまたとうとぶべきものである。道徳は社会秩序の基礎で、自他の関係を平らかにす。しかし、道徳を宿しているものはなにか。身体こそ、知識を乗せ、道徳を宿している」

「体育こそ、われわれの生活で第一の地位を占めるべきもので、身体が強壮であってこそ、はじめて学問も道徳も修得することができ、遠大な効果をおさめる」

「東西の有名な体育家、アメリカのルーズベルト、ドイツのサンドウ、日本の嘉納は、みな身体が非常に弱かったが、強壮な身体の持ち主となった人々である(9)」


特に道徳が社会秩序の基礎であり、それを学ぶことで自他の関係を平らかにすることについての言及は、嘉納の思想の影響を示唆するものである。また、長距離競走は耐久力の訓練に最も良い、と述べるなど、この点も嘉納の考えと一致している。

また、朝鮮からの留学生も多くいた。彼らのなかには、韓国の大統領に就任した人物もいる。それは崔圭夏（一九一九～二〇〇六）で、一九四一年に東京高等師範学校（英語科）を卒業し、その後一九四五年にソウル大学師範部の教授になった。翌年から官吏になり、一九六七年から七一年まで外務部長官（外務大臣）、そして一九七六年から七九年まで首相を務めた。一九七九年に朴正熙大統領が死去すると、後任の大統領となった。全斗煥のクーデターにより、期間は一年足らずと短命であったが、外務大臣時代には外交面で多くの業績をあげた。また、夫人の介護に尽くすなど、話題をよんだ人物であった。

北京オリンピック終了直後の二〇〇八年八月二六日付の人民日報（北京版）において、山下泰裕六段へのインタビュー記事中で、中日友好交流史上の逸話として、嘉納治五郎について触れられている。著名な教育者であった嘉納治五郎が柔道を創設し、七〇〇〇名もの中国人留学生を受け入れて日本語と各学科の教育を教えたこと、それらの留学生の中には、後の中国の偉大な指導者たちが含まれていたこと、などが紹介されている。中でも、毛沢東の青年時代の師である楊昌済も嘉納のもとで学び、柔道が大好きであったこと、毛沢東も嘉納治五郎と日本柔道の精神を称賛していること、などが書かれている。

(3)　東京高師における留学生のスポーツ

嘉納が校長を務めた東京高等師範学校において、留学生たちも日本人学生と同様に、運動部に所属していたことが、一九〇九（明治四二）年から一五（大正四）年までの東京高等師範学校の校友会誌から見受けられる。

一九〇九年の陸上大運動会の報告には、「外国留学生二百ヤード競走」が行われていたことが記されている。そこには、日本人学生が留学生の名前を呼びながら声援を送っている様子が描かれている。

之が済むと軽気球は三十二回外国留学生二百ヤード競走を報じる。場の内外素晴らしい人気である。ズドーンと鳴る。無闇にソンさん、トンさん、ゴンさんなど野次る。中々疾い。蒋君が十米突を抜いて勝った。(10)

また同年五月一一日に行われた水上運動会（ボート）には、清国留学生一八名が出場している。彼らは、学校行事である陸上大運動会と水上運動会に参加していた。

一九一〇（明治四三）年には、東京高等師範学校校友会に清国留学生二九名が入会している。彼らは日本人学生と同じように校友会活動に参加することができた。さらに校友会運動部では、蹴球部に清国の留学生が参加していた。

一九〇九（明治四二）年一月三一日に東京高師蹴球部大会で清国留学生二二名が紅白戦を行っている。スコアは〇対〇であった。蹴球部大会での留学生同士の試合は、同年の一一月にも行われた。また、一九一一（明治四四）年一月には、外国人留学生文科対外国人留学生理科の試合が同蹴球部大会で行われている。一九一二（大正元）年、一三（大正二）年にも清国留学生マッチが行われた。以上のことから、蹴球部には相当数の留学生が在籍していたことがわかる。

宏文学院は一九〇九年に閉学するが、その後も東京高等師範学校には留学生が在籍し、サッカーをはじめとするスポーツに参加していた。やがて留学生たちは、対外試合も行うようになった。最初の対外試合の相手は東京府豊島師範学校で、一九一〇年の六月と一一月に東京高師のグラウンドで行われた。六月は留学生チームが一対〇で勝利した。一一月は留学生チームが優勢であったが、最終的に豊島師範が挽回して勝利した。留学生チームの応援に八〇人ほどの他校を含めた留学生が来場して賑わったことが記されている。さらに同年一一月に行われた東京高師蹴球部大会でも、第三回清国留学生紅白戦が行われた。

一九一〇年の秋に行われた留学生チームと豊島師範学校の試合の様子は校友会誌に書かれている。

同月十三日豊島師範学校対清国留学生蹴球仕合を午後二時より本校運動場にて行へり、春の仕合に一対零にて留学生の勝利に帰したれば豊島方にては熱烈なる練習を積み留学生亦技の錬磨に怠りなかりし故この仕合は頗る興味を以て迎えられたり。

午後二時より児島氏審判の下にゲームは開始せられぬ留学生の応援体は他校よりも来れるなるべし無慮七八十人の多きに達せり。ハーフタイム前最初は留学生遥かに優勢なりしが豊島方のフォーワーズ一時にドット肉迫せしかばキーパー少し狼狽しけん遂に一点を占められきハーフタイム以後よく豊島の軍を圧せしも遂に傷くる能はずして一対零にて豊島方の勝利となりぬ。(11)

一九一三（大正二）年六月には、在留朝鮮学生で結成された太平倶楽部を相手に留学生チームが戦い、二対〇で留学生チームが勝利した。中国人留学生対朝鮮人学生という、日本に住んでいるアジア人たちの国際試合であった。校友会誌にみられる最後の留学生の試合は、一九一五（大正四）年一月に行われた対埼玉県師範学校との試合で、留学生チームが二対〇で勝利した。留学生チームの実力もかなり上がっていたことがわかる。

このような留学生たちのスポーツの奮闘に、当時の日本の学生たちは、早くからエールを贈っている。それは一九〇九（明治四二）年の次の一文に示されている。

此の日天気晴朗。風さへなく、従つて寒気和かやなり。午前七時半、劈頭第一競技者としてフィールドに現はれしは、我が珍客留学生諸君なり。留学の当初に於て身体操縦の不自由不活発なりしより、端なく邦人の嘲笑を招きしも、不屈なる精神と熱心なる練習は、大にその効果を現はし、今や邦人に比して些の遜色なきに至れり。学成り錦を故郷にかざるの日、体育界にも亦斎す所あらん事を希望して已まざるなり。(12)

ここでは、留学生たちが、入学当初はさほどうまくなかったが、徐々に技術をみがいて上達していったことが示されている。一方、将来帰国したならば、母国の体育界の発展にも寄与してほしいことを願っているのである。このようなお互いの関係ができたのは、嘉納校長を中心とした東京高等師範学校の校友会活動の成果といいうるであろう。

前掲の『茗渓会客員名簿』によると、初期の蹴球部留学生たちも、帰国後、教育関係の職に就いている。朱文態（一九一〇年化学卒）と陳映璜（一九一二年博物学卒）は教育部編訳館編訳員、孫炳（一九一二年博物学卒）が教育部主事に就任している。黄際遇（一九一〇年数学卒）が山東大学教授、舒之鎏（一九一二年英語卒）が交通日報記者から大学教授に、唐廷秩（一九一二年博物学卒）が農業大学教授になるなど、教育関係の職に就いている。彼らは帰国後に蹴球など、日本で親しんだスポーツを祖国でも継続したものと思われる。

東京高師に学んだ中国人留学生たちは帰国後、教育の世界で重要な役割を担った。特に中国における師範教育の充実など、留学生たちの果たした役割は大きかった。また彼らは嘉納校長のもとで、さまざまなスポーツに接し、日本人学生と交流したのであった。今から一〇〇年前に、国際的なレベルでの教育交流が東京高師において、なされていた。嘉納は教育と体育・スポーツにより個人がより高い識見と徳性を備えることで、社会全体を変革していけることを教えたのであった。

【註】

（1）嘉納治五郎「清国」『國士』四四号、一九〇二年。
（2）嘉納先生伝記編纂会『嘉納治五郎』講道館、一九六四年、一六八頁。
（3）「清国留学生卒業式」『國士』二一号、一八九九年。
（4）嘉納治五郎「清国巡遊所感（一）」『國士』五〇号、一九〇二年。
（5）宏文学院一覧、一九〇六年。
（6）蔭山雅博「宏文学院における中国人留学生の展開」齋藤秋男、土井正興、本多公榮編『教育のなかの民族―日本と中国―』一五四～一五六頁。
（7）『東京高等師範学校一覧』一九一九年、一九二〇年。
（8）茗渓会『茗渓会客員会員名簿』一九三〇年。
（9）毛沢東「体育之研究」『新青年』三巻二号、一九一七年。毛沢東著、山村次郎訳『体育の研究』ベースボール・マガジン社、一九六四年、一〇～一七頁。
（10）「陸上大運動会」『校友会誌』二〇号、一九〇九年。
（11）「校友会報告：蹴球部」『校友会誌』二一号、一九一〇年。
（12）「校友会報告：蹴球部」『校友会誌』一八号、一九〇九年。

第三章

国際人としての嘉納治五郎の活躍

NBC のインタビューを受ける嘉納治五郎（1936 年）
（講道館所蔵）

第一節　西洋世界と嘉納治五郎

1　ラフカディオ・ハーンによる柔道の紹介

（1）ラフカディオ・ハーンとの出会い

嘉納治五郎は一八九一（明治二四）年九月、第五高等中学校長として熊本に赴任するが、在任中、後の文豪小泉八雲と出会う。英語教師として八雲を迎えたからだ。八雲は嘉納と親しく接し、柔道をみ、柔道の技法と心法の原理を評価して一文をしたためた。それは取りも直さず、高度な西洋知性による東洋武術の観察、把握であり、同時に西洋へ柔道の何たるかを知らしめる一助になった。

ラフカディオ・ハーン（Lafcadio Hearn 一八五〇〜一九〇四）は、ギリシャ生まれの英国人で、後に日本に帰化し、小泉八雲と名乗った。一八九〇（明治二三）年、四〇歳で来日し、旧松江藩士の娘、小泉セツと結婚した。松江中学、五高、東大、早大等で英語、英文学を講じる。文学者。『怪談』『心』『霊の日本』など、日本に関する英文の印象記、随筆、物語を多く発表した。そのラフカディオ・ハーンが熊本で嘉納と出会い、柔術（柔道）を論ずることになる。

ハーンが熊本に滞在したのは一八九一年一一月〜九四年一一月の三年間であった。

ハーンは日本に来る前から日本の伝統に強い関心を寄せていた。日本人の生活に関心を寄せ、人を愛した。日本の自然美を発見し、これを愛でた。他方、ハーンは失意落胆しやすい感受性の強い人間であった。彼は日本人社会の素朴さを好むと同時に、それが効率重視の風潮に掻き消されていく様を見抜いていた。日本人の心の優しさが失われてゆくのを悲しくみつめ、かつ嫌悪の情も抱いていた。友人に宛てた書簡のなかでは、その感情や危惧をあからさまにしたためたが、公刊される書物においてはそれらを表現しなかった。とはいえ、ハーンは日本の風習、伝統、民俗の美等を世界に発信することによって、その非凡な才のすべてを捧げたといっても過言ではない[1]。

(2) 嘉納がハーンを五高に招請

ハーンは一八九〇（明治二三）年四月、出雲の松江に足をとめた。そこでみた日本の風物景観、また人情の細やかさ、温もり等に心動かされ、セツと出会い、結婚。松江中学の英語教師として一年余りを松江で過ごすが、その後、熊本に移ることになる。その理由は、時の第五高等中学校長嘉納治五郎がハーンを五高へ来ないかとスカウトしたからである。

学校長として自分のしたことは数多いが、普通のことは措いて、唯二三を記すこととする。ラフカヂオ・ハーンを島根県中学の教師から抜いて之を招聘したことは特記すべき一事である[2]。

嘉納の招聘をハーンは快諾した。彼は喜んだ。松江の風物を愛し、妻の故郷でもある松江を、ハーンはなぜ離れたのか。松江の好印象よりも、その寒さの方がこたえていたからである。ハーンの友人にバジル・ホール・チェンバレン（Basil Hall Chamberlain 一八五〇～一九三五）がいたが、チェンバレンは英国の言語学者であり、王堂という号ももつ知日派。東京帝国大学教授を務め、近代国語学の樹立に貢献。また東洋比較言語学の領域を開拓した功績もある。ハーンの日本における就職に臨んで、松江中学赴任の時も含め、少なからず助力した。ハーンとチェンバレンとの間には、いくどもの往復書簡がある。そのなかで、松江時代のハーンは、チェンバレンに他の任地への希望を述べていた。そこへ熊本の話が来たのである。一八九一（明治二四）年一一月、ハーンは嘉納校長の待つ熊本の第五高等中学校へ赴任した。かくして嘉納は校長の立場で、ハーンは英語教師という立場でそれぞれお互いを相見ることになる。嘉納が熊本に赴任して三カ月後のことであり、ハーン四一歳。嘉納は若く、三〇歳であった。やがて一八九三（明治二六）年、嘉納は熊本の第五高等中学校から東京の高等師範学校長へ転任するが、ハーンもまた翌一八九四（明治二七）年、五高を辞任。一時、神戸に身を寄せ、一八九六（明治二九）年上京。東大と早大の文学部講師を兼ね、東京でその生涯を閉じた。

ハーン没後二五年、嘉納は回想録に熊本時代を述べ、そのなかでハーンについて次のように語っている。

ハーンは何人も知る珍しき人物で、当時英米を通じても類ひ少なき文豪であり、頗《すこぶ》る変わった非凡の人であった。自分は親しくしてゐたが、彼の夫人は島根県の士族で、正しき家庭に育った婦人であった。日常のハーンの生活は、日本服を着、日本の煙管で煙草をのみ、いろいろの点で日本趣味を味わひ得た人であった。英語並びに英文学の教師として価値の豊かな人であったことは論ずるまでもないが、人間として亦いろいろの奇行を遺した。或る時、熊本の第六師団に於て何か祝ひ事があった際、知事、学校長、裁判所長など、いろいろの方面の人々が案内を受けたが、当日はそれぞれ武官は制服、文官はフロックコート、という風に、いずれも洋服を着けてきたのであるが、中に一人、和服の紋服を着けてきた紳士があった。それが即ちハーンであったのである。(3)

(3)『東の国から』"Out of the East"

ハーン著『東の国から』["Out of the East" Houghton Mifflin 書店発行、Boston, USA 1895] には柔術論が収められている。一八九九（明治三二）年発行『國士』第五号に嘉納虎太郎の手による「西眼に映ぜる柔道」と題される抄訳が掲載されている。ハーンの英文柔術論を訳したものである。虎太郎は嘉納長兄の長子にあたる人で、嘉納塾に学んだ秀才であった。彼は冒頭、ハーンが、嘉納の柔道について大いに興味をもち、洞察して書き記した最初の外国人であると、次のように述べている。

顧ふに維新以来、或は貿易の為、又は傳道の為、又は単に世界周遊の途次、杖を本邦に曳きし外客の数、蓋し千を以て数ふ可し。其中或は美術を賞し、風光の美を説く者は有り、未だ日本古來の武術を談じ、武士道を解せし者を聞かず、否朧気ながら武術、武士道に関して憶説を逞うせし者は有らむも、活眼を以て、能く柔術と其無限の應用とに就て論ぜし者なし。夫れ柔道は柔術の進化したるものなり、柔術を知らざる者、焉ぞ高遠美妙なる柔道を解せんや。宜なり彼等外人の東洋漫遊記中、未だ吾人をして、柔道の二字に接せしめざる事。果して然らば、吾人が其、"Out of the East"中に、燃ゆるが如き同情と、穿つが如き洞察とを以て、斯道の為に六十頁を割き、反覆詳論せられしヘルン（筆者註：ハーン）氏を以て、斯道破天荒の快事と為し、九夏三伏の日、端なく養老瀧に逢着せしと為すも、決して偶然ならざるを知らむ。若し夫れ氏の書中、柔道と稱せずして柔術なる題目あるを怪む者あらむか。謂ふ次の事實に就て檢《ただ》せよ。

五高の生徒とともに（中央嘉納。横向きの人物がハーン。1893 年、講道館所蔵）

嘗て本会々長（筆者註：嘉納治五郎のこと）が、熊本第五高等中學校に長たるや、ヘルン氏亦同校に英語及び英文学の教授たり。故に氏は屢々柔道を同校附属の道場、瑞邦館に観るの機会を有し、又時に親しく会長に就て疑義を正し、疑念を散じ、頗る其高妙なる趣味を会得せしと云ふ。加之氏の「柔術」一篇の起首、先づ端邦館を叙し、次に漸く本題に入るを見る。氏が柔術と云う者、正に我が講道館柔道に他ならざるなり[4]。

さらに、「氏の一瀉千里の筆勢は、縦横無盡、或は風俗を論じ、又は制度文物に及び、往々本題に遠ざかる處なきに非ず。故に今は唯書中の要處妙處を捉へて、之を摘譯するに止めん。讀者諒焉。（因に云ふ氏の文の成りしは明治廿六年なり）」と、ハーンの柔術論は、日本の風俗や制度にまで言及されていると述べる。ハーンは柔術に対していかなる観察をしたのだろうか。

(4) ハーンの柔術観

ハーンは柔術について次のように述べている。

柔術は決して公衆に観覧せしむ可き技術に非ず、最も厳密なる意義に於て、自衛の術なり。戦闘の術なり。故に此術の達人は、瞬時に敵の戦闘力を奪ふ可き手品に依て、突然尋手の肩を挫き、関節を外づし、腱を断ち、骨を折るを得べし。蓋し彼は闘力者と云はんよりは、寧ろ解剖家と云ふ可し。然れば彼は電光の如く忽ち人を殺す処の急所を知れり。然れども此知識は殆んど其弊害として存するに由なからむ場合、即ち正当防衛の他は、濫りに用ふべからずとの誓約の下に伝授せらるゝ者なり。故に古伝に拠れば、此殺活の術は、十分克己力に富み、且殆んど思議す可き点なき道徳的人物にのみ教へられる。

特に読者の注意を喚起せんと欲するは他なし。柔術の達人は、決して自己の力に依頼せずと云ふ事なり。彼は最も危険の時すら、殆んど自己の力を用ひず、然らば彼は何を用ふるか。曰く単に敵手の力を利用するのみ。敵の体力は、依て以て敵を倒すべき唯一の手段なり。柔術は、卿に教ゆるに、勝利を得んと欲せば、全く卿の対手力に頼る可きを以てし、敵の腕力大ならば大なるに従ひて、敵は不利を招く事多く、此方は其割合に益を得可し。

余は記憶す、柔術の最も卓越せる師範の一人（ヘルン氏は此処に本会々長嘉納治五郎氏の姓名を註せり）が、余に告ぐるに、余が級中の最強者と考へし学生は氏が之に柔術を教ふるに當り、少なからざる困難を見出すと語りし時余は大に不審を懐けり。次で師範は曰く、彼青年は、自己の腕力に依頼する所多く、且之を用ひんと欲すればなりと。是に於てか、余の疑念は氷解せり。蓋し柔術とは、既に其語義の示すが如く、「逆はずに勝つ」との主意に外ならざればなり。(5)

以上がハーンのとらえた柔術観であった。いいかえれば、ハーンは柔術の技法の原理である「相手の力に逆らわずして勝つ」＝「柔の理」を理解した、ということであろう。しかし、ハーンが柔術（柔道）に見出そうとしたものはもっと先にあった。彼の視点は、維新を達成した新生日本の在り方に向けられていたのである。

(5) 日本の近代化と柔術の精神

ハーンは日本の近代化の成功の秘訣は柔術の精神にあると説明する。

此柔術は、深く研究するに従て、単に護身の術たる而已《のみ》ならず、亦哲学的系統をなし、経済的系統をなし、更に倫理的系統をなすを見出さむ。而して就中人種的特質は、最も能く発表せられたり。彼東洋に於て、尚一層の膨張を夢み居る欧州諸強国の日本が、柔術を行ひつゝあるを知らざるとは云へ、其迂愚、寧ろ憫むに堪へたり。顧ふに今より二十余年前迄は、一般外人は謂へらく、日本は将来衣服、家屋、産業、等の外形上のみならず、亦思想界に属す可き風俗習慣も、悉く、欧化し、其道義信仰の如きも、或は一片の勅令の下に、吾人が基督教と称する者に変形す可しと。此等の信念は、全く思慮あり、先見あり、独立の気象に富む此人種の性情を了解せざるに因由す。蓋し日本が柔術を実行しつゝありと云ふ事は、彼等欧人の夢想せざる所、実に当時西洋に於て、何人も柔術に就て聞ける者なし。さは云へ、日本人の美質良俗は、悉く柔術の原理より出づる者なり、日本は独仏兵制の粋を抜きて其軍備を整へ、一朝事あれば立ろに、二十五萬の精兵と、他に強大なる砲隊とを戦場に招集するを得可し。海軍も亦英仏の長を採りて、其艦隊は夙に優勢を以て称せられ、其他、船渠を起し、汽船を造り、電信、電話、燈台等は云ふに及ばず、学校を起しては自国の制度と能く調和せしめ、警察は模範を仏国に採れりと雖も、能く自国当時の社会組織に適応せしめたり。（中略）

之を一言すれば、鉄道、電信、電話、巨砲、汽船、大学等の新設せられしに拘らず、日本は二十余年前と同じく東洋的なり

此の如く、日本は欧州の文明を採用するに、敵の勢力を飽迄利用しながら、能く自己の美所をば十分保存して、而して昔と変らず今も尚霊妙なる法術に依て、能く自己を防衛しつゝあり、所謂霊妙なる法術とは何ぞや。即ち驚く可き国民的柔術是なり（by a marvelous national jiujutsu）。(6)

ハーンはこのように、維新後日本の近代化過程に柔術をオーバーラップさせて論じている。日本人が東洋的精神を微動だにせず、しかも西洋文物の長所をしっかりと消化吸収したと述べている。日本人のそのやり方こそまさに柔術精神、即ち敵の勢力をあくまで利用して自国の文明を向上させ、自己の伝統美は十分に保全し、確立させる精

神なのであると述べている。

日本の近代化の成功と絡めて柔術が紹介されたことで、嘉納により始められた柔道が“Out of the East”を通して、欧米でも知られることになった。

2 初の渡欧

(1) 欧州の教育事情観察

嘉納の人生初の渡航は欧州行であり、学習院教授時代、数え年三〇歳の秋である。

一八八九（明治二二）年九月一五日、メサゼリーマルティウム社汽船カレドニヤン号（仏国）、横浜を船出した。出張目的は欧州の教育事情視察である。嘉納は、宮内省御用掛として欧州行仰付けらる、という辞令を受けて上船した。

三浦梧楼《ごろう》学習院長と教育方法論で真っ向から衝突を来たし、相互に抜き差しがたい確執が生じていた。嘉納は三浦の下で働くことを頗る不快に感じ、三浦もまた同様の感情を抱いていた。出発に先立ち、三浦は嘉納の教頭職を免じた。

しかし、学習院を追い出されたようなかたちのこの渡航は、嘉納に、その後の人生をいかに構築すべきか、という窮理の思惟を深めさせた。政治学、理財学の研究および学習院教頭という重職から解放され、自由な立場で教育事情を視察する旅は、少壮気鋭の嘉納をして、畢生の事業とは一体何であるか、という自問に対する鮮明な解答を与えたのである。

嘉納は日本を発った。初の渡欧。碇を揚げて波頭を越えて、いよいよ西洋社会の事情視察である。記録によれば、

23歳の頃の嘉納治五郎
（講道館所蔵）

横浜港出港は一八八九（明治二二）年九月一五日、同港帰港は一八九一（明治二四）年一月一六日とある。丸々一六カ月、一年四カ月の出張期間。第一次洋行ともいうべきこの間の行動について、嘉納は英文の渡欧日記を遺している。嘉納は特に英語に長じ、英文に堪能であったことは、当時学友の間にも周知のことであり、友人に送る書簡もしばしば英文を以てした。英習字が得意で、ある外国人から英習字の手本を書くことを勧められたほどである。日記は晩年に至るまで多く英文を用いていた。

天神真楊《しんよう》流、起倒《きとう》流柔術を修め、新しく講道館柔道を創始した若き嘉納は、この洋行中、柔道を披露したのだろうか。この問いに答えるには嘉納の英文日記をみなくてはならない。

(2) 渡欧の英文日記

英文日記は嘉納家から講道館へ移され、講道館柔道資料館に保存されている。体裁は、B5判で無地、罫線の無い小ノート様のものやさらに小さい手帳様のものが多く使われている。起筆は一八八九年九月一四日であり、最後は一九三一（昭和六）年一二月三一日付である。

英文日記はⅠ、Ⅱと記されているが、Ⅱの方は見当たらない。Ⅰは一八八九年九月一四日から一八九〇（明治二三）年三月二三日付で終了し、最後はベルリンで書かれている。その後は、一八九九（明治三二）年から大正年間を通して一九三一（昭和六）年一二月まで続けられ、途中抜けている年もあるが、通算で延べ四二年間にわたって記したものが遺されている。

九月一五日が横浜港出帆であるから、英文日記はその前日から書き始められたものである。なぜにこの日から書き始められたのか、ここでは知る由もない。しかし、欧州へ旅立つ心意気が伝わってくるようである。

今回、一部のみという条件で講道館より閲読許可（日記の性格上、プライバシー保護の問題が存在する）を得たので、渡欧に関わる箇所の日記を紐解いた。ここに一二〇年の眠りを覚ますわけである。渡欧に際し、嘉納は何を思い、何を英文で記したのだろうか。

英文日記は、既に講道館元国際部故鵜沢孝氏により邦訳されている。ここでは基本的に鵜沢訳を引用させてもらうが、読みやすさを考慮して、部分的には筆者が改訳した。鵜沢氏の翻訳はまさに直訳のままであり、登場する人名や地名、また表記など、精察されていない。ゆえにここで紹介する段階は、必ずしも個々の情報を精密に把握できていない憾《うら》みがある。さらに原文には判読不能部分があり、訳出されていない箇所もある。そういう箇所には筆者が？マークを付した。

以上のような不備な点の在ることを承知の上で、ここに掲載するものである。その理由は、そういった不備な点があるからと足踏みをするよりは、①未公開の柔道史料という価値、②新資料によって今までにない柔道創始者の人となりを新しい眼で分析できるのではないかという学術的意義、③ならびに嘉納治五郎生誕一五〇周年記念事業の特殊的意義という三つを思料したからである。多少冗長になるのを懸念はするが、そこは新資料ということで免じてもらい、日記というきわめて個人に即した窓口から、若き日の嘉納と直接対面し得る意義のほうを評価採択していただければと願う。

講道館柔道の創始者が、いかに緻密で鋭利な視点（＝知性）の持ち主であったことか、如実に知ることになるだろう。以下、渡欧の英文日記から――。

明治二二（一八八九）年九月一四日

二階で一、二時間寝てから朝三時頃起きた。方々の部屋に分散していた新聞の束や色々な家具を整理し、それらを保存しておく場所について指示を与える。それから私が持って行く荷物をトランク一個と（？）に詰める。その後、私に会いに来た友人数人と会う。警視庁の宮内氏が逗子崎に贈る日本刀数振を私に託した。拝謁の為、宮城へ行く時間が来たので外出。宮内大臣、長崎、南間、西島の所による。拝謁と賢所参拝は午前一一頃終わった。その後三〇分程、宮内省で長崎、杉、堤と話す。春の宮にお別れの挨拶を言いに行った。宮様は留守であったので、（？）に伝言を託して帰った。

帰宅して、大倉、箕作、謙作、近藤、岩波に会う。岩波は昨日から家に来ていた。林、飯島が来た。又宮内大臣、宗像がお別れを言いに来てくれ、数分話して帰った。私はその他の人々と一緒に夕食を摂る。シダチも会いに来た（志立鉄次郎か、筆者註）。

二時半に家やその他の者の世話を残された人々に任せ、家を出る。先ず南郷夫妻に会いに行く。南郷夫人は私を新橋に送りに行く為出た後だったので留守だった。三〇分以上姉と話してから、柳夫妻に会いに行く。二人とも在宅だった。二、三分話してから新橋へ行く。発車時刻（午後四時四五分）の約三〇分前に駅に着いた。少し手前で私を待っている群衆が見えた。全部で数百人いる。全員白い服装をしている。これは一団となって集まっていた学習院の生徒達であった。私が彼等に近づいた時、その中から二人、南岩倉と五路が進み出て、次の様に述べた、「我々は先生をお送りしに来ました。旅行中のご健康をお祈り致します」。それに対して私は簡単に答えた。

学習院の生徒の後ろと左に講道館の門人達、家から来た人達が沢山居た。彼等に別れを告げ、停車場に入る。

大きな建物は私の親しい人達で一杯であった。左側に母、叔母、兄弟姉妹、吉村氏、吉田氏、富田夫人、松本夫人等が居た。それらの人達に挨拶する。一・二等待合室へ入る。そこで又大きな部屋の殆どを占める親しい人達に会った。そこでは吉沢を伴った柳氏、私の姉を伴った南郷氏、藤井、林、五条、ハンスクネット、山県、毛利ゲンピン、加藤長松とその息子、大鳥とその息子、服部、桑原、鷹崎、矢田部、岩村、大久保等に会った。

汽車が新橋を出る時間が近づいたので、待合室を出る。汽車まで行く途中、私が汽車まで歩く路だけを残した所に二つの群集を見た。その中には花房、巽、親しい人達多数が居るのを知った。汽車までの場所という場所は全て人で満ちていた。

南郷夫妻、岩波、福下、大倉、西郷、徳三郎、田村、樋口、関場、大島、有馬、三輪、平山、長松、佐藤、実吉、近藤、シダチ、鬼頭、保川、嘉納吾一、住友、丸尾、三根等と横浜へ行く。横浜にはカケタ（?・)、久保田他数人が来ていた。皆で西村に泊まった。数人は帰り、数人は別の宿に泊まった。

今夜は前半、色々な話や事務的なことを話し、後半は小さな部屋に大倉、西郷、岩波、有馬、樋口を呼び、留守中の講道館と塾と費用のことなど相談し、大倉に二月末までの必要な費用全部を手渡した。真砂町のことに関しては謙作氏に頼んだ。

翌朝(ここから先は九月一五日についての記述となる：筆者註)、七時半頃、多くの人達が東京から来た。大久保、左賀根、塾生多数（大田、加藤、三根、小南、野島、虎太郎、次郎、三郎、および幼年部生徒達）等である。

八時頃、皆で横浜の波止場へ行き、半数はランチに乗り込み、八時半、カレドニヤン号に上船。この船で上海まで行き、そこで我々を待っている船でマルセイユまで行くのだ。八時五〇分頃、家族達に別れを言ってからカレドニヤン号に乗り込む。ベルリンまで私と同行する日本人は、湯本氏のほか誰も居ない。

船は横浜を九時丁度に出港し、翌日一〇時半、神戸に着いた（ここから先は九月一六日に関する記述となる：

筆者註)。海は静かで快適な航海であった。神戸では船まで私に会いに来た国府田、治平田、宗像に会い、彼等と一緒に西村ホテルへ行った。それから新井と福三郎の所へ行く。新井、福三郎、宗像と一緒に御影へ行く。先ず治郎右衛門の所へ行き、それから祖先の墓へお参りに行く。それから御影に新しくできた山海楼へ行った。気持ちよい食塩浴をした。治郎右衛門の家と山海楼で御影の親しい面々と会った。先に書いた人々の他、八助、およね、治一とその妻、治郎右衛門の妻と母、常念の年とった隠居、久野氏、高井氏、および伝衛門に会った。八時半頃の汽車で神戸へ行き、一〇時頃国府田へ行った。国府田では北海道に居る敬一さんの他は家族全部に会った。亮三氏が国府田へ私に会いに来た。この日は国府田に泊まった。

翌日（ここから先は九月一七日に関する記述となる：筆者註）、国府田、治平田、サスゾウ（？）を伴い、西村へ行く。そこで宗像、亮三、治郎衛門、治郎助、福太郎が私を待っていた。彼等と私、湯本は八時頃カレドニヤン号に戻った。船は九時に神戸を出て上海に向かった。出発の時に波止場に居た福太郎に別れを告げる。他の人達は時間前に帰った。船は淡路島海峡を通って進み、瀬戸内海を進んだ。景色は私が今まで見たうちで最も美しく、空は晴れ、海は静かだった。私のした旅行のうちで最も気持ちの良い旅行であった。我々は今、一二時、瀬戸内海の真ん中に居る。

以上、九月一四日から一七日までの嘉納の日記である。登場人物の人となり、地名等、検証が必要であるが、ここではその余裕がない（以下も同様）。船はその後下関を通過し、左に隠岐、右に対馬を眺望して進み、九月二〇日上海到着。ここでカレドニヤン号を下り、同じ汽船会社のイラワディ号に乗り換える。上海で二日間過ごし、九月二二日上海出帆。イラワディ号に乗って一路欧州を目指し、一〇月二五日午後九時頃マルセイユ到着。嘉納はついに欧州の地を踏んだ。その間の記述は航行記に終始し、柔道は一度も出てこない。その後を通覧すると、わずかに柔道の文字のみえる箇所がある。しかし、欧州在の日本人の友人同士の間でのことである。

明治二二（一八八九）年一二月二二日（在ブラッセル・ベルギー）

二二日一一時過ぎまで寝ていた。都筑（馨六。東大時代の同期生：筆者註）、河北が来た。河北が、自分は柔道の門人の一人だと言うので直ぐ起き、パン一切れを食べ、お茶をすすって彼と会った。彼と一時間位話し、日本教育会でした柔道に関する講演資料を貸した。彼は帰り、我々（嘉納と都筑：筆者註）は昼食を摂った。その後、パレーロワイヤル近くにある国立絵画館へ行く。四時まで居た。その後、街を散歩し、サンタガルの聖堂、会議場広場、市民広場等を見た。五時半頃帰宅した。夕食後、ベデカーのブラッセルの項を探し、印を付けていた時、都筑が入って来て、松方が会いに来ている、と言った。そこで階段を下り、パーラーで松方に会った。我々は柔道について長く話した。少ししてから二階に上がり、都筑の部屋に行き、一二時まで話した。明日の晩、彼の部屋で柔道の練習をすると約束した。自室で一二時から午前二時頃まで読書した。

明治二二（一八八九）年一二月二三日（在ブラッセル・ベルギー）

松方、河北、田中、都筑が一緒に来た。河北、田中、松方と一緒に松方の家へ行く。そこで布団を何枚か敷いた上で、柔道の技を五、六手教えた。一一時頃、河北に伴われて帰る。日記を書き、読書し、午前二時頃寝る。

次もわずかだが、柔道に言及した日記。

明治二三（一八九〇年）年三月五日（在ベルリン・ドイツ）

田中、日高、アリーネ博士、リービッヒ氏、その他スイス人二人が出席。面白かったのは、私がアリーネに倒されても直ぐ起き上がれたのに、アリーネは起き上がれなかったことである。

三月五日の日記によれば、夕食後の余興で嘉納は柔道を披瀝した模様が読み取れる。アリーネ博士が一体何者であるのかここでは不明だが、投技か抑込技を施した可能性がある。この時、嘉納は既に講道館を創設した後であり、相手の欧州人がいかに大きくても、嘉納が抑え込んだら容易に起き上がることはできまい。話は跳ぶが、この出張を終えて帰朝の道すがら、嘉納は船中でロシア人士官を抑え込んでいる。士官はやはり、起き上がれなかった。

上海を出港後、嘉納を乗せたイラワディ号は一〇月二五日夜、無事、マルセイユ港・フランスに着く。そこからパリへ移動し、約一カ月滞在。一八八九（明治二二）年一一月のことである。

フランスにおける嘉納の行動に柔道はなかったのか。日記には一行たりともみえない。筆者は、最近フランス柔道史を書き上げて学位を取得したミッシェル・ブルース博士（ボルドー大学教授）と話す機会を得たので、そのことを訊ねてみた。今のところ、関連資料はない由。その上、彼の意見は否定的であった。彼と話すほどに、私自身も、若き嘉納が初めて踏んだ欧州という異郷の地で即柔道を披瀝するだろうか、それでなくても当時他流試合に対して慎重だった講道館であったのだし、などと疑問に思うようになってきた。また、嘉納は宮内省御用掛として欧州行きを仰せ付けられた人間である。さすれば、彼の地で柔道をすること自体、問題視されかねない立場にあったといいえ、よし怪我でもした、あるいはさせたなどという事態に陥った場合には、それこそ取り返しのつかない苦境に追い込まれること必至であったはずである。そんなこんなでこの欧州出張においては、柔道を封印したのではあるまいか。その分、親しい日本人留学生の間でのみ、たまに何手かみせ、指導して愉しんだのであろう。

(3) 嘉納の見聞したもの

英文日記には、柔道に関する既述はごく少ないが、旅行記として興味をそそられる箇所は少なからず散見される。例えば一八八九（明治二二）年九月一五日の日本出発から同年一二月まで約三カ月間の旅の見聞印象を、嘉納は、一二月二〇日、箇条書きで次のように纏めている。

(1) 上海で奇妙な支那人の家をみて、所変われば品変わるのたとえどおり、外国というものは何と違った様子をしているものか、日本の友人にみせてやりたいと思った
(2) 支那社会は真に研究したいと願ったほど印象深かった
(3) 香港では、イギリス人がよくもこんな立派に要塞化した港をもったものだと感じた
(4) 質素で生産的な支那人が、なぜイギリス人に負けたのか、社会学的に研究してみたくなった
(5) 広東でみた港や大きな川が商売の手段になり、河川が商品流通に役立っていることを知った
(6) サイゴンでは、フランス人がなぜこんな港しか獲れなかったのかと不思議に思ったこと、また頭に銀の飾りをつけた珍しい僧をみた
(7) シンガポールでは、イギリス人の力を感じた
(8) コロンボでは、インド人の達した物質文明の低さを感じ、アデンでは戦争にも貿易にも設備の行き届いた多くの港を選んでいるイギリス人の偉大さを感じた
(9) マルセイユは街並みも家々も自分の想像したとおりの欧州風であった
(10) リヨンでは、マルセイユと同じく、家々の美しさ、良さ、清潔さを感じた
(11) パリでは、上海や広東と全く違って活気があり、美しく、かつ大きさを感じた。特にコンコルド広場の第一印象がそれだった。展覧会の第一印象は期待したとおり、言葉では言い表せないほどだった。日に日に欧州の

文化文明に対する興味が増し、最後には建築物やその他の物があらゆる点においてよくもこんなに大きく、かつこんなに立派にできるものだと感心しきりであった等々

瑞々しい感性と鋭い好奇心に加えて高い知性を有する東の国から来たエリートの脳髄に、アジア、欧州の地勢と人文が、まるで乾いた砂地に水が染み込むように吸収されていったに違いない。

3　IOC委員就任

一八九四（明治二七）年六月二三日、「パリ国際スポーツ会議」（於パリ大学）はピエール・ド・クーベルタン提唱の「近代オリンピックの復興」と「国際オリンピック委員会（IOC）の設立」を満場一致で決議した。二年後、一八九六（明治二九）年、スポーツ史上特筆すべき第一回近代オリンピック競技会が古代オリンピックゆかりの地アテネのパナシナイコ・スタジアムで開催された。

一九〇九（明治四二）年春、東京高等師範学校長である嘉納に対して駐日仏国大使ジェラールから突然、会見の申し込みがあった。しかしこの申し込みを境に、嘉納の人生にまた一つ国際的彩りが添えられることになるのである。

大使の説明によれば、自分の同窓生であるクーベルタン男爵（Baron Perre de Coubertin　一八六三～一九三七）から自分に対してある件依頼の手紙が届いたとのこと、それによると、クーベルタンが同志と共に新たに国際オリンピック委員会なるものを組織し、その委員会の管理運営下、一八九六年に第一回国際オリンピック競技会を催した。競技種目はトラック＆フィールドおよび水泳をはじめとして多種目にわたっている。以後、四年ごとに同競技

会を開催しているが、将来的に次第に発展していく勢いがある。国際オリンピック委員会は、欧米各国からの委員で構成され、運営されている。しかし、アジアからはまだ一人の委員も参加していない。ついてはここにアジア諸国を代表して、日本にも本事業の趣旨を理解してもらい、適当な人物を探して本委員会に参加するよう促してもらいたい云々、ということであった。

嘉納が選ばれた主たる理由は何であったのだろうか。それは東京高師校長の嘉納は、世に講道館柔道の創始者として知られていたこと、早くから青少年の体育・スポーツに深い関心を寄せ、一八九八（明治三一）年頃から東京高師の生徒に長距離走を奨励実施し、また夏季には館山で水泳を行わせていたこと、すなわち体育・スポーツの先覚者の一人だったこと、加えて豊かな語学力の持ち主だったことなどからであった。

嘉納はその申し込みを吟味の結果受け入れた。その理由は、これを契機に諸外国との交流親善の促進、国内においては各種スポーツを奨励して国民体力の増強と健全な精神の育成を図ろうと目論んだからである。東京高師校長の視点には、国際社会をにらんだ基準があったのである。

一方、ジェラール大使から嘉納承諾の知らせを受けたクーベルタンは、一九〇九年五月、ベルリンで開かれた国際オリンピック委員会総会にこれを諮り、嘉納をアジアから選ばれる最初のＩＯＣ委員として推薦した。翌一九一〇（明治四三）年、国際オリンピック委員会と委員会開催地であるスウェーデンの双方から、第五回オリンピック・ストックホルム大会への参加の勧誘が届けられた。この時、クーベルタンは次のような希望も伝えてきた——オリンピック大会に参加する国は、それぞれスポーツの全国的統轄団体をもっていて、これがそれぞれの国のオリンピック委員会（ＮＯＣ）になっている。ついては日本も早急にこの種の団体を組織されたい——。

ＩＯＣ委員嘉納は、クーベルタンとスウェーデン双方からの勧誘に対し、心密かに参加を決意。しかし、日本を代表する選手の選出母体をどうするのか腐心せざるを得なかった。第一、そのような母体などないし、当時、国民の体育・スポーツ運動はさほど普及していなかったのである。
そこで嘉納はNOCに相当する団体の組織化に乗り出すことになり、一九一一（明治四四）年七月一〇日、「大日本体育協会」の名称で我が国初の体育団体が創立された。会長は嘉納治五郎であった。

4　第五回ストックホルム大会——日本初参加

(1) 初のオリンピック予選

第五回オリンピック競技会が一年後に迫っていた。予選会が必要である。大日本体育協会は最初の事業として、一九一一年一一月一八、一九両日、羽田運動場で予選会を実施した。我が国初のオリンピック予選であった。協会はこれに先立ち、予選会開催の趣意書、選手募集要項、競技規定などを掲載したパンフレット「国際オリンピック大会選手予選会」を作成し、全国に配布した。趣意書だが、その内容は国家の現況に照らし合わせて体育の必要性を説き、国際オリンピック競技大会の概要を紹介し、協会創立の意義を示したものであった。

九一名参加の予選会の日、嘉納は病を押して出席し、自ら審判長となり先頭に立った。大森兵蔵（総務理事）永井道明（総務理事、東京高師体育部主任）安部磯雄（総務理事、早大運動部長）以下、各学校から選出された役員が競技大会の円滑な運営進行のため、額に汗して場内を走り回った。

予選会を無事終了した協会は、五輪参加に関する具体的問題が残されていたので、代表選手の決定は翌一九一二（明治四五）年二月一五日まで延ばされたが、選考の結果、次の役員・選手を決定した。

役員　嘉納治五郎（大日本体育協会長、IOC委員）
監督　大森兵蔵（大日本体育協会総務理事）

選手　三島弥彦（短距離、東大）、金栗四三（マラソン、東京高師）

嘉納は高師の生徒でもある金栗を激励した。

わが国はまだ各方面とも欧米の先進国に遅れ、劣っている。取り分け遅れている部門に体育スポーツがある。オリンピックは欧米諸国参加のもと、すでに二〇年前に開催されている。私は高師の校長として全生徒に放課後一時間の課外運動をやらせ、君も徒歩部員として毎日走っているが、日本の他の大学ではほとんどこんな時間は与えていない。君の準備が十分でなく、万一ストックホルムのマラソンで敗れたとしても、それは君一人の責ではない。何事によらず先覚者たちの苦心は、昔も今も変りはない。その苦心があって、やがては花の咲く未来をもつものだ。日本スポーツ発展の基礎を築くため、選手としてオリンピック大会に出場してくれ。(7)

選手が決定すると、在日スウェーデン代理公使サーリンは三島、金栗両選手を築地精養軒に招待し、午餐会を催してくれた。そこで国際大会における注意事項を教えてくれた。また同席した米国大使館員ジョーンズ、キルエソフ両書記官は、練習方法について助言し、今後の練習の指導もすると約束してくれた。この両書記官はオリンピック大会出場経験者だったのである。

(2) 金栗四三の記

金栗四三は当時のことをこう語っている。

間もなく、オリンピックに行くことになりましたが、先生は、「将来の日本のスポーツの向上発展のために是非とも行ってくれ。私も委員として行く……」と言われました。準備については、「用意が出来たか」とおっしゃって、カフスボタンからカラーに至るまで細かく注意して下さいました。スエーデンに行ってからも大会の前にも、先生は良く練習場にお出下さって、「少人数でもかまわない、最後まで頑張れ……」と激励して下さいました。(8)

大森（アニコ夫人（米国人）同伴）、三島、金栗の四名が先発し、嘉納は六月六日、米国経由でストックホルムに向かった。三島、金栗らはいかに戦ったのであろうか。

マラソン、短距離の私たちの大切な練習はストックホルム到着後、数日の休養をしてから毎日続行した。私たちは午後になると宿舎から歩いて練習場に行き、三島選手はトラックでスタートや百メートルの練習。コーチもいないから私が代理をやった。この時、仲間の多いことやコーチの必要を痛感した。私は三島選手のこの手伝いをしてから、マラソンコースを一人で練習した。はじめのうちは気温も低く、外人選手も少く、楽な気分で走っていたが、六月下旬から暑くなり、外人選手も多くなると、これら外人選手と一緒の練習による緊張と疲れで、誰か鞭撻《べんたつ》してくれる人がほしいと思った。マラソンの練習は、コースが田舎道で車も少なく、沿道は樹木多く走るには良い条件が備わっ

ストックホルム大会での入場行進（講道館所蔵）

ていたが、舗装道路の硬さにはまいった。日本のタビは早く底が破れ、電報で日本から送ってもらった。また道路が硬いため、膝筋肉を痛め、練習に支障をきたして、これが大会のマラソン競走に影響することとなった（中略）。マラソンは陸上最終日（七月一四日）、炎天下に五十余名で行われた。スタートで私は中位、私より小柄な外人も多くいて見劣りは感じなかった。スタートして外人は短距離を走るように走り、私は最後となり、実に面くらった。いわゆる調子が始めから乱された。当日の炎天高温のため、日射病で約半数は落伍し、私もその一人となった。私たちは選手も監督も遠征費は自己支弁した。政府も無関心であったし、創立早々の体協にはもちろん資金はなかった。なお大会場での公式招待には、役員、選手とも燕尾服、シルクハットを使用した。(9)

三島弥彦は開会式の行われた七月六日、一〇〇m予選第一六組に出場したが五位で失格。一〇日の二〇〇mも予選で失格した。最後の種目四〇〇mでは予選第四組に出場し、二名の二着ながら準決勝出場の資格を得たが、棄権した。金栗四三はマラソンに出場し、途中激しい腹痛に見舞われ、「私も廿五哩のマラソンで十八哩ばかり走って落伍してしまった（棄権）」のである。嘉納の慰め励ましを金栗が記す。

「お前達二人が両種目とも敗れたからといって、日本人の体力が弱い訳ではない。将来がまだある故、しっかりやれ…」と言って笑いながら元気づけて下さいました。私達はこのお言葉にほんとうに感激して、「又やるぞ」という気になりました。(10)

嘉納は次のように記している。

ストックホルムでは金栗君の評判は大変であった。世界記録を破ったことがアメリカの新聞に掲載され、又欧州でも評判であった。だが一人で黙々として練習してゐた。三島君も一人でトラックへ行って練習しているのだが、アメリカやその他の国の選手が多勢の応援に囲まれて、コーチが一々ついて練習してゐるのと比べると、気の毒でならなかった。

それにストックホルムは夜遅くまで明るいので、みんなの調子が違ったやうだし、宿は夜中まで車の音がガタガタして却々に眠られない。食物も違ふ。話をする人も少ない。それでゐて責任だけは重く感じるから、平常とまるで違ってくる。三島君は四百米の第一予選を突破した位で、後は皆な敗けた。もう少しなんとかなると思ってゐたのだが、かうして外国の選手と比べると、三島君ですら見劣りすることを痛切に感じた。(11)

スポーツ後進国の水準にあった当時の我が国の状況が痛いほどわかる。嘉納は金栗に期待した。

それでも欲目と云ふものは、金栗君だけは勝つだろうと考えていた。いよいよマラソンの日になって、四、五十人の選手が一斉にスタートを切った。予定の時刻になって選手が続々と決勝点へ帰ってくるが金栗君の姿は見えない。傍にゐた内田瑞典公使は「金栗はどうしたのか」と聞くが、私にも答え様がない。

そこでひょっと宿へ帰ったものではあるまいかと思って、ホテルへ帰って見ると金栗君がゐる。「どうしたのか」と訊ねると、「申訳ないがレースの途中で心臓が破裂しさうになって倒れてしまった」と云った。私がいろいろ慰めてやるより他にはなかった。敗けた口惜しさなどと云うものは微塵も考えなかった。

選手を派遣するには、もっと体力を鍛へねばならぬ。もっと多勢選手を送らねばいけない。それも之れも国力を充実させることだ。なんとかして、それへ到達せねばならないと感じた。

又その大会の折にクウベルタン会長にも会っていろいろ話したが、クウベルタン男爵はオリンピックは教育の理想を示すものだと云う風に云はれた。そして今後、日本が東洋の盟主となってオリンピック・ムーブメントに尽力して欲しいとくれぐれも云はれた。私はクウベルタン男爵から頼まれるまでもなく、オリンピック競技を始めて見て、痛く打たれた。各国選手の体格の良いこと、規律正しいこと、礼儀に厚いこと、然も何れも熱烈な祖国愛を持ってゐるのでこれは素晴らしいと考えた。(12)

オリンピックの本質と人間の在るべき姿がみて取れるようである。すなわちクーベルタンによれば、オリンピックとは教育の理想を示すものであるということ、嘉納によれば、人間の在るべき姿とは体格の良いこと、規律正しいこと、礼儀に厚いこと、そして熱い祖国愛を抱いていることというように。人の在り方、存在の仕方についてみつめる方向性に東西の相違はなく、万古不易にして共通であるということを示唆する挿話であるといえよう。嘉納治五郎はこれを具体的に、「精力最善活用」「自他融和共栄」と表現し、生涯主唱し続けた。

【註】

(1) 以上は、東憲一「熊本における嘉納治五郎とラフカディオ・ハーン」『東京外国語大学論集』五一号、一九九五年、一八七～二〇二頁を参考にしてまとめた。
(2) 嘉納治五郎講述／落合寅平筆録「教育家としての嘉納治五郎(六)」『作興』八巻八号、一九二九年。
(3) 同右、二五～二六頁。
(4) 嘉納虎太郎抄訳、『國士』五号、一八九九年、二五～二六頁。
(5) 同右、二七～二八頁。
(6) 同右、二八～二九頁。

（7）嘉納先生伝記編纂会『嘉納治五郎』講道館、六〇〇～六〇一頁。
（8）同右、六五八～六五九頁。
（9）日本体育協会『日本体育協会七十五年史』日本体育協会、一九八六年、二四八頁。
（10）前掲註（7）六五九頁。
（11）嘉納治五郎「わがオリンピック秘録」『改造』二〇巻七号、一九三八年。
（12）同右。

第二節　ヨーロッパにおける柔道普及と「柔道世界連盟」構想

1　イギリス・「武道会（Budokwai）」への影響

我は多く他国に学び、我より彼らに教うるものがなければはなはだ肩身狭いのみならず、ついに軽侮を受くることをも免れ難いのである。それでは、我は彼らに何を教え得るかというに、柔道を措いてほかに何があろうか。(1)

(1)「武道会（Budokwai）」の設立

嘉納治五郎は、一八八九（明治二二）年九月から一年半弱、初めて渡欧する。途中、満二九歳の誕生日を迎えたばかりの嘉納は、フランス・パリで、万国博覧会のシンボルとして完成したエッフェル塔をみたはずである。そしておそらく、ヨーロッパの文明力に圧倒されたに違いない。以来、欧米スポーツに比肩しうる「柔道」を創り上げたいという思いは、より一層強まったのではないか。ただし、嘉納の目指すところは欧米スポーツを打ち負かすことではなく、洋の東西の文化的特性を活かし合いながら共に発展向上していくことであり、それが後に、「柔道世界連盟」の構想へとつながっていくことになる。本節では、イギリスから発する嘉納の柔道普及の足跡をたどりながら、その活躍をみてみたい。

ウィーンにおける模範演技（講道館所蔵）

一九一八（大正七）年一月、イギリスのロンドンに、日本人の小泉軍治と谷幸雄《ゆきお》が中心となって「武道会(Budokwai)」（当初は「ロンドン武道館」と呼称）が立ち上げられた。武道会は、商社関係者など当時在英していた日本人と、日本文化に興味をもつ英国人を対象として、柔術や剣術の稽古をはじめ茶道・華道・仏教等の講座を催す、いわばカルチャースクールであった。その武道会に、国際オリンピック委員会（以下、ＩＯＣ）の委員であった嘉納が、第七回オリンピック・アントワープ大会に向かう途中で初めて訪問する。一九二〇（大正九）年七月一五日のことであった。だが、単なる訪問ではなく、当初から柔道の伝達・指導を目的としていた。現地での長期滞在を予定した、若き講道館の猛者・会田彦一《ひこいち》を伴っていたのである。嘉納は多分、この武道会をイギリス柔道、ひいてはヨーロッパ柔道の拠点とするねらいをもっていた。谷や小泉など、会の中心メンバーが日本人であることも強みであったろう。特に小泉はその後、まるで嘉納の代理人のようにヨーロッパ中の柔道に影響を与える存在となり、最終的に七段という高段位を得ている。

では、谷と小泉について触れておこう。

谷幸雄（一八八一～一九五〇）は、東京の出身で子どもの頃から父親に天神真楊流《てんじんしんようりゅう》柔術[2]を習い、同じく日本で柔術を習った経験をもつ英国人のバートン・ライト（E. W. Barton Wright）に呼ばれて一八九九（明治三二）年、一九歳で渡英する。その後、彼は、ミュージック・ホールなどで現地のレスラーやボクサーらと異種格闘技戦を繰り広げ、いわばプロ格闘家として生計を立てる。そして、「リトル・タニ」とよばれる小さな身

ベルリンで警察官を指導する
嘉納治五郎（講道館所蔵）

体で大きな外国人を次々とギブアップさせるため、柔術の存在をイギリス中に広めることとなった。ちなみにこの類の武勇伝では、南米に柔術を広めた講道館出身の前田光世が有名である。谷や前田以外にも、明治後期からいく人もの柔術家（柔道家も含む）が海外に飛び出して「柔術（Ju-jutsu）」の名を知らしめており、江戸期に体系づけられた日本柔術が優れた格闘技であったことを証明していった。そして谷は、武道会が後日（一九三三年）、彼の写真を館内に永久に掲げておくと決議するほどの英雄であったのである。

一方、後に「イギリス柔道界の父」とよばれる小泉軍治（一八八五～一九六五）も、若い頃に柔術（天神真楊流その他）を習い、一九〇五（明治三八）年に渡英してから一時アメリカに渡ったが、一九一〇（明治四三）年に再びイギリスに戻って死去するまでロンドンに滞在した。小泉は谷と違い、格闘技の興行を行ったりはせずに、骨董品の商いなどで生計を立てながら、武道会がスタートしてからは献身的にその運営に関わった。

(2) 嘉納の柔道観の浸透

さて、このように若い頃に日本を飛び出し、もともと講道館出身ではなかった谷と小泉が、なぜ嘉納の柔道を受け容れてその普及に尽くすようになったのだろうか。嘉納の人間的魅力によるところはもちろん大であったろうが、それだけではないはずである。

技術の面から考えてみると、まず、彼らの修めた天神真楊流柔術は、嘉納自身も修めた流派であり（よく知られているように、嘉納は東京大学入学後、まず天神真楊流、その後起倒流《きとうりゅう》を習った）、柔道の基礎となった流派であるという点をあげることができる。嘉納だけでなく、例えば講道館の草創期を支えた西郷四郎（小説・姿三四郎のモデル）や横山作次郎ももともと天神真楊流を修行していた。嘉納は当流と柔道の関係について、「今日予ガ講ズル所ノ講道館柔道モ、ソノ一部は實《じつ》ニコノ（天神真楊流、筆者註）奥義ヲ鷹《おう》用シタルモノニシテ」(3)と述べており、実際に当流から柔道へ転用された技は多かったとみられる。また、嘉納は武道会への初訪問時に、谷・小泉の両名に柔道二段を授与している。このように、嘉納が即座に彼らの技量を評価できたのも、同じ流派の出であったことと無関係ではないように思われる。つまり嘉納は、彼らの柔術の技量を積極的に評価しつつ、柔道へと導いていったのである。

また、嘉納の送り込んだ、会田彦一が武道会に与えた影響も大きかった。東京高等師範学校柔道部および講道館で鍛えた会田の技術と指導力が優れていたことは疑いない。武道会にとって初めての正式な柔道指導者であった会田は、例えば武道会のメンバーで後に会長となるハリソン（E. J. Harrison）によっても、「会田氏は柔道の知識と技術を海外に広めることに最も成功した指導者の一人である」(4)と讃えられている。仮に、技術面で少しでも劣っていたならば、武道会は会田を認めていなかったであろう。現地で外国人格闘家と戦い抜いてきた谷らの目をごまかすことはできなかったと考えられるからである。

武道会だけでなく、オックスフォードやケンブリッジ大学でも指導した会田は、しかし、二年半ほどのイギリス滞在の後、ドイツ、フランスへと移っていく。

また、精神面からみれば、嘉納が説く道徳的な柔道思想に惹きつけられたということもあったろう。その思想を煎じ詰めていえば、「精力善用」「自他共栄」である。嘉納は、柔道思想をそれら八文字に昇華し、自己と他者が融和協調して共に向上する（自他共栄の）ために、生活諸般に及んで心身の力を最も有効に使用（精力善用）すべし、と説いたのである。例えば小泉は後日、嘉納および講道館がもたらした「最小の力の使用で最大の効果を得るという原理」や「身体と精神および倫理的な鍛錬方法」による、「教育としての体系」に共鳴したと自著のなかで述べている。(5)

だが、このような柔道が有する技術や精神という価値だけで、谷や小泉が直ちに嘉納に心酔していったと考えるのは十分ではなく、次に述べるような外在的な要因があったと思われる。

まず、武道会が嘉納との接触を図った直接的な理由は、講道館から柔道指導者を派遣してもらうことにあった。その要請は、武道会の議事録によれば、日本の講道館で修行した経験のあるイギリス人・スティアーズ（W. E. Steers）を通してなされていた。(6) 武道会は、権威を保ちつつ経営を安定させるために、日本から良い指導者を招聘する必要があると判断したのであろう。（柔術ではなく）柔道の指導者が望まれた理由には、例えば武術の総合団体であった大日本武徳会に象徴されるように、柔道がすでに柔術部門の代表格になっていたという、日本の状況が知られていたことがあろう。そして、さらに重要なのは、嘉納がＩＯＣ委員であることが知られていた点にあったと思われる。つまり、柔道の代表者が国際派日本人であるという点が、評価を高めていたのである。

（3）新渡戸稲造「武士道」の影響

この点に関して、武道会の議事録に興味深い記事が見出される。武道会には、また別の国際派日本人、新渡戸《にと》戸稲造《べいなぞう》（一八六二～一九三三）が招かれていた。新渡戸は、アメリカ留学中に『武士道（Bushido–The Soul of Japan）』を著し、それが世界中で翻訳されて有名になった人物である。議事録によれば、新渡戸は一九一九（大正八）年の一〇月一一日、つまり嘉納が訪問する九カ月ほど前に、武道会において「日本の忠義（loyalty）」というテーマで講義を行っており、教室には人が溢れ、大変盛況であったと記録されている。そして、新渡戸と嘉納は知り合いで、「ナショナリズムとインターナショナリズム」の双方のバランスの良さという点で、二人には共通性がある。[7]新渡戸から、直接か間接かは不明ながら、武道会について何らかの情報がもたらされていたのではないか。そしてその情報が、嘉納の武道会への接近をより積極的なものとしたとも想像される。

また、新渡戸と嘉納をより強く結びつける人物に、杉村陽太郎（一八八四〜一九三九）がいる。杉村は、嘉納塾の出身で東京帝国大学卒業後、エリート外交官として活躍した人物である。一九二〇（大正九）年に国際連盟が組織され、新渡戸がその事務局次長に就任したが、杉村は一九二七（昭和二）年、その後を継いで事務局次長になっている。その時、新渡戸は「杉村君は真にもののあわれを知る日本人である」[8]といって喜んだということである。また、杉村は一九三三（昭和八）年、嘉納の推挙により日本人で三人目のＩＯＣ委員にもなっている（一九三六年まで）。杉村は柔道の腕前も優れており（後に七段）、特に大使を務めたフランスではいくどか柔道のデモンストレーションを行っている。ちなみに、先にみた会田彦一は、イギリスを経た後のフランス滞在中に、やはり杉村と接触してその世話になっている。[9]

このようにみてくれば、ヨーロッパにおける柔道の普及には、嘉納がもつ優れた人的ネットワークが少なからず機能していたことがわかる。これまで、柔道の普及について考える際の視線は、優れた技術をもつ実践者のレベルに固定されがちであったように思われる。もちろん、現地において「素晴らしい」と賞賛される技術がなければ、普及は望めないであろう。しかし、嘉納のネットワークにおける大物の知識人や政治家、あるいは財界人といったレベルの人々の関与も見過ごしてはならないのである。

話を戻すが、嘉納は谷と小泉の両者を立てながらイギリス柔道の発展を期していく。例えば、一九二八（昭和三）年の二度目の訪問時に、嘉納は次のように述べている。「倫敦滞在中、小泉、谷の両三段が中心となり柔道を指導する武道会の道場に数回出席したが、嘗つて八年前に此地を訪れたときから見ると、柔道修行者の数も著しく増加し、其他凡てに於て一段の進境を認めることが出来た」[10]。また、三度目の訪問となる一九三三（昭和八）年には、嘉納に随行した小谷澄之（東京高等師範柔道部出身、後に一〇段）が、「ロンドンには小泉、谷両先輩のように、英国婦人と結婚されて長年この地で柔道の指導をされていた関係で、正しい柔道が普及していた」[11]と述べている。

このように、谷と小泉は嘉納の期待に応えるべく柔道普及に貢献していった。さらに嘉納は、一九三三年八月二六日、武道会の役員・メンバーとのミーティングで、武道会が講道館の支部（有段者会）となるよう、提案している。議事録によれば、イギリス人が大半を占めるそのミーティングは、「嘉納氏への多大な謝辞で閉会した」と記されており、武道会に対する嘉納の影響が大なるものであったことがわかる。そして、一九三四（昭和九）年にはいよいよ武道会を講道館の支部とする了解をとりつけたのであった。

2 「柔道世界連盟」構想

(1) ドイツ柔道への貢献

次にドイツにおける柔道と嘉納の関係についてみておく。というのは、嘉納自らが戦前のヨーロッパ柔道について、「数からいえばドイツが第一、質からいえば英国が第一」[12]と評しているように、この二国が重要だからである。さらに、イギリスとドイツは一九二九年頃から柔道による交流を行っており、嘉納はそのようなヨーロッパ全体の盛り上がりをみて、「柔道世界連盟」を構想する。けれども、以下で述べるように、第二次世界大戦へと向かうなか、ヨーロッパにおける国際関係の悪化が嘉納の希望をはばんでいくことになる。

一九二八（昭和三）年、ドイツを訪れた嘉納は、ベルリンで「柔道」についての講演を行う。イギリスの武道会訪問に遅れること八年であった。それまでドイツでは、正体不明の柔術が大流行していたようである。ドイツでは、

サマースクール（『KRAFT SPORT』誌、1932年8月）

先にみた会田彦一が、一九二三（大正一二）年にイギリスからドイツに渡って一年間ほど警察を中心に柔道を教えている。また、会田の後輩になる東京高等師範柔道部出身の工藤一三《かずぞう》（後に九段）が、一九二六年から二八年末までドイツに留学し、柔道普及にも当たった。しかし、柔術クラブが各地に点在していたこともあり、国内に広く「柔道」を認識させるには至らなかったようである。だが、嘉納は一九二八年のベルリン滞在時に、グラセナップ（W. Glasenapp）というドイツ柔術の代表者と知り合う。グラセナップは嘉納に、「柔道をドイツのナショナル・スポーツにしたいから、適当な指導をしてくれ」と頼み、さらに欧州としての連盟をつくりたいと希望した、[13]ということである。

そして、一九二九年に入り、イギリスの武道会とフランクフルトやベルリンあたりの柔道チームが交流して試合を行うなど、ドイツにも着実に「柔道」が浸透していく。この交流に、イギリス側で中心的に尽力したのはやはり小泉軍治であった。嘉納が小泉に、ドイツとの交流を図るように促したのではないか、とも想像される。写真は、一九三二（昭和七）年八月、フランクフルトで開催された国際的な柔道サマースクールでの、日本人指導者たちである。向かって右から、小泉、谷、石黒敬七（早稲田大学柔道部出身で後に八段、講道館派遣によりフランス・パリを中心に各国で指導した）、北畠教真（当時ドイツに留学中、四段）。また、一九三二年一一月末に訪英したドイツの柔道チームが、オックスフォードとケンブリッジ大学、および武道会の各チームに勝利し、武道会の議事録には、「ドイツ式柔道がめざましく向上したことがわかった」と記されている。

そして、一九三三（昭和八）年七月、嘉納はウイーンでのＩＯＣ会議後に立ち寄ったベルリンで、ドイツの総統、ヒトラーに面会している（なお、ヒトラー内閣が誕生したのは同年一月）。後日、「私は別にヒットラーに会う気持はなかったのでありますが、何でもかでも会えというので」[14]と嘉納は述べて、ヒトラーとの面会に積極的ではなかったというニュアンスを残している。ヒトラーはボクシングや柔術／柔道が好きだったといわれているが、嘉納とどのような会話が交わされたのか、興味のもたれるところである。実はその時、嘉納は先にみた小谷澄之と鷹崎正見（後に九段）を伴っていた。鷹崎の記録によれば、「ヒットラー首相と会見して、日本の教育の状況、国民教育、日支の異なる点等、同氏との間に種々の質問応答が行はれた」[15]という。また、小谷によれば、ヒトラーとの会話内容には触れていないが、その場は「宴」（つまり、多数の出席者がいた）であり、ドイツの高官が「たびたび（嘉納）先生の所に来て敬意を表していた」ということである[16]。

そしてドイツは、この会見の直後あたりから、スポーツ省の類における「激しい競技部門（Schwerathletik）」のなかに「Judo」を採り入れ、国家的レベルで柔道種目を強化する体制をとるようになる。さらに、三年後の一九三六年に開かれる第一一回オリンピック・ベルリン大会に、柔道競技の導入を望んでいた可能性がある。というのは、その後（一九三四年）のイギリス・武道会側の史料に、「ドイツは柔道が次回オリンピックの競技種目に加えられるよう、努力しはじめたようだ」[17]という記述もみられるからである。

(2) イギリス側の警戒

一方、このように嘉納が直々にドイツ政権の中枢部と接触し、ドイツ柔道が盛行となっていくことに対して、イギリス側は警戒を強めることになる。武道会の議事録によれば、一九三三（昭和八）年の一二月に、小泉が武道会の役員を辞任している。原因は、ドイツとの交流を進めていた小泉が、武道会のなかにいたユダヤ系の人たちによって否定されたことにあるようである。周知のように、ヒトラー政権はゲルマン民族の優越と反ユダヤ主義により、ユダヤ人弾圧を強めていた。この時点からしばらくの間、武道会における小泉の立場はステップ・バックし、結果的に武道会は嘉納から距離を置きはじめる。一九三四年一二月には、ドイツが、柔道の世界連盟（World Unions of Judo）は嘉納を会長としてすでに結成されたと公言していることについて、および、先にみたグラセナップが、自分が欧州連盟（European Unions of Judo）の会長であるといっていることなどについて、武道会は嘉納に真為を問い質している。しかし、それに対する嘉納の反応が鈍かったため、一九三五（昭和一〇）年六月にはついに、「一九三三年と一九三四年の訪問の際の約束や話し合いは無効にする」ことが決議されている。つまり、武道会が講道館支部になるという決め事は、白紙に戻されたのである。

嘉納の反応が鈍かった理由の一つには、当時の嘉納は多忙を極めており、イギリス柔道界の問題にまで手が回らなかった、ということがあげられよう。一九三〇年代に入ってからの嘉納は、柔道の世界連盟の結成という課題と同時に、ＩＯＣ委員としての大きな課題を抱えていた。一九三一（昭和六）年以降、実現すれば一九四〇（昭和一五）年にアジア初の開催となる第一二回オリンピック・東京大会の議が起こり、それに向けて尽力しなければならない情況だったのである。加えて、一九三四（昭和九）年頃からは、さすがに寄る年波のせいか、体調も万全ではなかったようである。そしてそれらにも増し、当時の国際情勢からみて、（柔道に関する問題とはいえ）日本人という立場でイギリス人とドイツ人の間に入って彼らの関係を修復・改善することにはあまりにも難があったのではないか。一九三三（昭和八）年、日本とドイツは共に国際連盟を脱退し、またその後の「日独防共協定」（一九三六年一一月）に示されるように、両国間の結びつきはいよいよ強まっていたのである。

さすがの嘉納も、このような大きな渦に飲み込まれていった、と言えようか。

(3) 嘉納の平和思想に支えられた「柔道世界連盟」構想

しかし、ベルリン・オリンピックが開催された一九三六(昭和一一)年に、嘉納と小泉との間で交わされた「会話」として、武道会の史料に一つの文書が残されている。「Judo and The Olympic Games」と題するもので、以下に重要な箇所を抄訳する。

(嘉納は)現時点では、柔道がオリンピック・ゲームズに加わることについては消極的である。(中略)柔道は単なるスポーツやゲームではなく、人生哲学であり、芸術であり、科学である。それは個人と文化を高めるための方法である。オリンピック・ゲームズはかなり強いナショナリズムに傾いており、〝競技柔道(Contest Judo)〟を発展させることはその影響を受ける。柔道は芸術・科学として、いかなる外部からの影響――政治的、国家的、人種的、財政的など――にも拘束されない。すべてが終局の目的である〝人類の利益(Benefit of Humanity)〟へ向かうべきものである。[18]

この内容から、嘉納が当時のオリンピック・スポーツを取り巻く状況を冷静に眺め、自分が創った「柔道」については理想を貫こうとしていたことがうかがえる。つまり、ナチ・オリンピックとよばれるベルリン大会のように、オリンピックが政治ナショナリズムによって支配され国威発揚の手段と化していくのであれば、そこに柔道が巻き込まれることは避けたい、柔道は日本文化として独自のものでありたい、嘉納はそう願っていたとみられる。

柔道が精力善用を教うる以外において、軍国主義や国家主義を教うるものと信ずるのも不合理である。もしも精力善用が根本において軍備を意味するものと論ずる詭弁家があるならば、彼こそ戦争屋か主戦論者であろう。

柔道は平和的技術であって、そのしからざるもののごとく装うものあらば、それは悪意を懐くものであって真に世界の平和を害《そこな》うものであると。(19)

柔道の精神は、世界平和を理想とする国際精神に最もよく合致するので、柔道世界連盟が出来たら、日本を盟主とする本当の国際連盟が出来るわけだ。(20)

これらの言からもわかるように、「柔道世界連盟」構想は、嘉納の平和思想によって支えられていた。だが、国際情勢は平和とは逆方向へ向かい、結局のところ、嘉納の存命中に世界連盟は成らなかった。

今日の「国際柔道連盟（International Judo Federation：IJF）」は、嘉納没後から一三年を経た一九五一（昭和二六）年、大戦の傷跡が癒え始めたヨーロッパにおいて立ち上げられたものである（日本は翌年に参加）。嘉納の「柔道世界連盟」構想が、大戦を乗り越えてようやく実を結んだ、といえようか。そして現在では、ＩＪＦは世界で二〇〇に及ぶ国・地域が参加する、まさにグローバルなJudoの統括組織となっている。

一方、戦後の日本でも、「柔道世界連盟」構想に表象される嘉納の平和思想が功を奏することになる。周知のように、戦後直ちに日本は連合国軍総司令部（ＧＨＱ）の支配下に置かれ、柔道を含む学校での武道は「軍事技術（military arts）」とみなされて全面的に禁止された。さらに、戦時中では軍部の統制下にあって各種の武道を統轄していた大日本武徳会も一九四六（昭和二一）年、戦争への加担責任を問われて解散を余儀なくされている。だが、講道館はその武徳会の包摂団体であったにもかかわらず禁圧されることなく生き延び、文部省関係の努力もあって、一九五〇（昭和二五）年には学校における柔道の復活が許可されることとなる。そのように柔道が救われた大きな要因には、柔道界および文部省が嘉納の有していた「柔道平和思想」を前面に出して訴えたことがあり、ＧＨＱはおそらく、嘉納の「柔道世界連盟」構想についても、それがどのようなものであったのかを知っていたと考えられる。

時の情勢へ単純に迎合することなく、理想と信念を貫くことが文化の創造、維持、発展にいかに大切であるか、嘉納は示してくれていた、と言えるであろう。

【註】

（1）嘉納治五郎「講道館の抱負とその実現の方法」『作興』八巻一号、一九二九年。

（2）これまで多くの文献が、谷が不遷流柔術の出であるという説を採用しているが、管見の限りその根拠を確認できない。谷が天神真楊流柔術の出であることについては、谷と長らく共に過ごし、自らも天神真楊流を修めた小泉の言を信用しておく。小泉軍治「英国柔道界の実態」日本柔道新聞社、『柔道新聞』一九五五年三月一日付二面を参照。

（3）吉田千春・磯又右衛門（五世）が著した『天神眞楊流柔術極意教授圖解』（一八九三年）に寄せた嘉納の序文。渡辺一郎編『史料明治武道史』新人物往来社、一九七一年、一二七頁所収。

（4）H. Aida（by E.J. Harrison translated and edited）『Kodokan Judo』W. Foulsham and Co.Ltd., London, p.5（出版年不詳）

（5）G. Koizumi『My Study of Judo』W. Foulsham and CO.LTD, London, 1960, p.18.

（6）スティアーズ（W.E.Steers）は、一九一一（明治四四）年から講道館で柔道を学んでおり、当然、嘉納とも面識があった。Richard Bowen（Vice-President of Budokwai:1999）Budokwai ホームページ（http://www.budokwai.org/history.htm, 情報取得日：2011年3月16日）嘉納の武道会への初訪問時に、スティアーズは小泉と共にWaterloo駅まで出迎えている。

（7）永木耕介『嘉納柔道思想の継承と変容』風間書房、二〇〇八年、一二八～一二九頁。

（8）杉村陽一編『杉村陽太郎の追憶』（非売品）一九四〇年、五七頁。

（9）例えば、会田はフランス滞在中の一九二四年、パリで開催された第八回オリンピック大会のレスリング種目で日本人初の銅メダルを獲った内藤克俊選手のコーチ兼マネージャー役を務めたが、この時、杉村から支援を受けている（大日本体育協会編『第八回国際オリンピック競技大会報告書：巴里／一九二四』体育研究社、一九二五年、九一頁）。なお、内藤選手はもともと柔道二段であった。

（10）嘉納治五郎／落合寅平筆録「柔道家としての嘉納治五郎（二〇）」『作興』七巻一二号、一九二八年。

（11）小谷澄之『柔道一路―海外普及につくした五十年―』ベースボール・マガジン社、一九八四年、三九頁。
（12）嘉納治五郎・エイ・エフ・タマス、T・U生訳「嘉納師範に柔道を聴く（二）」『柔道』五巻八号、一九三四年。
（13）嘉納治五郎「天覧武道大会について」『作興』八巻六号、一九二九年。
（14）嘉納治五郎「世界の優秀国民間の競争において日本人が勝ち得る唯一の方法」茗渓会館における歓迎会席上の講演録、一九三三年、講道館監修『嘉納治五郎大系』九巻、本の友社、一九八八年、三二六頁。
（15）鷹崎正見「嘉納会長随伴録」『柔道』四巻九号、一九三三年。
（16）前掲註（11）、三八頁。
（17）武道会秘書のH.A.Trickerから嘉納宛の書簡『Bowen Collection: C-65』一九三四年一二月一六日付。
（18）ここで取り上げた文書は、一九四七年四月に小泉が武道会の会誌に発表したものであり、前掲の『Bowen Collection: C-563』に収められている。嘉納が柔道のオリンピック参加に消極的であったという点については、日本国内でもいくつかの証拠が残されている。例えば、前掲、永木耕介、二〇〇八年、一三八～一三九頁を参照。
（19）前掲註（12）、四頁。
（20）「柔道世界連盟組成への機運進展―八月一四日付東京日日新聞・ロンドン支局特電」『柔道』四巻九号、一九三三年。

第三節　オリンピックの東京への招致

1　オリンピック・ムーブメント参入の理由

(1)　体育による青少年教育の推進

日本がオリンピック・ムーブメントに関わるようになったのは、嘉納治五郎が、一九〇九（明治四二）年にIOC委員に日本人として初めて就任してからである。嘉納がオリンピック・ムーブメントに参入した理由として、⑴体育による青少年教育の推進、⑵スポーツに内在する友好理念への理解、⑶国民体育の推進の三つがあげられる。まず体育による青少年教育の推進から述べる。

嘉納は青少年に柔道や体育（長距離走、水泳実習など）を行わせることは、身体を強くさせるのみならず、正義、公正、驕らないことなど、精神的、道徳的に自他ともに向上させることができると考えていた。さらに体育を続けることで、心身ともにいつまでも若々しく活動しながら、生涯を幸福に生きることができる、とした。嘉納は柔道を通して、また高等師範学校の校長として、青少年に長距離走や水泳実習、運動会などを企画し、青少年教育に体育を活用した。そこでは若者が興味をもつように、競技会などの競争形式を取り入れて行っていたが、競争形式で行われる西洋スポーツを導入することで、青少年が体育への関心を高めるきっかけになると考えていた。高等師範学校では、課外での運動部活動への参加が促され、西洋スポーツとしては、ローンテニス部、フットボール部、ベースボール部、自転車部、ボート部、卓球部、ラクビー部などが設立された。このような背景のもと、嘉納は、青少年が体育に関心をもつきっかけになる、としてオリンピック・ムーブメントへの参加を決めた。

(2) スポーツに内在する友好理念への理解

次に、嘉納は、オリンピックを受け入れた理由として、「古代オリンピックがギリシャ民族の精神性を築いたように、世界各国民の思想感情を融和し、世界の文明と平和を助くる」「勝敗を超越して、相互に交流を深めて、相互の親善関係を深める」[1]などと述べている。若者同士がスポーツにより身体と人格が磨かれ、それがお互いの良好な関係を生み出すことは、自身の実践を通してすでに確信していた。その具体的な例は中国からの留学生の受け入れと、彼らに対し、柔道を含めた体育・スポーツを施したことである。嘉納は一八九六（明治二九）年から一九二〇（大正九）年まで、東京高師校長をやめるまで約八〇〇〇名もの留学生を受け入れて日本語や中等教育全般にわたって教育した。

さらにそこにスポーツ的な要素を組み入れ、運動会を春・秋の年二回開催し、運動部（庭球、弓術、遠足）も設置した。柔道にも力を入れ、一九〇三（明治三六）年よりは弘文学院を講道館牛込分場に認定した。留学生は、後に東京高等師範学校に進学した者も多い。後に文豪となる魯迅も入門した。彼らはそこでも蹴球部などの運動部に所属して、日本人の他校のチームと試合を行っている。そして日本人学生も彼ら留学生にエールを贈っている。つまりスポーツを介した青少年の交流による相互の発展については、嘉納はすでに実践済みであった。オリンピックの理

東京高師でのバレーボール（1931 年頃）

念と嘉納の実践知は一致していたのである。

(3) 国民体育の推進

最後に、嘉納は、国民一人ひとりが体育を行うこと、つまり国民体育の振興を目指していた。嘉納の考える国民体育とは、国民一人ひとりが強健な身体と健康を保って労働に従事しながら生きていくための体育で、器用さに関係なく誰でもできる、費用がかからない、設備がいらない、男女年齢の区別なくできる、という観点から、柔道、歩行・駆けること（遠足や長距離走）と游泳の実施を提唱した。したがって嘉納は、IOCの要請にそのまま応じて日本オリンピック委員会をつくるのではなく、大日本体育協会を設置した。これは、国民体育の発展という考えを強くもっていたからである。選手の派遣と国民体育の振興をあわせもった協会を設置した。あくまでも国民レベルでの体育・スポーツを奨励し、普及させるというねらいをもって、オリンピック・ムーブメントに参加しようとしたのであった。ただし、優秀な選手を輩出することも重要であると嘉納は考えていた。ドイツなどの例をあげて、国民全体の体育奨励のためには、優秀な選手が出なければならないと主張した。

以上の理由で嘉納はオリンピック・ムーブメントに参入したのであった。

2　一九四〇年東京招致に関わる嘉納の理念と行動

(1) オリンピック東京招致に向けての行動

嘉納が、IOC委員として全精力を傾けたのが、一九四〇（昭和一五）年のオリンピック競技会の東京への招致であった。招致のための活動は、一九三一（昭和六）年に東京市会が開催要望を決議してから始められるが、嘉納の具体的な活動は次のとおりであった。
・一九三二（昭和七）年七月、ＩＯＣ総会（ロサンゼルス）に出席し、ラツールＩＯＣ会長に正式な招請状を手渡し、東京への招致を説明。
・一九三三（昭和八）年六月、ＩＯＣ総会（ウィーン）に出席。嘉納の推薦による杉村陽太郎（元国際連盟事務局次長）が日本人三人目のＩＯＣ委員に就任。一一月、ＩＯＣ会議（ウィーン）に出席。嘉納は、東京開催の場合の組織、競技場、経費について報告する。
・一九三四（昭和九）年五月、ＩＯＣ総会（アテネ）において、嘉納より各ＩＯＣ委員に日本のスポーツの写真集を配布しながら招致活動を行う。ローマ市が断然有利との感触を得る。急逝した岸清一ＩＯＣ委員の代わりに副島道正《そえじまみちまさ》をＩＯＣ委員に就任させる。
・一九三五（昭和一〇）年二月、ＩＯＣ総会（オスロ）に杉村ＩＯＣ委員を出席させる。
・一九三六（昭和一一）年七月、ＩＯＣ総会（ベルリン）に嘉納出席し、投票。
・一九三八（昭和一三）年三月、ＩＯＣ総会（カイロ）に出席。

嘉納は七〇歳代になってから東京オリンピックの開催に向けて世界を駆け回っている。船での長旅を苦ともせずに、東京への招致を目指して奮闘したのであった。
最終的に東京市で第一二回オリンピック競技会（一九四〇年）が開催されることがＩＯＣ総会で決められたが、その決定に嘉納が大きな役割を果たしていた。それは嘉納のオリンピックの東京開催への明確なビジョンと、相手に対する的確な判断力のなせる業であった。

自分は重大な覚悟を持ったのである、オリムピックは当然日本に来ると思はれるにも拘らず若し来なければそ

アムステルダム大会の折の写真（中央が嘉納、左は広田弘毅）
（講道館所蔵）

れは正当な理由が斥けられたといふ事に違ひない、それならば日本から欧州への参加もまた遠距離であるから出場するには及ばないという事になる、その時は日本は更に大きな世界的な大会を開催してもよかろうと思ってゐる。[2]

これは一九四〇（昭和一五）年の第一二回オリンピック競技会の開催地を決定する一九三六（昭和一一）年七月末に開催されたＩＯＣ総会の直前に、ＩＯＣ委員嘉納が述べた言である。もしも東京に決定しなかったなら、ＩＯＣがまちがっているのであるから、東京で別の国際大会を開催する、との嘉納の宣言でもある。嘉納は東京で開催すべしという強い信念と確信をもって東京招致に臨んでいたことを示している。

(2) 東京開催の論理

嘉納が主張した東京で開催すべしという論理はどのようなものだったのだろうか。それは、「近代オリムピック設立の意志は古代オリムピックがギリシャに限っていたに対し世界のオリムピックにすることにある、欧州と米国のみのオリムピックではない、東洋でも行わねばならないといふのが最も大きな理由で、しかも日本位熱心に大会に参加してをる国は世界中に少いではないか」[3]というものであった。

当時はまだ、飛行機は発達していない。ヨーロッパから日本に来るには、船でアフリカ、インド洋を経て日本に向かうか、北米回りの航路か、はたまたシベリア鉄道でソ連を横断して日本に入るかのいずれかのコースであり、いずれも二〇日間近くの日数を要した。欧米にしてみれば、日本に選手団を派遣することなど想像もできなかったといえる。渡航日数が長く、旅費がかかりすぎる、ということで反対するIOC委員は多かった。

しかし、嘉納はそれを逆手に取った。そのような遠距離から日本は一九一二（大正元）年以来毎大会多くの選手が参加している、したがって欧州の選手がそのような日本に集まることなど、日本選手団の苦労からすれば大したことはない、むしろそうすることでオリンピックが欧米のものから世界的な文化になる、というものであった。相手の論理を見事に自身の論理に引き寄せたのである。相手の力に逆らわずして勝つ、という柔道の理念そのものであったともいえる。

同時に嘉納は現実的な対応も忘れなかった。それはローマに立候補を取り下げてもらうことであった。一九三三（昭和八）年六月ウィーンでのIOC総会に出席した嘉納は、東京市オリンピック委員会での報告会で、「伊太利は既に荘厳なオリンピック競技場を有ち、また地理的関係からも非常に有利で手強い。ムッソリーニ首相も一生懸命であるが、彼は豪い人であるから訳を話して譲れと言へば譲るかも知れぬ」[4]と述べ、ムッソリーニに諦めさせることを提案した。一九三五（昭和一〇）年二月、副島道正と杉村陽太郎が、オスロでのIOC総会に出席する途中、ローマでムッソリーニと会見したのであった。

3　東京招致に奔走した嘉納の教え子

(1)　杉村陽太郎と副島道正

一九四〇（昭和一五）年のオリンピックの東京招致に嘉納とともに奔走したＩＯＣ委員、杉村陽太郎（一八八四〜一九三九）と副島道正（一八七一〜一九四八）はともに嘉納の教え子であった。

杉村は高等師範学校附属中学校を一九〇一（明治三四）年に卒業したが、附属中時代の数年間の校長は嘉納であった。また杉村は講道館にも入門、嘉納塾にも入って嘉納と起居を共にするなど、師弟関係を結んだ。杉村は講道館柔道六段になった。さらに杉村は水泳も得意で、嘉納が私塾を統合して結成した「造士会」での水術を始めた際に、杉村は進んで造士会水術（水府流太田派の泳ぎとほぼ同じ）を修得し、一九〇〇（明治三三）年に初段証第一号の授与者となった。杉村はその後二段となり、附属中や東京高師の水泳実習にも水泳教師として模範泳法などを披露している。柔道や水泳などを通して嘉納のもとで働いたのであった。身長一八五センチ、体重一〇〇キロの巨漢で、外交官としてフランス在外公館勤務中は、柔道の普及にも尽力した。

副島道正は嘉納が学習院の教頭を務めた頃に学習院に入学した。学習院在学中の副島は、成績があまり良くなかったので、しばしば嘉納から叱られたという。学習院卒業後はイギリスのケンブリッジ大学に学んだ。その後、京城日報社の社長を務めるとともに、貴族院議員にもなった。

副島は、大日本体育協会会長でＩＯＣ委員でもあった岸清一（一八六七〜一九三三）の逝去により、一九三四（昭和九）年五月にＩＯＣ委員に就任した。副島にとり、恩師としての嘉納は怖かったが、ＩＯＣ委員の先輩としての嘉納は、多くの外国人から敬愛されていたことを目の当たりにし、「嘉納翁はＩＯＣの仲間と云ふよりも、世界的に有名な日本武道の柔道の父として親し味を感ずる」(5)とＩＯＣ委員からいわれていたことを紹介している。

杉村は高等師範学校附属中学校を卒業後、第一高等学校を経て一九〇八（明治四一）年に東京帝国大学法学部を卒業し、外務省に入省した。一九一〇（明治四四）年にフランスのリヨン大学において、博士号を取得した。一九二三（大正一二）年駐フランス大使館一等書記官になり、一九二七（昭和二）年には、国際連盟事務局次長に就任、一九三三（昭和八）年に日本が国際連盟を脱退するまで、事務局次長および政治部長を務めた。当時、国際舞台で最も活躍していた日本人の一人であった。国際連盟事務局次長として杉村は、国際協調に精力を注いだが、一九三三年二月の日本の国際連盟脱退は無念であった。そのような杉村に嘉納はＩＯＣ委員就任を打診し、一九三三年六月の総会でＩＯＣ委員に就任した。こうして嘉納は、副島と杉村という国際情勢に明るい二人の教え子とともに、東京招致に向けて強力に歩み出したのであった。

(2) ローマの取り下げ

一九三五（昭和一〇）年一月、副島と杉村の二人は嘉納の提案を受け、有力な候補であったローマ市のオリンピック招致の取り下げについてムッソリーニと会談した。杉村は駐イタリア大使に就任していた。一九四〇（昭和一五）年が日本紀元二千六百年にあたるため、国家的な祝典としてオリンピックを開催したいので、一九四〇年に限り、ローマ市の立候補を取り下げてほしいと懇請した。二人の渾身の訴えもあり、ムッソリーニは日本の大義を理解し、日本国民のために譲歩すると述べ、ローマ市の取り下げを約束した。杉村は嘉納の考えを携えてムッソリーニと会談したのであった。一九三五年二月のＩＯＣ総会にも出席し、杉村は嘉納の代理として、恩師嘉納の東京招致の論理を主張した。

ローマの立候補取り下げは、東京招致に有利に働いた。イタリアのＩＯＣ委員は、政治的な工作だと激怒したが、東京かヘルシンキかで争った一九三六（昭和一一）年七月のＩＯＣ総会（ベルリン）での投票結果は三六票対二七

票で東京が勝利する。語学ができ、国際情勢にも明るい二人

の教え子と嘉納の息の合った連携で、東京招致は勝ち取られ

たといえる。嘉納による教育の成果であったともいえよう。

東京招致が決定した時のラツールＩＯＣ会長の言は次のよ

うであった。

実を云ふと去る三月私が日本を訪れる迄は日本に対して多少疑惑を持つてゐたが日本を訪れてからはすつかり日本の友人になり切つてしまつた、私は今度の総会で日本の代表が期待以上に良くやつてくれたことを感謝する、嘉納、副島両氏が国民の名に於て奮闘されたことは感激する外ない、開票は英国のバーレー卿が行った、日本への投票を右に、芬蘭への投票は左に置いたがバーレー卿は右へ置く度にニコニコしてゐた、併し英国の一人は芬蘭へ入れた模様であつた。日本と決まつたからには徒らにお祭騒ぎをやめて真のオリムピック精神発揮に努力してもらひたい。一九四〇年に再び日本へ行く機会のあるのは私にとつて此の上ない楽しみである。(6)

（左）アメリカ IOC 委員とともにベルリンへ出かける、（右）ベルリンへ出発する嘉納（1936 年、講道館所蔵）

嘉納はラツール会長を東京に招待し、日本の文化のすばらしさと東京の町の発展ぶりを印象づけさせていた。日本が国際連盟を脱退して国際的に孤立して数年が経過していた時に、国際競技会を東京で行うことの支持を世界から取り付けたことは、それだけでも驚くべきことである。

東京招致決定後、杉村はＩＯＣ委員を辞任した。杉村は一九三四（昭和九）年からは駐イタリア大使、一九三七（昭和一二）年には駐フランス大使として活躍するが、胃癌を患い、一九三八（昭和一三）年に帰国、翌一九三九（昭和一四）年に在職のまま病没した。嘉納の逝去の一年後であった。

4　オリンピックと武道的精神

(1)　東京大会への嘉納の思い

東京でのオリンピック開催決定直後、総会の場、ベルリンで嘉納は次のように述べた。

私が生んだ日本のオリムピック・ムーヴメントは遂に実を結ぶことが出来た、（中略）東京で開くとなった以上あくまで世界に模範

東京オリンピック招致に喜ぶ人々（講道館所蔵）

を示さねばならない従来のオリムピックは欧米だけで開催されオリムピックの真の意義を発揮出来なかったが次回の第十二回大会は東京で行ふ事になりこれによって真に世界的なものとなると同時に日本の真の姿を外国に知らせることを得るので二重に愉快である。(7)

嘉納がＩＯＣ委員に就任して二七年、オリンピック・ムーブメントが実を結んだ、としつつ、東京大会を世界の模範とすべく、またこれを機にオリンピックが世界の文化になるよう開催への展望を思い描いていた。オリンピック招致の決定に浮かれるのではなく、どのようなオリンピックにすべきかの構想をも練りだしていた。これは嘉納の度量の大きさを示している。

また、東京招致決定後、アメリカの放送局のインタビューに応じた嘉納は、「貴国の準備に就ては独逸のそれに準ずる積りか」との質問に、「若しも総ての国が他を凌駕する事に努めるならば限りはない。かくてオリムピック精神も又経費の濫費の為に失はれるに至るのであらう事を恐れる」(8)と述べた。嘉納はベルリン大会をみて、オリンピック競技会の肥大化を懸念していたのである。

(2) オリンピック精神と武道精神の融合

さて、嘉納の考えた、「オリンピックを真に世界的な文化にする」とはどのような意味であったのだろうか。それは講道館柔道により形成された武道的精神を、オリンピック精神に組み入れることであった。

国内的には国民体育の振興を目指しつつも、対外的には、オリンピック精神と武道精神とを融合させることを目指した。オリンピック精神は心身の調和的な発達を求めたヘレニズム思想の展開である。一方の嘉納の武道精神は、身体とともに心を練り、そこで得たものを社会生活に応用していくことを目指しており、オリンピックの理念と矛盾するどころか、発展的でさえあった。嘉納の武道精神はつきつめれば「精力善用」「自他共栄」の考え（目的を果たすために最も効力ある方法を用いつつ、それを実生活に活かすことによって、人間と社会の進歩・発展に貢献すること）であったといえる。

表現として「精力最善活用」や「精力善用・自他共栄」という言葉が、強調されるようになるのは、一九二二（大正一一）年四月に講道館文化会を創設した頃からである。この会の創設の趣旨には「我が同志は多年講道館柔道の研究によって体得した精力最善活用の原理を応用して世に貢献せんと決心し新たに講道館文化会を設くることにした」と記されている。

その際、嘉納は次のことを宣言として発表した。（詳細は第一章第二節参照）

・個人は身体を強健にし智徳を磨くこと
・国家の繁栄をはかるため、常に必要な改善をなすこと
・社会では個人団体各々互に相助け、相識り融和をはかること
・世界に対しては人種的偏見を去り、文化の向上に努め人類の共栄を図ること

個人の身体の修練が、社会や国家、そして世界との関係へと拡大していくこの考えは、柔道やスポーツの価値を最大限に引き出したとい

嘉納を出迎えるIOC委員たち（1938年、講道館所蔵）

えよう。当時の帝国主義的な時代にあって、人種的偏見を去ることを提起していることも、注目すべき点である。柔道家の嘉納がＩＯＣ委員としてオリンピック・ムーブメントに身を置くなかで醸成された、嘉納流のオリンピズムということができよう。他者に誠実に尽くしてこそ、自己の完成も、社会の発展もなされると、他者を意識した活動が強調された。実際、嘉納は早くから中国からの留学生を多く受け入れて育てた。ここでも、柔道と留学生教育という、彼自身の経験により「精力善用」「自他共栄」の思想が深められたといえる。

嘉納は、西洋のスポーツ文化に、身体と心を練りながら「精力善用」「自他共栄」という武道精神を加味することを構想していたといえる。一九四〇（昭和一五）年の東京でのオリンピック開催はその格好の場であった。

5　嘉納と一九六四年東京オリンピック

(1) 嘉納の逝去

その後、ＩＯＣは、東京開催の準備の遅れと中国との戦争状況を斟酌して、東京市の返上を暗に促していった。そして一九三八（昭和一三）年のカイロで行われた総会で、東京開催をどうするかが話し合われることになっていた。東京開催の危機的な状況に際して、七七歳の嘉納が日本の代表として参加したのであった。

嘉納は、オリンピックの開催は政治的な状況などの影響を受けるべきではない、と主張した。この主張に並みいるＩＯＣ委員は誰一人異を唱える者はいなかったという。スポーツの本質を正面から突いた嘉納の一本勝ちであったと言えよう。このカイロ総会で嘉納を支持してくれたＩＯＣ委員たちへ礼を述べつつ、東京大会へのさらなる支援を取り付けるため、嘉納はヨーロッパとアメリカのＩＯＣ委員を回った。

バンクーバーから氷川丸にて出航し、横浜に向かっている帰途、嘉納は肺炎を起こし、亡くなってしまうのであった。一九三八年五月四日のことで、横浜帰着の二日前であった。嘉納逝去の報は、まっさきに本国とアメリカにも伝えられた。ニューヨーク・ヘラルド・トリビューン紙五月四日付の訃報欄に、嘉納の写真入りで七〇行にわたり、彼の業績を詳細に伝えている。

日本のオリンピック代表　嘉納博士　逝去す

国際委員会委員、七七歳、貴族院議員　カイロからの船上で逝く　東京発四日（水曜日）

ラジオによれば、太平洋上の客船、氷川丸に乗船している日本人ＩＯＣ委員　嘉納治五郎博士が、肺炎のため亡くなった。七七歳であった。彼は二カ月前のカイロでのオリンピック会議に出席し、帰国の途上であった。貴族院議員の嘉納は日本体育協会の名誉会長でもあった。

一九四〇年東京大会を獲得

嘉納博士は、カイロでのＩＯＣ会議に出席して一九四〇年の東京大会の信任を得てから、三週間前にアメリカ合衆国に到着した。彼は、日本が中国と戦争状態にあっても、オリンピック競技会は開催できると確信していた。「一九四〇年までに中国状況に変化が起こらなくても、東京でのオリンピック開催を反対する理由にはならないと信じる。オリンピック競技会は政治やその他の影響を受けてはならない」と嘉納は述べた。

嘉納博士は、競技界のリーダや貴族院議員であるばかりではなく、著名な教育者でもあった。彼は国会議員でもあったし、文部省の普通学務局長や高等師範学校長も務めた。一九〇一年には、中国人を教育するための施設を個人的に立ち上げた。

小柄なまじめな人物であった。嘉納博士は、日本がリードする柔道の創設者である。柔道は、骨に損傷をあたえることを禁止し、つまり柔術を合理化しながら作ったものである。彼はわずか一〇五ポンド（四七・二五キロ）

に過ぎなかったが、最近ニューヨークを訪問した折に、〝目的や目標を心に明確にもって、最も有効に目的を成し遂げる方法を見つける〟ことで、二〇〇ポンド（九〇キロ）もあるリポーターを床に投げた。柔道とは、彼が説明するには、アメリカ人が「効率性」と表現していたものだということだ。

嘉納博士は、講道館柔道（柔道トレーニング学校）の創設者で、一九二二年に講道館文化会を作った。二年前にニューヨークの女性たちが、ニューヨーク道場の手助けにより柔道を始めたが、そこの規則は、嘉納博士により作られた規則に基づいているとのことであった。アメリカ合衆国で最初に柔道を学んだという女性が、減量に役立つ一方、メンタルトレーニングや運動を行うことで、食欲を刺激すると主張していた。(9)

一九三八（昭和一三）年といえば、日米関係はかなり悪化していた。そのようななかで、このように嘉納の功績を詳細に紹介している事実は、柔道やオリンピック・ムーブメントを通した嘉納の人間外交のなせる業であろう。

さらに、嘉納は当時の同僚のＩＯＣ関係者からも教育者として高く評価されていたことが、嘉納の逝去を悼んだメッセージからうかがわれる。

ラツールＩＯＣ会長は、嘉納のことを「真の青年の教育者」と称え、「この東京オリンピックこそ、氏が日本のスポーツを今日の高き水準に引き上げるために費やした永年の労苦に対する報酬であった」と述べた。

ベルリン大会事務総長を務めたカール・ディームは、「世界で稀にみるスポーツ教育の総合的人格者」と評し、アベリー・ブランデージ（ＩＯＣ委員　米国オリンピック委員会会長）も、「典型的教育家」と述べた。ピエトリ（ＩＯＣ委員　仏国オリンピック委員会会長）は、「日本国民は、氏の真摯なしかも勇敢な努力に対して深く感謝しなければならない」と追悼を寄せ、アバーデア卿（ＩＯＣ 委員　英国オリンピック委員会）は、「私は氏の遺志に従い、日本におけるオリンピック競技会を支えることを最大の幸福と考える」と東京オリンピックへの努力を誓った。

ＩＯＣ技術顧問、クリンゲベルグも「東京オリンピックを成功させることは氏を尊敬する者の義務である」と述べ、同じく、東京オリンピック成功への努力を表明している。

また、ＩＯＣ委員ばかりではなく、日本の外交官にも東京オリンピック成功への思いを強めさせている。嘉納と一緒に氷川丸の一等船室に乗船した外交官、平沢和重は次のように述べている。

あと二日で横浜だと云ふ所迄来て急逝された先生の今わの心境を思ふ時、万感交々至らざるを得ない。奇しき縁で先生の輝かしき八十年の生涯の最後の十一日間といふものを文字通り起き伏しを共にした私は、そして今かうして御遺骸の安置された隣家で思ひをその走る俱に認めてゐる私は、心から東京オリムピックの成功を祈らざるを得ないのである。[10]

一九四〇（昭和一五）年大会の東京招致決定は、嘉納に対するＩＯＣ委員たちの信頼と尊敬の証であった。残念なことに嘉納の逝去二カ月後に、東京市は大会を返上してしまう。

(2) 一九六四年東京オリンピックの実現へ

戦後、日本は再び東京招致にチャレンジした。一九五二（昭和二七）年から米国のブランデージ（A. Brundage 一八八七〜一九七五）がＩＯＣ会長に就任した。彼は嘉納とも親しく、一九四〇年の東京招致を最後まで支持した人物の一人であった。彼は、嘉納や岸清一（日本体育協会第二代会長）のスポーツに対する考えに触れたことで、日本での開催を支持するようになったと述懐している。[11] ブランデージは戦後も積極的に東京招致を支持した。氷川丸の船上で嘉納の最期をみとった平沢は、一九五九（昭和三四）年、ミュンヘンでのＩＯＣ総会で東京招致の最終演説を行い、オリンピックが日本の学校すべてで教えられていると国語の教科書を持ち出して力説した。この名演説が委員たちの心を動かしたと評されたが、教育を重視した嘉納の思いが胸中にあったに相違ない。平沢は、自身の演説によって東京招致が決まったのではなく、戦前の嘉納らの働きによるものであり、多くの古参のＩＯＣ委員が、嘉納との思い出を東京の関係者になつかしそうに話していたと述懐している。(12)

こうして一九五九年ミュンヘンでのＩＯＣ総会において、第一八回大会の開催地に東京が決定した。その二年後の総会で、柔道が東京オリンピックで行われることが正式に認められた。国際柔道連盟のみならず、欧州柔道連盟も、柔道をオリンピック種目にするために精力的に動いた。嘉納を尊敬していたフランスのＩＯＣ委員ピエトリは、柔道をオリンピック種目に入れることに奔走した。柔道による青少年の教育を示し、ＩＯＣ委員を二九年間務めた嘉納の人脈が、一九六四（昭和三九）年の東京大会の実現と、柔道のオリンピック種目への導入に大きく貢献したのである。

ただし、嘉納治五郎が柔道をオリンピック種目にするべく働きかけた形跡はない。嘉納は柔道をオリンピック種目にすることではなく、武道的精神を入れることを目指したのである。嘉納の武道的精神が一九六四年の大会で示されたのは、柔道無差別におけるオランダのアントン・ヘーシンク（Anthonius Geesink 一九三四〜二〇一〇）の戦いぶりであった。彼が優勝を決めた瞬間、興奮した自国の関係者が畳の上に入って来ようとした時に、ヘーシンクはそれを手で制止した。この姿に礼を重んじる武道の精神をみることができる。武道的な精神が外国人にも身に付いていたことは称えられてよいだろう。一九六四年の東京オリンピックは嘉納治五郎のレガシーといえる側面も有していたのである。

嘉納は一九四〇（昭和一五）年の東京招致にあたっては、欧米から世界のオリンピック・ムーブメントにすべく働きかけたといえる。ＩＯＣの主義主張にすり寄るのではなく、未来のあるべきオリンピック・ムーブメント像を教育家、柔道家として主張した。このことは日本のオリンピック・ムーブメント史上に刻まれるべきことであろう。嘉納の目指したオリンピック精神と武道的精神との融和は柔道やテコンドーがオリンピック種目に入った今も果たされてはいるとは言いがたい。

クーベルタンの晩年、最後の手記には、「東京での開催はアジアの国々を近代のオリンピズムで結ぶのみならず、古代ヨーロッパの最も高貴な文明であるヘレニズムが、アジアの洗練された文化・芸術と混じり合うことこそ大事であります」(13)と書かれている。クーベルタンはオリンピズムも時代とともに変化するとしており、その糸口を日本の文化に求めていたのであろう。

一九三〇年代の早きに、オリンピックの開催地に選ばれたということは、オリンピック・ムーブメントを世界の文化にするという東京（日本）開催の明確なビジョンをもっていたからであった。そこには嘉納の念願であった、武道的精神とオリンピズムとの融合という壮大な構想があったのである。

【註】

（1）嘉納治五郎「日本体育協会の創立とストックホルムオリンピック大会予選会開催に関する趣意書」一九一一年。
（2）東京朝日新聞、一九三六年七月三一日付。
（3）東京朝日新聞、一九三六年七月二五日付。
（4）東京市役所「第十二回オリンピック東京大会東京市報告書」一九三九年、一〇頁。
（5）副島道正「私と嘉納先生」『柔道』九巻六号、一九三八年。
（6）『読売新聞』一九三六年八月一日付、号外。
（7）同右。

（8）嘉納治五郎「東京オリムピックに来れ」『オリムピック』一四巻一二号、一九三六年。

（9）*New York Herald Tribune*. 一九三八年五月四日付。

（10）平沢和重「嘉納先生が急逝せられて」『柔道』九巻七号、一九三八年。

（11）Avery Brundage Speech. Opening Ceremony 62nd Session International Olympic Committee. Tokyo, Japan, October 6th, 1964.

（12）平沢和重福島慎太郎編『国際社会のなかの日本：平沢和重遺稿集』日本放送出版協会、一九八〇年、一五八頁。

（13）Norbert Müller; Pierre de Coubertin. Lausanne : International Olympic Committee, 2000, p.705. クーベルタンの逝去一カ月前の一九三七年七月二九日付けのメッセージ。

第四章　現代への継承

三船十段と稽古する嘉納（講道館所蔵）

第四章 収入

第一節　オリンピックへと至る柔道の歩み

今日、柔道は世界中で行われている。日本の武術ほど、国際的に受け入れられてきたものはない。参考までにドイツの統計を示してみると、ドイツオリンピック・スポーツ連盟は二〇〇九年に、ドイツ柔道連盟に加盟するメンバーを一八万五九九人と発表し、これに空手の一〇万六五六九人、柔術の五万四五九四人が続いている。合気道の二つの主要な連盟は約一万五〇〇〇人のメンバーを抱えている。同様の数字は、ヨーロッパ中でみられる。ドイツの六〇のスポーツ連盟のうち、柔道のメンバー数は一一番目に多い。

いくつかの理由が、ヨーロッパにおける柔道の成功を説明するのに役立つ。主な理由として以下のものがあげられる。

一．嘉納治五郎は、講演、実演、段位の認定によって、ヨーロッパやアメリカで柔道を精力的に振興し、ヨーロッパ柔術界の中心人物となった。彼がＩＯＣのメンバーであったことも、彼が世界中で柔道を振興していくのに役立った。

二．柔術や空手のような武術とは対照的に、柔道は統一的なシステムにもとづいていたし、現在でもそうである。これに対し、空手や柔術はさまざまなスタイルに分かれ

ロンドン市での柔道実演（1923 年、講道館所蔵）

ているため、統一的なトーナメントシステムに合意することが困難となっている。

三．柔術や柔道はヨーロッパへ最初に伝播した武術であったため、時間上の強みだけでなく、日本の武術のイメージを定めることができる強みも有していた。

四．神秘主義やアジア的な精神性の領域に、武術や柔道をも位置づける日本の、全体的に異国情緒漂う魅力。

五．柔道は西洋のスポーツの伝統に沿って発展した。とりわけ、一九六四年のオリンピックプログラムへの柔道の採用は、スポーツ化への更なる歩みだけでなく、国際的認知への更なる歩みをも意味していた。


本節では、柔道がオリンピックプログラムとなるまでの歩みについて考察し、この採用が国際的に、国内的に何を意味していたのか、そして五〇年代や六〇年代に柔道がどのような障害に直面したのかを問うていく。ここで主張したいのは、この障害が、極東や日本の帝国主義に関するステレオタイプなイメージと結びついた西洋人（ヨーロッパ人）の認識に根ざしたものであるということである。考察に用いた主な資料は、ローザンヌにあるIOCアーカイブで発掘した、一九六四年のオリンピックへの柔道の採用に関する文書である。

ベルリン大学で柔道指導（1923 年、講道館所蔵）

1　一九六四年東京大会招致までの歩み

オリンピックが東京で開催されなければ、一九六四年のオリンピックプログラムに柔道が採用されることはなかったであろう。それゆえ、日本でのオリンピック開催を決定することの重要性について簡単に述べておく必要がある。ジョン・マカルーンはある国家がオリンピックに参加することの意義を次のように記している。「他者から国家として妥当であると認められるためには、オリンピックの開会式で入場行進しなければならない」[1]。しかしながら、IOCは一九四八年に開かれた戦後初の大会で「行進」する権利を日本に与えなかった。日本が国際社会に復帰し始めたのは、一九四八年に再興された、日本オリンピック委員会（JOC）が一九五一年ウィーンでのIOC総会で承認されてからであった。同年、日本は平和条約に調印し、翌年には主権を回復した。日本の国際社会への復帰は、日本にいた連合国軍の最高司令官ダグラス・マッカーサーに強く支援された。アメリカのIOCメンバーであるJ・J・ガーラント宛の書簡のなかで、マッカーサーは次のように記している。「日本が一九五二年に世界各国と競技できるような状況となることが、私個人の希望である。占領期間中における水泳の成績は、とりわけこのスポーツで、日本人の非常に優れた記録を期待できるということを示している。ヘルシンキ大会への参加は、各国とともに平和的で文化的なレジャーに再び参加したいという日本人の思いの籠った、望ましい目標に、大いに寄与するに違いない」[2]。一九五〇年六月二五日に勃発した朝鮮戦争は、日本における占領当局の政策を転換させた。共産主義との戦いにおいて、日本は重要な国となった。日本国憲法の第九条は軍隊の保持を拒否していたが、同年に「警察予備隊」が設立され、そしてアメリカの支援によって、（有罪となった戦争犯罪人を含む）戦時中の指導者は再び、政府、官僚、産業のなかで影響力のある地位に就くことができた。日本に対して常に温情主義的な態度を示していたマッカーサーは、日本の選手がオリンピックに参加することによって、「悪い子ども」が再び他の国々と「競技を行う」ことが認められることを示したかった。そして日本は一九五二年のヘルシンキ・オリンピックで「競技を行い」、かなりの好成績を収めた。七九人の選手が参加し、金メダル一個（レスリングのフリースタイル）、銀メダル六個、銅メダル二個を獲得した。最終的に、日本はメダルランキングで一七位となった。一つ上にはイギリスがおり、二八位となったドイツには大きく差をつけた。

オリンピックへの参加は承認の問題だけでなく、対外的に国家を代表するがゆえに、国家的・文化的なアイデンティティの問題ともなる。オリンピック自体は平和と国際親善の象徴として、世界に対して平和を愛する日本国民を代表することに役立った。実際、日本は、かつての戦争の象徴であった天皇や、今や自衛隊とよばれる軍隊を改革した。こうした見解の妥当性は立証され、第二次世界大戦における敗北後の日本の国際的復帰や日本の国家的アイデンティティの回復において、オリンピックは重要な役割を担った。この見解は日本だけでなく、イタリア（一九六〇年）やドイツ（一九七二年）にも当てはまる。

東京都議会は、オリンピック開催の象徴的な意義を認識し、一九五二年すでに、一九六〇年大会の開催に立候補することを決議した。一九五五年の選挙で一九六〇年大会はローマに決定したが、東京はすぐに一九六四年の大会に立候補することを決めた。

日本人が一九六四年大会への立候補を決めると、国家機関があらゆるレベルでの決定に指導的役割を果たした。大会準備委員会の重要な会議は岸信介首相の官邸で開かれ、組織的な取り組みは文部省内で束ねられた。文部省指導の下で、国際社会に日本が再び適応するため、そして人づくりや根性づくりという言葉に集約される日本人のアイデンティティを促進し、強化するために、大会は計画的に利用された。関春南は『戦後日本のスポーツ政策』のなかで、第二次世界大戦後の日本のスポーツ政策は——占領軍の指導下で——短期的な民主化のプロセスを通して、五〇年代の日本の目標により適した、メダルという目標にのみ邁進したことを示している。つまり、大会で行進するだけでは十分でなく、競技に参加する国々のなかで認められるために、最終的に重視されたのはメダルだったのである。メダル獲得の可能性を高めるために、スポーツ教育と政府のスポーツ支援では、国際的な競技会で勝利できる選手の育成が中心となった(3)。

一九六四年の開催都市の問題は、一九五八年に東京で開かれた第五四回ＩＯＣ総会で議論された。開催都市の問題はメルボルンまで持ち越されたが、ＩＯＣのメンバーは日本のスポーツ状況を直に目にすることができた。とりわけ彼らは、第三回アジア競技大会における日本人の組織力を目の当たりにした。この大会は、ＩＯＣ総会と同様に天皇によって開会され、同時期に行われた（ＩＯＣ総会直後の五月二五日に東京で開催された）。ＩＯＣの報告書では次のように説明されている。「彼ら（ＩＯＣのメンバー）は、（アジア）競技大会を視察しながら、次のオリンピックを組織することにおいて、日本がローマの後継者に相応しいかどうかを思案していた。彼らが東京に非常に好印象を受けたことは間違いないと思われる」(4)。

第一八回大会の決定は一九五九年にミュンヘンでなされることとなった。ＪＯＣ、とりわけその会長であった東龍太郎は日本招致の支持者を得ようと努めた。そして、舞台裏で最も重要な支持者となったのは、アベリー・ブランデージであった。ミュンヘンでの総会期間中の、五月二五日午後四時五五分から、東京の招致委員（平沢和重と安井誠一郎）は招致演説を行い、質疑に答えた。翌日の総会で、東京は三四票を獲得し、（開催都市に）選ばれた（デトロイト一〇票、ウィーン九票、ブリュッセル五票）。

東京で大会を開催することは、大会で実施されるスポーツの選択に組織委員会がかなりの影響力をもつことを意味し、日本の組織委員会は初めて、柔道をプログラムに採用させることができた。柔道のオリンピックプログラムへの採用は、大会開催国への寛容な態度によるものであったとこれまでいわれているが、この主張は、日本の政治家やスポーツ行政官だけでなく、日本、ヨーロッパ、アメリカのスポーツマンもオリンピックの柔道を強く求めていたという事実を見過ごしている。大会への柔道の採用は、単に寛容な態度によるものではなく、種々の要因の結果であった。

柔道は（他の武術と同様に）戦後の最初の数年間、連合国軍によって禁止されていた。なぜなら、柔道は戦時機構のイデオロギー的なプロパガンダに大きく関わったとみなされたからである。それゆえ、オリンピックプログラムへの採用は、とりわけ柔道、そして日本の武道全般を国際的に復権させることに等しかった。柔道は、各国が平和的に競技を行う世界に貢献しうる、近代的な日本のスポーツとして示されたのである。私見では、作詞家・星野哲郎がつくった『柔道一代』（一九六三年）という演歌の一節は、この考えを完璧に表現している。ここで、次の一節を読んで（あるいは聴いて）みよう。――「柔道一代この世の闇に俺は光をなげるのさ」

しかし、これはコインの一面でしかない。つまり、戦後における日本人の議論のなかでは――映画、文学、歌では――柔道は日本のメタファー、戦後の価値観を伝える手段としてみなされうるのである。もう一つ、『姿三四郎』（関沢新一の作詞）と題する演歌を紹介しよう。これは、戦時中の一九四二年に富田常雄が著した小説を参考にして作られたものであり、この小説は一九四三年に、黒澤明によって映画化されている。

人に勝つより自分に勝てと
云われた言葉が胸にしむ
つらい修行と弱音を吐くな
月が笑うぞ三四郎

花と咲くより踏まれて生きる

草のこころが俺は好き
好きになってはいけない恋に
泣けば雨降る講道館

五〇年代後半と六〇年代におけるスポーツ政策の主要な格言の一つである「つらい修行」は、戦後の精神を正確に映し出している。この精神の下で、国民の取り組みは、国づくりと日本経済の成長と繁栄という課題に纏められた。国づくりはすべての国民に体力や自己犠牲を求め、この「愛国的」精神は講道館柔道と結びつけられている。これらの人気曲のメタファー的な枠組みのなかで、柔道と講道館は、想像の共同体である日本のふるさととして機能している。三〇年代のほとんどの日本人男性にとって、柔道の修行は教育の一部であったということ、そして彼らは動作だけでなく、道場の雰囲気や修行の精神も吸収し、記憶していたことを忘れてはならない。こうして、柔道は郷愁の念を分かち合う空間となった。つまり、過去が現在だけでなく、(輝ける)未来にも結びつけられる空間となったのである。

柔道のオリンピックプログラムへの採用によって、もう一つの日本の「戦時中の道具」が復権した。そして、戦後初期に頑なに拒否された伝統的価値は世界だけでなく、日本人にも示された。この意味で一九六四

東京オリンピック無差別級で優勝したヘーシンク
(講道館所蔵)

年は、伝統が再び、文化的・国民的アイデンティティの基準や源となった重要な年として特徴づけられる。

2 オリンピックへと至る柔道の歩み

講道館の館長であり、国際柔道連盟（IJF）の会長であった嘉納履正（嘉納治五郎の子息）は一九五三年に、柔道のオリンピックプログラムへの採用を正式に求めた。[5] IJFはわずか一年前に、オリンピックスポーツである柔道を代表する国際団体として、IOCに承認されていた。こうして、オリンピック柔道の問題は、一九五三年メキシコでの（IOC）総会における議題として取り上げられた。しかしながら総会では、柔道を選択スポーツのリストに組み込むべきかどうかという議論を一九五四年に持ち越すことが決議された。なんとも皮肉なことであるが、この問題は「大会プログラムの削減」という議題のなかに置かれていた。そして一九五四年の時点で、柔道が（選択スポーツのリストに組み込まれる）可能性は低かった。IOCの理事会はアテネでの会議で、「一九五六年のメルボルン大会では新たなスポーツを採用しない」ことを決議した。アベリー・ブランデージは嘉納履正宛の書簡のなかで――個人的見解を超える形で――採用に異議を唱える次の三つの理由を述べている。

一．プログラムを削減する全体の傾向。

二．柔道が「国際的に新しすぎるスポーツ」であるという見解。

三．柔道の「参加国が少なすぎる」こと（一九五三年の時点で一八の加盟国）。[6]

IOC総会は理事会の決定に従ったが、一九二〇年のオリンピックにおけるフェンシングの金メダリストであった（IOCにおける）フランス人代表者アーマンド・アサードは、バレーボール、ローラースケート、柔道は「選択スポーツのリストに採用されるに足る」ものであると主張した。その後、最終的な決定は持ち越されることとなった。（バレーボール、アーチェリー、ローラースケートとともに）柔道をオリンピックプログラムに採用する問題は、一九五五年にパリで開かれた第五五回IOC総会で再び議論された。しかしながら、これら四種目のいずれも三分の二の定足数（この場合三四票）に達しなかった。柔道は三票しか獲得できず、最下位に終わった（バレーボール二六票、アーチェリー一九票、ローラースケート七票）。確かに、日本のスポーツがオリンピックに採用されるには時期尚早であった。JOCは一九五一年のウィーンでのIOC総会で承認されたばかりであったこと、そしてIOCメンバーは日本人に対してまだ躊躇《ためら》いがあったことを忘れてはならない。

しかし一九六〇年にIJFが再び、柔道のオリンピックプログラムへの採用を求めた時（一九六〇年五月一四日に嘉納履正がブランデージに対して）、東京はすでに、一九六四年夏季大会の開催都市に選ばれており、嘉納履正は日本の政治的支援に頼ることができた。当時東京都知事であった東龍太郎の強力な支援に加えて、（柔道のオリンピックプログラムへの採用に向けた）動きは、一九六一年に結成された「国会議員柔道連盟」によって支援された。連盟の会長であった正力松太郎は連盟の目的として、「国全体でオリンピック・ムーブメントを推進していくこと、東京で開催される第一八回オリンピックで柔道が実施されるよう完璧な準備をすること」を記している（一九六一年六月六日、正力松太郎からオットー・メイヤーに宛てた書簡）。

ローマでの第五七回IOC総会（一九六〇年）において、柔道を選択スポーツのリストに入れることを求めるIJFの申請が議論された時、このことは同時に、柔道を東京大会に採用すべきかどうかという問題と結びついていた。「この連盟（IJF）は、（柔道が）オリンピックスポーツとして承認され、柔道が東京大会のプログラムに採用されることを求めている」[7]。この総会において、東は柔道の申請を強く支持し、柔道が東京大会のプログラムに採用されることを望んでいた。（IOC）メンバー（フランソワ・ピエトリ、ヨーゼフ・グルース、フェレン・メゾー）の意見を傾聴したのち、総会は三九票対二票で、申請の承認を決議した。この決定にもかかわらず、柔道がプログラムに採用されることはまだ確かでなかった。

申請承認の決定は、大会プログラムの削減方法の問題とともに、ＩＯＣメンバーと組織委員会に委ねられた。しばらくの間、スポーツ種目を制限する計画がＩＯＣの議題に上り続けた。あるＩＯＣメンバーが、大会の種目数を定めた（オリンピック）ルール三〇の改訂を提案したに違いない。柔道の問題が議論された際、ブランデージは、「東京大会に柔道を採用すれば必然的に、ルール三〇に定められたスポーツリストに追加することが求められる」と明言した。ローマでの総会において、Ｋ・アンドリアノフとＡ・ロマノフは、一八種目しか認めていないルール三〇の最初の文言を改訂することを提案し、以下のように改訂することが決議された。「公式プログラムには、以下のスポーツから最低一八種目、最大で二一種目を採用する……」。しかし最終的に、ルール三〇は以下のようになった。「上に列挙した種目の内、最低一五種目、最大で一八種目をプログラムに採用することとする」。[8] 一九六〇年一二月のＪＯＣの会議で、一九五九年九月に設立された東京大会組織委員会は、東京大会で実施されるスポーツのリストに柔道を組み込むことを決議した。東京委員会はルール三〇に従って、当初東京大会の種目を一八に制限していた。「東京委員会は近代五種（日本では馬が不足しているため）とボートの削除を提案した。他方で、東京委員会は、一九六四年大会のプログラムを最大で一八のスポーツ種目とすることを提案している」。[9] しかしながら、六月二一日に、一九六四年大会のスポーツ種目数を巡る議論は白熱した。ブランデージは前日すでに、オリンピックルールに則ったものである限り、スポーツ種目数は問題ではないと述べていた。さらなる議論の後に、最終投票によって、ハンドボールとアーチェリーを除く二〇種目とすることが決議された。しかし、柔道は選択スポーツにすぎなかった。そして、ＩＪＦの役員は一九六三年すでに、柔道が一九六八年大会の一部とならないことを知っていた。

ＩＪＦの申請の成功は、ＩＯＣ事務局長オットー・メイヤーの支援に負うところが大きかった。メイヤーは嘉納履正宛の書簡のなかで次のように記している。「あなたは、あなたに対して私ができる限りの支援を行うと確信しているだろう」(一九六〇年五月二八日)。ＩＯＣメンバーが「このスポーツに精通している」ことを確かめるために、メイヤーは、当時ヨーロッパ柔道連盟（ＥＪＵ）の副会長であり、彼の友人であったエリック・ジョナスに、ＩＯＣメンバーと個人的に接触するよう助言し、そして「柔道の驚異的発展」と題する記事の公表も勧めた。この記事は、一九六〇年八月発行のＩＯＣ報告書の第七一号に掲載された。

しかし、オリンピック柔道を支持する論拠は何であったのか？　ＩＯＣアーカイブ所蔵の書簡では、次の点が強調されている。


一．柔道は国際的なものであり、数の上でも拡大している。

二．柔道は純然たるスポーツである。

三．柔道はアマチュアスポーツである。

四．嘉納治五郎は柔道がオリンピック種目となることを望んでいた[10]。

五．柔道のオリンピックへの採用は、オリンピック・ムーブメントの「真の」国際化を意味するであろう。


とりわけ、ＩＪＦと嘉納履正によって出された、柔道が「純然たるスポーツ」という論拠は、西洋で一般的に認識されてきた柔道や武術の方法と衝突した。柔道に対する西洋人の見解と、講道館スタイルの柔道への一連の反対論を示すために、世界柔道連盟(ＩＷＪＦ)がＩＯＣに宛てた書簡をもとに論じてみよう。ＩＷＪＦは、オリンピック・ムーブメントのなかで柔道の統括団体となることを目指した国際的な柔道団体である。ＩＷＪＦは、さまざまな形式をとる柔術や、四〇年代のオーストリアでユリウス・フレックが展開した柔道のようなヨーロッパ柔道を、その傘下に収めていた。ＩＷＪＦの代表者がＩＪＦの認識に対して唱えた反対論は当時のスポーツ政策上の論争だけでなく、講道館の支配を西洋の文化的、宗教的アイデンティティへの脅威とみなし、日本の帝国主義と結びつけるイデオロギー的な枠組みを反映している。

一九五五年二月に、ＩＷＪＦの会長であり、ヨハネスブルグに拠点を置く柔道会の会長でもあったジャック・ロビンソンは、ＩＷＪＦのＩＯＣへの加盟と柔道の一九五六年大会への採用をＩＯＣに求めた。(11) 自らに一〇段を授けたロビンソンはイギリスから南アフリカに移住し、彼独自の柔道の形式を教え始めた。彼は南アフリカアマチュア柔道連盟（ＳＡＮＡＪＡ）を創設し、警察や軍隊における指導者として働いていた。ＩＯＣに初めて宛てた書簡のなかですでに、ロビンソンは、柔道というスポーツを代表する国際団体の選択を、西洋か極東（日本）かのイデオロギー上の選択と結びつけている。ロビンソンは、柔道に関して「西洋世界は日本に優っている」こと、そして日本人は彼らの敗北が「ほぼ間違いない」ため、「戦闘」を避けていることを主張し、さらに、「彼らの理念やルールは西洋世界では決して承認されず、西洋世界は彼らにひざまずくのを拒絶しているということを私は述べなければならない」としている。ロビンソンは挨拶の儀式に言及しているようにみえるが、彼はこの儀式をイデオロギー的なレベルにおいて、比喩的に伝えている。つまり、西洋が東洋に屈してはならない、ということである。この問題はメイヤーに委ねられ、彼はロビンソンに、ＩＪＦがすでにＩＯＣに登録されていること、そしてそれゆえにロビンソンの申請を承認できないことを伝えた。さらに、メイヤーはロビンソンに、ＩＪＦに接触を図り、一つの国際団体を結成するよう助言した。しかしＩＪＦは、行政もスポーツの目的も拡散している組織であるＩＷＪＦと合併する意思はなかった。（メイヤーへの）返信のなかで、ロビンソンは「白人」に言及したり、「黄色人種だけでなく、どの国も正式に承認されるであろう」と自身の希望を表したりすることで、多かれ少なかれ、明らかに「人種差別的な」語を用いている。確かに、ロビンソンの姿勢は、五〇年代後半と六〇年代における南アフリカとＩＯＣの関係という観点からみなければならない。南アフリカにおけるアパルトヘイトと人種差別の問題はＩＯＣにとってデリケートな問題であり、南アフリカの大会からの排除を求める声は、ＩＯＣ内外でますます強まっていた。そしてロビンソンが用いた語は、各国が平和的にスポーツに携わるというオリンピックの理念に、明らかに適さなかった。

ＩＪＦの承認と柔道のオリンピックプログラムへの採用を巡る議論における第二の問題は、柔道における宗教的な教えの問題と結びついていた。実際、柔道の伝播や越境化は柔道の異国化も意味していた。なぜなら柔道は西洋において、精神性や禅宗と結びついていたからである。嘉納治五郎が柔道を禅宗や仏教と結びつけなかったことは、この認識には関係しなかった。

ＩＷＪＦの会長を引き継いだクヌート・ヤンソンはＩＯＣに宛てた書簡のなかで、次のように記している。「柔道は日本人や彼らの支持者にとって、単なるスポーツであるだけでなく、禅宗（侍の仏教など）や武士道の古写本と連動するための『身体的手段』でもある」。そして彼は、禅宗、神秘主義、武士道の「混合物に取り組む」ＩＪＦを非難する。[12] 明らかに、ＩＷＪＦは講道館柔道の支配を西洋世界にとって脅威とみなし、キリスト教の世界やキリスト教的な価値を仏教の侵入、実際には宗教的帝国主義から守ることを主張している。「我々ＩＷＪＦは柔道を良質なスポーツとして好むが故に、神秘主義や侵略的な仏教の布教活動から、柔道を守ろうとしているのである」。[13] 柔道において想定されている宗教的背景の問題を解決するために、メイヤーは、ＩＯＣにおける日本人代表者である東龍太郎と協議した。東は柔道の宗教的側面を否定していた。[14] この問題は一九六〇年代前半まで持ち越された。その頃、ヤンソンはメイヤーに会うため、ローザンヌを訪れ、この問題に関する覚書を手渡した。彼はそのなかで、「ここ数年、仏教が連携して、キリスト教の西洋文化の中へ侵入しようとしており」、その「主要な武器」は禅宗であると警鐘を鳴らしている。柔道と禅宗の統合について、ＩＯＣメンバーがおそらく耳にしていなかったのは、ヤンソンの見解では、「日本人（とりわけ高段位の柔道家）が禅宗について多くを語らず、その代わりに禅を実践しているためである」[15] という。

ＩＪＦとＥＪＵの役員は柔道がオリンピックに採用されることを望んでいたため、一九六一年に、アマチュアリズムに関する条項がＩＪＦの規則に加えられた。「ＩＯＣが定めた規則を厳しく遵守するアマチュアの柔道家のみがオリンピックに参加できる」。この動きは重要であった。なぜなら、アベリー・ブランデージが（ＩＯＣの）会長の間（一九五二〜七二）、アマチュアのスポーツマンという理想を貫く試みは、ＩＯＣ内では主要な問題の一つであったからである。クーベルタンのように、ブランデージはオリンピック・ムーブメントを一種の宗教とみなしていた。「ブランデージは、この宗教の倫理的な要素をアマチュアリズムという一語に要約したのである」[16]。アマチュアリズムの問題は、ＩＷＪＦの代表者にとっても歓迎すべき議論であった。ロビンソンだけでなく、シュテファン・アッシェンブレナー、そしてデンマーク柔道のパイオニアであり、ＩＷＪＦの事務局長と会長を歴任したクヌート・ヤンソンも、ＩＪＦをプロフェッショナルで、商業主義的であるとして、次のように非難した。「ＩＯＣは、会長がプロフェッショナルな柔道学校（講道館）を有している団体（ＩＪＦ）を承認できるのか？」[17]しかしながら、ＩＯＣ内での人的結束やスポーツ政策上の結束は強かった。そしてメイヤーは、かつて柔道家であり、講道館柔道の支援者であった東に説明を求めた。ヤンソンに宛てたメイヤーの返信は、次のように綴られている。「東京にいる連盟の指導者はプロフェッショナルではない。もちろん、教師が数名いるが、彼らは連盟の指導者ではない」（一九六〇年八月一二日）。事実、講道館は一九〇九年すでに、民間企業から財団法人に変わっていた[18]。それゆえ、嘉納履正は、ブランデージ宛の書簡のなかで次のように主張することができた。「もちろん、ＩＪＦはアマチュアの組織である。そして現在、我々はアマチュアリズムの精神を再生しようとしている」（一九六一年五月八日）。しかし、プロフェッショナルな柔道教師の存在は否定されず、（既述のように）一九六一年六月五日にＩＪＦがＩＯＣに宛てた書簡では、次のことが記されている。「師範が大会に参加できないことは、非常に明白である」。

3　東京オリンピック競技会とその後の展開

一九六四年の東京オリンピックの柔道競技は日本武道館で行われた。これは、とりわけこのオリンピック種目のために建設された「スポーツ」ホールであった。日本人柔道家は、四競技中三つの金メダルを獲得し、明らかに競技で優位に立っていた。金メダルを獲得したのは、六八キロ以下級の中谷雄英《なかたにたけひで》、八〇キロ以下級の岡野功、八〇キロ超級の猪熊功であった。これらの勝利にもかかわらず、国際的にも、日本国内でも記憶の場となり、柔道の国際化を完了させたのは、無差別級におけるオランダ人アントン・ヘーシンクの勝利であった。今や柔道が、日本人のみが習得できる、単なる日本のスポーツではなくなったことが観客にとって明らかとなったのである。

しかしながら、日本人柔道家の優位が六〇年代に終わることは、以前から予見されていた。戦後初の世界選手権は一九五六年と一九五八年に東京で開催された。両年とも、日本人柔道家が一位と二位を占めた。世界が柔道の生誕地に（戻って）来たかのようであり、結局、日本人の格闘術が今なお秀でていることが示された。ヨーロッパの体重別の階級とは異なり、世界選手権の最初の三回は無差別級のみであった。このことは、比較的小さい日本人柔道家が屈強なヨーロッパやアメリカの柔道家と対戦しなければならないことを意味していた。一つの階級のみで闘うことは、弱者が技術と精神によって強者を倒すことができるという嘉納の本旨の一つに沿うものであった。五〇年代の日本人の技術と精神は秀でていたように思われる。しかし、世界選手権が日本以外で初めて開催された一九六一年すでに、ヘーシンクが選手権チャンピオンのタイトルを獲得した。東京オリンピックで体重別に階級を設けるという決定は確かに、日本が四階級で金メダル三個、銀メダル一個を獲得することに繋がった。しかし一九六一年は、オリンピックにおけるヘーシンクの勝利と、行政、ルール、格闘術における講道館優位の終焉も予兆していたのである。ＩＪＦ内における講道館の立場も一九六四年以降弱まり、一九六五年にイギリス人のチャールズ・パーマーがＩＪＦの会長職を引き継ぎ、一四年先まで、講道館のヘゲモニーは失われることとなった。松前重義によって、ＩＪＦの会長職は日本に戻って来た（一九七九〜八七）が、日本柔道もその時までには、もはや一枚岩ではなくなっていた。競争的なオリンピック柔道の「正しい道」を巡って、松前、学生団体、全日本柔道連盟、講道館の間で内部摩擦が起こった。一九六四年に無差別級の勝者となったヘーシンクが七〇年代に、ヨーロッパ全般で導入され、講道館のシステムとは対照的なトレーニングシステムを開発したことも、驚くべきことではない。一九八六年に、ブルー柔道衣という、ここ三〇年の柔道界で最も物議を醸すことの一つを提案したのもヘーシンクであった。ブルー柔道衣は一九九七年に実現され、これによって、観客と審判が競技者を見分けやすくなったのである。

一九六四年のオリンピック柔道は、ポジティブなイメージを世界に発信することで、日本と日本の伝統を国際的に復興することに寄与した。さらに、柔道は、戦時期の重荷を背負わされることのない国家的アイデンティティを構築することにも役立った。しかし、柔道は今もなお、近代性のなかで影響力をもつ伝統に依存している。神永昭夫がヘーシンクに敗れたことによって、日本柔道は深刻な危機に陥り、ＩＪＦ内での権力も日本人の手から離れていった。しかし、柔道が一九六四年にオリンピックスポーツとなったにもかかわらず、国際的な議論のなかでは、柔道の「日本的なるもの」は失われなかったのである。

【註】

（１）*Bulletin du Comité International Olympique*, No. 21-22 (June-August 1950), 14.

（２）関春南『戦後日本のスポーツ政策』大修館書店、一九九七年、一五二〜一五四頁。

（３）*Bulletin du Comité International Olympique*, No. 53 (August 1958), 45.

（4）Letter from Kanô Risei to Avery Brundage, March 18, 1953.
（5）Letter from Avery Brundage to Kanô Risei, September 14, 1954.
（6）Minutes of the 57th Session of the International Olympic Committee in Rome, August 22d to August 23d 1960, in *Bulletin du Comité International Olympique,* No. 72 (November 1960), 63.
（7）*Bulletin du Comité International Olympique,* No. 72 (November 1960), 63.
（8）Minutes of the 57th Session of the International Olympic Committee in Rome, August 22d to August 23d 1960, *Bulletin du Comité International Olympique,* No. 72 (November 1960), 69.
（9）Minutes of the 58th Session of the International Olympic Committee in Athens, 1961, *Bulletin du Comité International Olympique,* No. 75 (August 1961), 77.
（10）一九五三年ブランデージ宛の書簡のなかで、嘉納履正は彼の父の「長年の願い」について語り、申請書では次のように記している。「彼（嘉納治五郎）は長年の間、柔道のオリンピックへの採用を望んでおり、世界的な柔道システムの組織の実現に向けてかなりの努力を重ねていた」(Kano Risei to Avery Brundage, May 14, 1960)
（11）Letter from Jack Robinson to Avery Brundage, February 16, 1955.
（12）Letter from Janson to Mayer, August 5, 1955.
（13）Letter from Janson to Mayer, January 21, 1956 and Janson to Mayer, January 3, 1956.
シュテファン・アッシェンブレナー（ＩＷＪＦの事務局長）とユリウス・フレック（ＩＷＪＦの部長）も、柔道は宗教を推進するという見地から意見を表明している。彼らの書簡のなかでは、柔道において教育とよばれるものは宗教教育に他ならないという考えにもとづく主張がなされている (Stephan Aschenbrenner to Comite International Olympique, August 2, 1956 and Fleck to Brundage, August 10, 1956)。
（14）Letter from Mayer to Janson, February 14, 1956.
（15）Letter from Janson to IOC, August 20, 1962.
（16）Guttmann, *The Games Must Go On,* 11984, p.116.
（17）Janson to Mayer, August 7, 1960; Letter by Janson to Mayer from August 20th 1962. 教育の問題はＩＪＦ内でもデリケートな問題であった。ヨーロッパ人は柔道をスポーツとして明確に定義しようとしていたのに対し、日本人は柔道の教育的価値を強調した。

（18） A. Niehaus, *Leben und Werk Kanô Jigorôs*（1860-1938）, Würzburg, Ergon Verlag 2003, p.219.

※本節はベルギー・ゲント大学教授ニーハウス・アンドレア氏の英文原稿を翻訳したものである。

第二節　日本体育協会と生涯スポーツ

1　生涯スポーツへの思い

(1)「大日本体育協会」の設立

一九一一（明治四四）年に嘉納治五郎が中心となって設立された「大日本体育協会」は、一九四二（昭和一七）年に国策に沿って「大日本体育会」に改組された。敗戦後の一九四八（昭和二三）年に現在の「日本体育協会」へと改称して現在に至っている。

「大日本体育協会」の設立にあたって嘉納は、体育・スポーツ振興に対する思いを「日本体育協会の創立とストックホルムオリンピック大会予選会開催に関する趣意書」に表明した。そこには、体育・スポーツの組織体制の整備の必要性に合わせて、生涯スポーツ振興について明確に言及されている。

国家の盛衰は国民精神の消長に因り、国民精神の消長は国民体力の強弱に関係し、国民体力の強弱は其国民たる個人および団体が特に体育に留意すると否とに依りて岐るることは世の普く知る所に候。此故に欧米諸国にありては各個人は各自其身の健康に注意するを以て己が本分と心得、自治団体は其体育上の施設を以て市町村民に対する須要の政策と認め、公私相応じて体育に従事する有様は実に健羨すべき程にて候。顧みて我国を思ふに維新以来欧米の文物を採用するに汲々たりしに拘らず独り国民体育の事に至りては殆んど具案的の施設なく体育の事とし言へば僅かに学校体育の一部たる体操科および課業外に秩序なき運動あるに過ぎず候。従って全国壮丁の体格は年々其弱きを加へ学校卒業者の体格の如き其劣弱なること返って無学者よりも甚しき情況を呈するに至りしもの決して偶然の事には無之候。若し此儘に経過したらむには我国家の将来由々敷大事に立至るべく今日の場合は決して看過するを許さざる儀と考へられ候。而して之が救済の道に就ては確固たる方針に依り体育の普及発達を図るべき一大機関を組織し、都市と村落とに論なく全国の青年をして皆悉く体育の実行に着手せしむるを以て目下の急務なりと存候。

国の盛衰は、国民の精神が充実しているか否かによる。国民の精神の充実度は、国民の体力に大きく関係する。そして、国民の体力は、国民一人ひとりおよび関係する機関・団体などが体育（スポーツ）に関して、その重要性をどのように認識しているかによるものという前提のもと、当時の現状として、我が国の体育（スポーツ）の振興体制は、欧米諸国に比べ著しく劣っており、必然的に青少年の体格も劣弱の状況であることから、一大機関を組織し、体系的に国民の体育（スポーツ）の振興を図ることが急務であると考えた。嘉納は、オリンピック競技大会への参加を念頭においた組織・体制を整備することの他に、我が国の体育（スポーツ）の現状と世界の動向に鑑み、日本国民の体育（スポーツ）の普及振興を図ることを主要な目的として「大日本体育協会」を創立したのであった。学校教育だけでなく、一般社会においても嘉納治五郎のスポーツ振興に対する思いは強いものであった。この思いが、生涯スポーツ振興の核となる組織としての「大日本体育協会」の設立を促したのであった。

IOC 委員嘉納治五郎

(2) 戦後のスポーツ振興

太平洋戦争において敗戦国となった日本は、国際社会から孤立した存在となった。スポーツにおいても同様であり、国際オリンピック委員会（ＩＯＣ）、各国際競技連盟（ＩＦ）からも国際的資格を喪失した状態であった。そこで、田畑政治《まさじ》、沢田一郎、高島文雄などの日本体育協会理事は、国際情報委員会を構成して進駐米軍の体育関係者と懇談会を催し、国際スポーツに対する国内活動を醸成し、同時に一日も早く国際オリンピック委員会や各種目の国際競技連盟への復帰承認を促進するための運動を起こした。一九四八（昭和二三）年のロンドン・オリンピック大会への参加を目指したが実現には至らなかった。しかし、関係者のその後の尽力が実り、一九五二（昭和二七）年のヘルシンキ・オリンピック大会への参加が認められた。その後、「日本体育協会」は戦前期と同様に、National Olympic Committee（ＮＯＣ、国内オリンピック委員会）としての役割を担い、オリンピック参加を通して日本の国際関係の復活を推進する中心的な役割を担った。

一九五〇（昭和二五）年から四年ごとに開催されたアジア競技大会には、日本は第一回大会から参加した。一九五八（昭和三三）年の第三回大会は、東京の国立霞ヶ丘陸上競技場を中心に開催された。本大会は、当時オリンピック招致を目指していた東京にとって、スポーツイベントの開催・運営能力を対外的にアピールする絶好の機会となった。

また、スポーツ振興のための基盤作りを企図して、スポーツ・バッジ・テストが実施された。これは、一九四七（昭和二二）年五月に小笠原道生を委員長、水町四郎、岩田正道、大谷武一、野口源三郎、栗本義彦を委員として、運動能力の最低基準を初級・中級・上級と定めて、合格した者にバッジを授与するという制度であった。作成にあたって危惧されたことは、戦時中の体力章検定のような国家権力行使の復活と誤解されることであった。そのため、小笠原は、いくどとなく連合国軍最高司令官総司令部（ＧＨＱ）民間情報教育部を訪ね、その内容を説明して諒解に努めた。研究と調査に約二年を費やし、一九五一（昭和二六）年六月に完成し、同年九月から実施された[1]。

2　スポーツ少年団の設立

(1)「オリンピック青少年運動推進準備委員会」

嘉納の生涯スポーツ振興の願いを継承した「日本体育協会」は、一九六四（昭和三九）年の東京オリンピック招致成功を契機に、トップレベルの競技力育成のみならず、国民全般、特に青少年に対するスポーツ振興に力を入れることになった。この中心的な施策が「スポーツ少年団」の設立と発展であった。

一九五九（昭和三四）年五月、ミュンヘンで開催されたＩＯＣ総会において、五年後に東京でオリンピック競技会が開催されることが決定された。翌年一月に「東京オリンピック選手強化対策本部」が設置され、本部長に田畑政治、副本部長に大島鎌吉が就任した。「東京オリンピック選手強化対策本部」の主要方針として「選手強化五ヶ年計画」が設定され、東京オリンピック大会までのロードマップが明らかにされた。「五ヶ年計画」の一年目（一九六〇（昭和三五）年）は、計画推進のためのシナリオの詳細を固めるため、ローマ・オリンピック競技会およびヨーロッパ事情視察報告が組み込まれていた。このヨーロッパ視察は大島が中心となり、彼の第二の故郷ともいえる西ドイツを中心に展開された。ここで、大島は、当時の日本では聞き慣れない「みんなのスポーツ」運動のアイデアと、その運動を支えるためのスポーツ施設増強運動である「西ドイツ・ゴールデンプラン」を持ち帰り、日本に紹介するとともに、その精神を「五ヶ年計画」に組み込んだのであった[2]。

「五ヶ年計画」と連動するかたちで、一九六〇年五月より、青少年のオリンピック運動を推進するため、「日本体育協会」の提唱で「オリンピック青少年運動推進懇談会」が組織された。同年一二月九日の同懇談会において、より本格的な活動を期して「オリンピック青少年運動推進準備委員会」を発足させることが申し合わされた。同年一二月一三日、準備委員会設立小委員会が開催され、準備委員の選考・委嘱が行われた。委員長竹田恒徳《つねよし》（体協専務理事）ほか、副委員長二名、常任委員一二名、委員二五名、顧問三名、幹事一三名、代表委員六名により組織された。総勢六二名という大規模な委員会組織であったことからも、日本体育協会の力の入れ方がうかがえる。翌年の一九六一（昭和三六）年一月一七日、第一回目の常任委員会が岸記念体育会館で開催され、推進の趣旨が明確にされた。

オリンピック青少年運動推進準備委員会の性格および趣旨(3)

1．青少年問題の対策については、今日ほど急を要し重大なことはない。すでに種々の形の対策が施されてはいるが、スポーツ界の立場からもぜひその対策を講じ、青少年問題の解決の一翼を担うべきだとの意向が各方面から台頭している。

2．幸い一九六四（昭和三九）年にオリンピック東京大会が開かれる。この機を頂点とし、それに至るまでの準備期間中に青少年を対象とした各種のオリンピックに関連する事業を企画し、既成の各種団体との調整を計って、とかく無目標、無目的になりがちな大多数の青少年を健全な方向に向けさせる。

3．この運動を推進するため具体策の一例として次のことなどが考えられる。

①　少年スポーツ章の制定（昔の体力章検定のようなもの）

②　少年オリンピックの歌の普及（本準備懇談会の提唱により体協において歌詞は公募当選作決定済み）

③　オリンピック植樹等の運動

④　オリンピック・キャンプの実施
⑤　国際的公徳心の啓蒙普及
⑥　オリンピック写真新聞の刊行

この趣旨にみられる考え方は、「オリンピック・デー」などでの青少年に対するオリンピック・ムーブメントの啓蒙とは本質的な違いが認められ、スポーツによる青少年の健全育成といった、後の「スポーツ少年団」創設の発想につながるものといえるものであった。

準備委員会が実施した第一回の事業は、一九六一（昭和三六）年三月七日、東京都体育館で開催した「オリンピック青少年のつどい」であった。これは「少年オリンピックの歌」の発表会を兼ねるものであった。

また、「オリンピック青少年運動推進準備委員会」の委員長、副委員長、常任委員、顧問は以下のとおりである。当時の日本の体育・スポーツ界を牽引する主要人物が多数名を連ねた。

オリンピック青少年運動推進準備委員会名簿(4)（順不同）

委員長　　竹田　恒徳　　体協専務理事
副委員長　栗本　義彦　　体協理事
副委員長　久富　達夫　　体協理事
常任委員　野津　　謙　　日本蹴球協会会長
常任委員　塩沢　　幹　　体協理事（事務局長）

常任委員　西田　泰介　　文部省体育官
常任委員　尾崎　剛毅　　東京都体育部長
常任委員　松沢　一鶴　　組織委員会事務局次長
常任委員　大島　鎌吉　　東京オリンピック選手強化対策本部副本部長
常任委員　中原　乾二　　体協理事
常任委員　高崎　米吉　　選手強化対策委員、高体連理事長
常任委員　古橋広之進　　オリンピック青年協議会
常任委員　吉川　芳次　　小体連理事長
常任委員　山岡　二郎　　中体連理事長
常任委員　朝倉　政之
　顧問　津島　寿一　　体協会長、組織委員会会長
　顧問　東　龍太郎　　ＩＯＣ委員
　顧問　高石真五郎　　ＩＯＣ委員

なおこの他に、中体連一名、高体連二名、小学校長会、中学校長会、高等学校長会より各一名の代表委員を選出することになっている。

この「オリンピック青少年運動推進準備委員会」で大きな役割を果たした人物は、大島鎌吉と野津謙（当時日本蹴球協会会長）であった。野津は、サッカー日本代表初の外国人コーチとして西ドイツからデットマール・クラマー

を招聘するなど、西ドイツに関係深く、ドイツ語も堪能であった。野津自身の自伝『野津謙の世界　その素晴らしき仲間たち』のなかにも、「オリンピック青少年運動推進準備委員会」が創設を目指した「スポーツ少年団」のモチーフになったものは、西ドイツの「スポーツ・ユーゲント」であったことが記されている。

スポーツ少年団は我々の先輩であるスポーツ・ユーゲントに学ぶことが多く、その中に、少年団員の交流が実現し指導者の交流も引き続き起って今日にいたっている。(5)

「オリンピック青少年運動推進準備委員会」は、「オリンピック青少年のつどい」の準備と実施の間、「オリンピック青少年のつどい実行委員会」に切り換えられていたが、「つどい」の終了後、一九六一（昭和三六）年三月一二日に第二回準備委員会を開催した。その会議で、「スポーツ少年団」の結成と、その組織育成を積極的に進める方針が立案されたのであった。準備委員会は、委員の互選による「小委員会」を設け、組織化の構想や具体的な内容の検討を進めることを決定した。設置されたスポーツ少年団結成のための小委員会は、五月一九日に第一回会議を開き、約一年後の一九六二（昭和三七）年の「日本体育協会」創立五〇周年を目途に、結成の準備検討作業を進めることにした。以後小委員会は、一九六二年二月まで九回にわたる会議を開いた。一二月一八日の第八回会議までにほぼ組織構想が固まり、二月九日の第九回会議において、同年六月二三日のオリンピック・デーに開催する「日本体育協会」創立五〇周年記念行事にあたって、記念事業の一環として「スポーツ少年団」を創立するため、東京を中心にモデルとなる団を結成すること、およびそのための準備計画を決めたのである。「日本体育協会」理事会は、「オリンピック青少年運動推進準備委員会」の企画構想を受けて、一九六一年一二月の第一四回理事会で「日本体育協会」としての機関決議を行い、「スポーツ少年団」創設を正式に決定した。

一九六三（昭和三八）年一〇月に西ドイツスポーツ・ユーゲントの指導者が来日して、研究協議会が開催された。一九六五（昭和四〇）年からは、西ドイツスポーツ・ユーゲントと「スポーツ少年団」の少年同士の交流が毎年続けられている。これらの西ドイツとの国際交流活動は、野津と大島によって推進・実現されたのであった。

(2)「日本スポーツ少年団」の結成

一九六二（昭和三七）年六月二三日のオリンピック・デーを兼ねて開催された、「日本体育協会」創立五〇周年記念事業の一つとして「日本スポーツ少年団」が結成され、当日の式典において各少年団に対してそれぞれ団旗が授与された。

「スポーツ少年団」は、我が国に初めて登場した地域社会に組織する少年スポーツ団体であったが、その創設の意図は、学校教師、スポーツ関係者・指導者、青少年教育に関心をもつ人はもちろんのこと、広く国民に対し健全な青少年育成に関心を向けることにあった。「スポーツ少年団」創設の意図を公的に明確にしたものが、一九六二年四月二六日に、「日本体育協会」会長津島寿一の名をもって、広く各界関係者に対して配布された「日本スポーツ少年団の結成に協力を要請する」という文書であった。それは、一九六二年六月二〇日発行の『体協時報』一一〇号に掲載された。

スポーツ少年団の結成に協力を要請する(6)

二〇世紀の後半における急激な科学の進歩は、生産手段の機械化と集団化をもたらし、これに伴う都市の膨張と消費文化の普及によって、人の心や物に強い影響を与え、社会に大きな変革を招来しました。このような新事態に処して、人々がなおかつ健全な生活を営み、堅実な社会を築くことは容易なことではありません。

殊に次の世代を担う感受性の強い少年に与える影響は、手をこまねいて見ているに忍びないものがあります。これを救う道は、一層教育を充実する以外にないと考えられますが、とくに少年教育に当たっては、体育・スポーツの実践を通じて誇りをもち、能力の勝れた健全な少年を育成することが、まず第一に大切なことであります。

申すまでもなく、少年が体育・スポーツを実践する場は、学校と社会との二面があります。

しかし、学校は近年教育内容が激増してきている現状から、新しい体育・スポーツ実践の場は社会に求められねばならないと考えます。

たまたまわが国の社会体育は従来あまり振いませんでした。

いまこれを欧米諸国の近年の驚くべき進展にくらべると、彼我の距離がますます大きく開いてきていることが痛感されます。

少年たちは一人残らずスポーツを愛好し、スポーツによって心身を鍛練することを好んでいるでしょう。

しかし、学校体育だけではその機会と施設を十分に満足させることができない状態であります。

たまたま一九六四年のオリンピック大会は、少年のスポーツを振興するために絶好の機会を提供してくれました。

また、昨年成立したスポーツ振興法では、青少年スポーツの振興を重視するとともに、その責任と義務をわれわれに課したのであります。

このときこそ社会における少年のスポーツを画期的に振興して、新しい世代に対処し得る第二の国民を育成することは、われわれの重大な責務であると言っても過言ではないでしょう。

われわれは、このことを実現する具体的方策として組織的な体育・スポーツの実践のためにスポーツ少年団を結成し、これを育成することが、多くの経験を通じて最も適切であるという結論に到達しました。

しかしながら、このことは心ある人々すべての良識と善意に期待しなければなりません。

よってここに政府、国会、全国の知事、市区町村長、教育委員会などの理解と協力を要望するとともに、すべての教師、スポーツマン、体育指導者、青少年教育に関心を有する人々はもちろん、広く国民に対しスポーツ少年団育成に対する心からの協力、援助を要請する次第であります。

昭和三七年四月二六日

財団法人日本体育協会　会長　津島寿一

「日本体育協会」会長名でこのような「要請文」が出された理由には、当時の時代背景が大きく関わっていた。戦後の日本は、世界史上類をみない急速な経済成長を経験した。その途上で、産業の機械化・近代化が急激に進み、これに伴う消費文化の浸透などによって、物質的には豊かな生活が送れるようになった反面、人々のこころやからだに大きな問題が起きてきた。とりわけ、青少年世代への影響は大きく、からだを動かすことが少なくなったことによる体力の低下や、地域コミュニティの崩壊による子ども集団の消失が進むとともに、少年犯罪の増加、その低年齢化といった問題も顕著になり始めていた。こうしたなか、健全な青少年育成、および地域コミュニティの再構築の打開策として「スポーツ」は注目されたのであった。それまでの日本における「スポーツ」は、学校教育を中心に発展、定着してきたが、その有効性を地域社会にも展開することにより、時代的要請に応えるものとして「スポーツ少年団」は創設されたのであった。

これらの背景をもとに、津島の「要請文」は、子どもたちに地域を基盤としたスポーツの場を新たに提供することによって、正しいスポーツを計画的、継続的に実践し、子どもたちを健全に育成しようと、「スポーツ少年団」の結成を全国に呼びかけようとするものであった。

「スポーツ少年団」の活動は、学校時間や家庭時間を除く自由時間に行い、活動拠点は学校内ではなく、地域社会に有すること、また、主活動であるスポーツ活動は競技スポーツばかりではなく、発育発達段階を考慮したスポーツ活動のほか、学習活動、野外活動、レクリエーション活動、社会活動、文化活動など当初から幅広くとらえられていた。

(3)「スポーツ少年団」の存在意義

津島の「要請文」が掲載された一九六二(昭和三七)年六月二〇日発行の『体協時報』一一〇号には、併せて、「スポーツ少年団」に関する諸規定や理念についても掲載された。そこには、「なぜスポーツ少年団をつくる必要があるか」というタイトルで、「スポーツ少年団」の存在意義について記述されている。

1．なぜスポーツ少年団をつくる必要があるか[7]

人間の知識は限りなく発達してゆきますが、ことに近年の科学の進歩にはまことにめざましいものがあります。このような科学の進歩は、私たちの生活に大きな変化をもたらし、仕事の上でも日常生活の上でも非常に多くの利益を与えてくれました。しかしその反面に、あまりにも早い物質文明の発達に人間の生活がついてゆけなくて、大事なことを忘れられてゆく心配があります。

たとえば原子核の研究が進んで核兵器が作り出されましたが、これはもし、ちょっとでも判断を誤れば一瞬の間に全人類が滅亡してしまう危険性をはらんでいます。

また、交通、通信が発達して大変便利になりましたが、そのかわりに人々の僅かな思いやりが足りないばかりに私達は不愉快な騒音や、不必要なマスコミに悩まさなければなりません。

いろいろな機械ができて仕事の能率はあがり、新しい物がどんどん作り出されますが、これを使って働らく人は、創意くふうの余地がなくなり、毎日単調で部分的な仕事に疲れはてることになります。

つまり科学が進歩することは大変立派なことであり、ありがたいことでありますが、そのかわりに私たちの生活のしかたを物質文明の発達と併行して、あるいはそれより前に考えなおし、つくりかえておかないと、せっかく文明も逆に人間の生活に不幸をもたらすことになりかねません。これが問題なのです。人間の幸福というものは、心も身体も健康で、人と人が互いに信頼し合い協力し合って、希望に満ち満ちて仕事をしたり、勉強したりするところにありますが、あまりにも急速に物質文明が発達すると、人間は機械に使われ、機械に引き廻されて人間の本性を見失ない、健康をそこなって知らず知らずの間に不幸に陥ってしまいます。

今後も科学はどんどん進歩するでしょうし、それは喜ばしいことに違いありません。しかしそれに負けないだけの人間の精神生活、道徳生活、健康生活を打ち立て、機械の使用人ではなく機械の主人公としての新らしい立場を確立する必要に迫られています。

そして、そのことが一番大切なのは若い人たちです。これから伸びてゆこうとする少年たちは、どんな環境にあっても自分を見失うことなく、力強く豊かに生きてゆく力を持つことが必要でありその力を養う機会が与えられなければなりません。この要求に応じて、少年たちみずからその力を養う新しい機会を持つこと、これがスポーツ少年団をつくり育てる必要の根本であり、全部であります。

「日本体育協会」の津島会長の「要請文」、および「なぜスポーツ少年団をつくる必要があるか」の両者の趣旨は共通している。それは、科学の進歩による物質文明の高度な発達に負けないように人間の精神、健康を確立していく必要があるということである。つまり、青少年の体育・スポーツ振興を組織的に興して、健全な若者を育成することを目指したのが「スポーツ少年団」のねらいであった。

こうした背景のなかで、「スポーツ少年団」の創設が企図されたのであったが、そこには「日本体育協会」としての独自の発想があった。それは、日本の体育・スポーツの近代以後の歴史と現状に対する省察、および今後のスポーツ界の在り方の展望にもとづくものであった。津島の「要請文」には、社会におけるスポーツを振興し、青少年を育成することが「われわれの重大な責務である」と述べられている。こうした省察と責務の自覚が東京オリンピックを契機として提起され、実行に移されたことの意義は大きいといえる。東京オリンピック競技会に先立つ一九六四(昭和三九)年一〇月七~九日に開かれた、第六二回IOC総会で、当時のIOC会長ブランデージは、あいさつのなかで次のように述べている。

(オリンピックの真の目的は)精鋭なスポーツ選手によるメダルの獲得や記録の更新によって与えられる一時的な栄光にあるのではなく、アマチュア規定の最高の原則のもとに鍛えられた強く健全な若人を育て上げるところにある。(8)

すなわちオリンピックは、競技会の開催やそこでの競技者の成績よりも、むしろアマチュアスポーツの振興による健全な青少年の育成、ひいては、よりよい市民の育成を目指すことに真の理想があるというのである。「日本体育協会」関係者は、この「オリンピックの理念」の正しい理解があったからこそ、「オリンピック青少年運動」へと進展し、「スポーツ少年団」創設に辿り着いたと思われる。

「スポーツ少年団」創設後も「日本体育協会」による健全な青少年育成に向けた新たな施策が継続された。一九六三（昭和三八）年六月からは、「スポーツテスト」をスポーツ少年団員の必須として全国的実施を開始した。同年一月には、埼玉県朝霞町トレーニングセンターにおいて、「第一回中央指導者講習会」が開催され、指導者養成に関する組織的活動も開始された。また同年七月には、静岡県御殿場市の国立中央青年の家において、「第一回全国スポーツ少年大会」が開催された。その他の指導者研修会や交流事業も開催され、今日に至っている。

3　スポーツ少年団と嘉納の理念

「スポーツ少年団」創設二〇周年を記念して、日本体育協会は『日本スポーツ少年団創設二〇周年記念　二〇年のあゆみ』を刊行した。巻頭に掲載された「日本体育協会」会長河野謙三の挨拶文に、以下のような文章が寄せられた。

スポーツ少年団は昭和三七年、本会が創立五〇周年の記念事業として創設を決定したのですが、その目的とするところは本会初代会長嘉納治五郎先生が生涯の命題とされた「スポーツによる青少年の健全育成」の理想を実現させることでありました(9)。

カイロからヨーロッパへ向かう嘉納（左端）
（講道館所蔵）

河野は、「嘉納治五郎先生の生涯の命題」の実現のために「スポーツ少年団」が創設されたことを明言している。ここでいう、嘉納の「命題」とは、まさに東京オリンピック競技会の時にＩＯＣ会長のブランデージが述べたオリンピックの精神（精鋭なスポーツ選手によるメダルの獲得や記録の更新によって与えられる一時的な栄光にあるのではなく、アマチュア規定の最高の原則のもとに鍛えられた強く健全な若人を育て上げるところ）と同一である。この考えは、「精力善用」「自他共栄」の精神にも通じる嘉納思想の根本でもあるといえる。

嘉納が「大日本体育協会」を設立した趣旨は、「我が国の体育・スポーツの現状と世界の動向に鑑み、日本国民の体育・スポーツの普及振興を図ること」であった。つまり、一般社会におけるスポーツ振興に対する嘉納の願いを継承したものが、現在の「スポーツ少年団」であるといえる。

また、我が国は太平洋戦争の敗戦という画期において、その前後で政治、行政、教育体制や理念が大きく方針転換した。西ドイツとのさまざまな交流からヒントを得て「スポーツ少年団」が形成されたことは、敗戦国として戦後復興を同じく歩んだ国であったことも十分関係しているであろう。

それにもまして、嘉納の思想は、この歴史的画期にまたがって広く受け容れられたのである。まさに、嘉納の目指した平和、教育に対する考えは、時流に流されない普遍的な存在であったことを象徴している。この意味において、「スポーツ少年団」の創設は、「嘉納思想への回帰」と単純に言い切ってしまうには、あまりにも素っ気なく物足りない感じがする。むしろ、綿々と存在し、生き続けた嘉納の偉大な精神の多くの理解者が次世代へとバトンを受け渡し続けた結果、「スポーツ少年団」という明確なかたちとなって今に遺されているといえる。

【註】

（1）（財）日本体育協会『日本スポーツ百年』名古屋タイムス社、一九七九年、一四一～一四六頁。
（2）中島直矢・伴義孝『スポーツの人　大島鎌吉』関西大学出版部、一九九三年、一八四～一九九頁。
（3）「オリンピック青少年運動推進準備委員会の性格および趣旨」『体協時報』九七号、一九六一年。
（4）「オリンピック青少年運動推進準備委員会名簿」『体協時報』九七号、一九六一年。
（5）野津謙『野津謙の世界　その素晴らしき仲間たち』国際企画、一九七九年、一一九頁。
（6）「日本スポーツ少年団の結成に協力を要請する」『体協時報』一一〇号、一九六二年。
（7）「スポーツ少年団とは!!」『体協時報』一一〇号、一九六二年。
（8）（財）日本体育協会・日本スポーツ少年団『日本スポーツ少年団創設三〇年史』（財）日本体育協会、一九九三年、一六頁。
（9）（財）日本体育協会・日本スポーツ少年団『日本スポーツ少年団創設二〇周年記念　二〇年のあゆみ』（財）日本体育協会、一九八三年、二頁。

第三節　嘉納思想への回帰

1　「形」の研究の推進

(1)「形」とは何か

柔道は国際化していくなかで、カラー柔道着に象徴されるように、本来の柔道の考えが薄れつつあるといわれてきた。その一方で、原点である嘉納治五郎の柔道思想に回帰しようという動きも出てきている。それは、形の重視や柔道ルネッサンスの運動などにみられる。

柔道の練習方法には、「乱取《らんどり》」と「形《かた》」の二種類があり、「乱取」は、自由な方法で練習や試合をすることで、「形」はあらかじめ順序と方法を決めて練習することである。嘉納が講道館柔道を始める前は、多くの柔術家は、形のみをやるか、形を主としたものであった。「乱取」も「形」から発達したものである。約束的に順序方法を定めて形を行う場合に、相手の技が利かない場合に、反対にこちらから技を掛けるようになり、それに対して相手も臨機応変の技を返すというような方法がこうじて、乱取になったのである(1)。

「乱取」は柔道の競技化とともに、世界に広まったが、「形」は、乱取ほどには関心が向けられなかった。ところが、今日では「形」も競技化されつつあって国際的になり、世界柔道形選手権大会が二〇〇九（平成二一）年から開催されるようになった。この背景の一つに、今日の柔道競技に満足せず、嘉納が創始した講道館柔道の技と精神の原点は何であったかということを求める傾向があげられる。柔道の嘉納思想への原点回帰になり得るかどうかということは、講道館をはじめとする日本の柔道関係者の双肩にかかっているといえる。

嘉納は、「形」について次のように言及している。[2]
ア　「形」と「乱取」の関係を文法と作文の関係に例えて解いていること。
イ　「形」ができた主たる理由は、門弟数が増えて講道館創設当初のような個別指導ができなくなり、まさにパターン化された一斉指導の可能な合理システムが必要になったこと。
ウ　大日本武徳会要請に応じ、最初は「投の形」、次に「固の形」、やや遅れて「極の形」を作った後、それらに更なる検討を加えて講道館の「形」としたこと。
エ　「柔の形」は大日本武徳会の要請に関係なく、講道館独創の「形」として作ったこと。
オ　「形」の目的は体育と武術、加えて「古式の形」や「五《いつ》の形」等の美育であること。
カ　「形」はさらに創造していくべきものであること。
「形」も「乱取」も共に柔道の技術修行上、必要な両面で、それらの機能を明らかにして修行上、相互助け合うようにしなければならない。「乱取」は、危険な技を除いたので全力で自由に攻防できるが、相手が禁止されている関節技や当身技で攻撃してきた場合、それに対応できない。また、「形」は決まった順序、方法で行うので、「形」にない方法で攻撃された場合は万全ではない。したがって、両方を合わせて稽古しなければならないのである。

(2) 講道館柔道の「形」

講道館柔道の「形」は九つあり、「投の形」「固の形」「極の形」「柔の形」「五の形」「講道館護身術」「古式の形」「剛の形」「精力善用国民体育」である。

嘉納は、「形」はそれぞれ練習の「ねらい」が異なるため、勝負、体育、美的情操などを目的としたそれぞれの「形」の特性をよく理解して練習することが大切であると説いている。[3] この九つのうち、「剛の形」「精力善用国民体育」

の二つを除いた七つの「形」が現在、各種の大会、競技会などで演技されている。

①「投《なげ》の形」

投技《なげわざ》、固技《かためわざ》、当身技《あてみわざ》の三種類があり、そのうち投技は手技《てわざ》、腰技《こしわざ》、足技《あしわざ》、真捨身技《ますてみわざ》、横捨身技《よこすてみわざ》の五種類に分けられる。「投の形」は、この分類から代表的なもの三本ずつの計一五本を選んで組み合わせ、各々の技についていかに作り、いかに掛け、また、いかに受けるかなど、主として投技技術の基本の習得を目的として作られたものである。

②「固《かため》の形」

抑込技《おさえこみわざ》、絞技《しめわざ》、関節技の各々から代表的な五本の技が選ばれてできており、固め方の要点や体捌き、心構えなどを習得させるものである。

③「極《きめ》の形」

相手からのさまざまな攻撃に対し、投技、固技、さらに当身技を加えて対応する方法を簡潔にして、有効に会得させるために作られた「形」。講道館創立後数年を経た頃、乱取の「形」に対して真剣勝負の「形」一三本（始めは一〇本）を作った。

④「柔《じゅう》の形」

攻防の理合いと方法とを滑らかな動きと、美的な線によって表現するこの「形」は、活気活体、内外両面の充実を目的として考案され、一五本の技術から成り立っている。老若男女の別なく、また、平服でいつでもどこでもできる特徴をもつ。

⑤「五《いつつ》の形」

五本あるが完成したものではない。名称も付いていない。最初の二本は起倒流の「形」と趣を同じくしている。

天地自然の姿、その理を柔道的に表現したものといわれている。

⑥「講道館護身術」

他から加えられる危害より身を護るための技術として、柔道の技のなかからこれに適応するものが選ばれ、一連の攻防法として組み立てられている。制定は一九五六（昭和三一）年一月。徒手の部と武器の部とを合わせて二一本よりなり、実践的な〝行き合いを取る〟技術である。

⑦「古式の形」

往時の武士が甲冑を身に着けた際の鎧組打の投技を主としたもので、表一四本、裏七本から組み立てられている。嘉納が講道館柔道を創始される以前に学んだ起倒流の「形」が、技術的、理論的に優れ、また、精神修養上、有効であると認められ、その「形」を概ねそのまま講道館「古式の形」として遺されたものである。表の荘重優雅、裏の敏速果敢な攻防の理にその特徴がある。

•「表」一四本
体《たい》、夢中《ゆめのうち》、力避《りょくひ》、水車《みずぐるま》、水流《みずながれ》、曳落《ひきおとし》、虚倒《こだおれ》、打砕《うちくだき》、谷落《たにおとし》、車倒《くるまだおれ》、錣取《しころどり》、錣返《しころがえし》、夕立《ゆうだち》、滝落《たきおとし》

•「裏」七本
身砕《みくだき》、車返《くるまがえし》、水入《みずいり》、柳雪《りゅうせつ》、坂落《さかおとし》、雪折《ゆきおれ》、岩波《いわなみ》

(3)「講道館技研究部」の設立と研究活動

「講道館技研究部」は一九五四（昭和二九）年七月一日に

形を演じる嘉納（1929年、講道館所蔵）

設置された。その趣旨は、「柔道が世界的に発展しつつある現状に鑑み、柔道の技や形の研究、統一、新制定、その他、基本的な解説を図る等のことは、斯道の大本山を以て任ずる講道館として当然の義務であるばかりでなく、普及、および発展上からもきわめて重要なことである」(4)と記されている。

当初、「講道館技研究部」には、「投技研究部門」「固技研究部門」「形研究部門」の三つの部門があり、部門ごとに研究が進められた。「投技研究部門」「固技研究部門」は、乱取技の理合いが、どの技にも属さないような新しい技が増えてきたため、その技名称を研究する部門で、「形研究部門」は、「形」の規範となるべき技法を統一する部門であった。

その後、一九七七（昭和五二）年に三部門を統合し、テーマを一つに絞って研究を進めることとなった。まず投技新名称、次いで固技新名称を決め、その後、残された検討未了の「形」の統一の研究が始められた。そして、一九九二（平成四）年に「五の形」を最後に全部の「形」の統一を終了した。

2 「形」の国際選手権の開催

(1)「形」委員会の発足とIJF「形」ワールドカップ大会の開催

大陸レベルではパンアメリカンが早くから大会を実施していたが、ヨーロッパでは二〇〇五年に欧州柔道連盟が第一回欧州柔道「形」選手権大会をロンドン郊外で開催した。さらに東南アジア地区においては、「投の形」と「柔の形」のみであるが、二〇〇七年から東南アジア競技大会で競技されている。

国内では、一九九七（平成九）年に講道館と全柔連が開催した「全日本柔道形競技大会」がその始まりである。その後一〇回の国内選手権大会を経てからは、「形」の国際大会開催の機運が高まり、第一回講道館柔道「形」国際大会が二〇〇七（平成一九）年に講道館大道場で開催されるに至った。

二〇〇七年に国際柔道連盟新会長のマリウス・ビゼールの新しいプロジェクトの一つとして「形」の競技化が提案され、二〇〇九年の世界選手権大会開催に向けて準備が始められた。

ＩＪＦは二〇〇八年一月、発展プロジェクト委員長のジャン・ルック・ルージェ理事（フランス柔道連盟会長）が中心となり、初の「形」委員会がパリで開催された。会議は「形」委員会のフランコ・カペレッティ委員長（イタリア）が執り行った。各大陸の委員は、杉山正次（ヨーロッパ／イタリア）、竹内久仁子（パンアメリカン／アメリカ）、小俣幸嗣（アジア／日本）、アイバー・デイビス（オセアニア／オーストラリア）で、アフリカは不参加であった。

会議では、二〇〇九年に行われる初の世界選手権大会に向けて次のことが話し合われた。ＩＪＦ公認審査員を認定するため各大陸が公認審査員を用意すること、競技は講道館の「形」である「投の形」「固の形」「極の形」「柔の形」「講道館護身術」の五種類で行うこと、採点基準は欧州柔道連盟のものとすること、出場者・審査員の国別枠の設定などである。

第一回ＩＪＦ「形」ワールドカップ大会は、フランス柔道連盟に隣接する道場で、二〇〇八年一一月に行われ、二三カ国が参加した。大陸別ではヨーロッパが中心であり、アジアは日本、イランの二カ国、パンアメリカンはアメリカ、カナダ、コロンビアの三カ国、アフリカ、オセアニアは各一カ国で、南アフリカ、オーストラリアであった。種目別の選手数は、「投の形」一四カ国一八組、「固の形」一四カ国一六組、「極の形」一一カ国一三組、「柔の形」一三カ国一七組、「講道館護身術」一一カ国一三組であった。

初日は「投の形」「固の形」、二日目は残りの三種目が行われ、ともに予選と決勝を別に行った。審査員は、正面側に五人が一メートルおきに並んで座り、全員が同じ方向から見る形がとられた。

結果は、日本チームは「投の形」だけルーマニアチームに敗れて二位だったが、他はすべて優勝した。当初、審査員認定のためだった「形」ワールドカップは、名称も含めて世界選手権大会のテストイベントという意味を超えるものと評価された。

(2) 第一回世界柔道「形」選手権大会

二〇〇八年のワールドカップに続いて、国際柔道連盟が主催する初の「形」世界選手権大会が、二〇〇九年一〇月、マルタで開催された。大会には、前年のワールドカップと同じ二三カ国が参加した。大会では、「投の形」「固の形」「柔の形」「極の形」「講道館護身術」の五種目が実施された。また、「柔道ショウワールドカップ」という新しい演技会も行われた。

出場は各国二組まで可能であるが、参加したのは「投の形」が一九組、「固の形」が一八組、「柔の形」が一六組、「極の形」が一五組、「講道館護身術」は一四組であった。日本からは各「形」一組のみが参加した。「柔道ショウ」は七組という小さな規模で、競技というよりアトラクションに近く、いろいろな形態が見られ、採点するにも観点や基準がどうなるのか不明であった。日本は趣旨に不賛成の立場からこのショウには参加せず、審査員も出さなかった。

審査員は、前年のワールドカップでＩＪＦから認定された三二人のうち、二六人（欧州二〇人、アジア二人、パンアメリカン一人、オセアニア三人）が参加した。大会前日には審査員セミナーが一日かけて開催された。ワールドカップの映像による技評価の観点の確認、模擬採点とその評価の検討が個々人に対して行われ、コミッションメンバーがアドバイスを行った。

技術評価は、国内の大会では各技を一〇点満点とし、「優れている」一〇～九点、「やや優れている」八～七点、「普通」六～五点、「やや劣る」四～三点、「劣る」二～一点としている。技数のほか、「全体の流れやリズム」「礼法」などの評価項目も入るので、各「形」によって満点も異なる。採点は五人の審査員の最高点と最低点を除いた三人の合計点が選手の得点となる。

ヨーロッパでは、講道館の出している「形」ビデオをモデルとして、ミスの程度によって減点していく採点方式を採用している。ミスの動作はルールに定められており、大きなミスは五点で一回まで、中程度のミスは三点で一回まで、小さなミスは一点で二回まで減点される。審査員は間違いの程度と数だけをチェックし、「流動性、リズム」「礼法」の項目には点数を入れる。この点数の基準は国内とほぼ同じで、五人の審査員の最高点と最低点が省かれ、残りの三人分が合計される。

乱取試合では、審判員が自国の選手の審判は担当しないのが通例であるが、「形」の場合は審査員と演技者は同国であっても同じように審査に関わっている。

初日は「投の形」「固の形」「柔の形」が、二日目は「極の形」「講道館護身術」「柔道ショウ」が行われた。審査員五人とコミッションメンバー一人は、正面側に一列に並んで座り、すべての「形」に対し一方向から審査にあたった。

なお、決勝の演技順について、前年のワールドカップでは、予選の点数の低い順に行ったが、今大会では抽選により演技順を決定した。

結果は、日本選手が全種目で優勝した。その他、三位以内に入賞した国は、スペイン（二位・三組、三位・一組）、イタリア（二位・二組、三位・三組）、ルーマニア（三位・一組）のみであった。外国人選手たちの上位群のなかには講道館の夏期講習参加者が含まれていた。レベルに関しては、確実にワールドカップの時よりも向上したといわれた。

競技化される以前、「形」は大会に花を添える演技として行われていたこともあり、採点される対象ではなかった。しかし、競技化され、国際化した今では、いわゆる採点競技にある規定演技という範疇で扱われるようになった。それにより、「形」の演技がマニュアルどおりになり、ミスを避けるあまり迫力に欠けてしまったり、理合いに則っていなかったり、逆に過剰な動作で芝居化したりするなど、審査員向けの作為的な演技が増えることが懸念されている。すなわち、「形」の本質的な面が損なわれる可能性もある。

また、審査員と演技者が同国であっても審査に関わっている現状では、公平性に欠けることがある。

一方で、「形」の競技化により、これまで乱取試合では全くメダルに縁のなかった国にもメダルを獲得するチャンスが増え、柔道の更なる国際的発展に貢献することは確かである。事実、東南アジア競技大会において、ラオスの選手が金メダルを獲得した。

競技ルールの明確化、採点基準の統一、「形」種目増加への対応などＩＪＦには整備すべき問題がたくさんある。今後は、日本の牽引力と指導力が今まで以上に求められよう。流れるような形の演技とともに、礼法や柔道の理念など、嘉納の遺した精神をいかに受け継いでいくことができるかが重要である。その意味で、「形」の修得とともに嘉納の思想や柔道の歴史そのものを学ぶことも必要であろう。

3　「柔道ルネッサンス」

(1)　発足当時の「柔道ルネッサンス」活動（二〇〇一年〜〇四年一一月）

現在、柔道は国際化が進み、世界の文化として各国で受け入れられている。また、競技としてもメダル獲得国が増え、更なる拡がりが期待されている。二一世紀を迎えたことを機に、柔道の創始者である嘉納が提唱した柔道の原点に立ち返り、競技偏重を改めて人間教育を重視した事業を進めようとの意図から、我が国において「柔道ルネッサンス」が始められた。

「柔道ルネッサンス」は、中村良三（当時、筑波大学教授、国際柔道連盟教育コーチング理事）の発案で、嘉納行光（当時、講道館長・全日本柔道連盟会長）が提唱したことにより始まったものであり、二〇〇一（平成一三）年に講道館と全日本柔道連盟の合同プロジェクトとして「柔道ルネッサンス委員会」が立ち上げられた。

発足当時は、以下の四つの委員会に分けて活動していた。

①第一委員会（委員長・山下泰裕）：人づくり・キャンペーン活動

柔道の本質である「精力善用・自他共栄」の精神を見直し、各自が常に柔道人であることを自覚し、それにより日常生活での責任ある行動や服装を正し、他のスポーツの模範となることにより、社会に役立つ人間の形成を目指す。

②第二委員会（委員長・佐藤宣践）：教育・推進活動

少年柔道で学ぶ子供たちに、柔道だけでなく勉学にも励まさせ、人に思いやりのある心をもつよう指導し、次代のリーダーに相応しい人格を形成させる。

指導者に対しても、勝つためだけの偏った指導を戒め、試合で十分実力を出し切る指導に重点を置かせる。同時に、結果のみに囚われず、練習の過程を評価し、努力することの大切さを教えさせる。

③第三委員会（委員長・上村春樹）：ボランティア活動

社会全体のモラルの低下に伴い、公共の施設を大切に使用しなくなった今日、その改善策として、大会や講習会など柔道のすべてのイベント会場において、ＩＪＦの「フェアプレー賞」の紹介に合わせて会場の整理を行うよう指導していき、「柔道の会場は大変使用状態が良く、片付けも行き届いている」と評価されるよう、他のスポーツ大会会場の手本となるように心掛ける。

④ 第四委員会（委員長・中村良三）：障害のある人たちとの交流活動

大会会場をできる範囲内でバリアフリー化して、車椅子やその他の補装具での入場などを考慮し、より身近な武道としての存在をアピールする。また、パラリンピックを積極的に支援し、競技人口の向上に努める。

(2) 発展期の「柔道ルネッサンス」活動（二〇〇四年一一月～〇六年三月）

「柔道ルネッサンス」発足当時は、「柔道ルネッサンス」という言葉のみが先行し、単なる「ゴミ拾い活動」または「挨拶励行活動」ととられがちであったが、徐々に一人一人の意識が向上し、嘉納が創造した柔道を次世代に引き継いでいこうという活動に理解が得られ、国内外から高い評価を得るようになった。

二〇〇四（平成一六）年一一月には、それまでの四つの委員会を一つにまとめる組織改編を行い、全柔連各専門委員会、その他各団体・組織との連携を密にとりながら、より具体的な活動を展開することとなった。

これらの活動は、五年後、一〇年後の柔道界を見据えて、柔道が高い教育的価値を兼ね備えた魅力ある競技として発展し、より多くの人々に興味をもっていただけるよう、総合的な普及を目的として行われた。委員会による一方的な活動ではなく、多くの人々から広く意見を聴くことにより、相互理解を得ながら一つ一つのプロジェクトを着実に推し進めていくことを図った。

(3) 浸透期の「柔道ルネッサンス」活動（二〇〇六年四月～）

二〇〇六（平成一八）年度、二〇〇七（平成一九）年度は、より具体的な活動への特化が図られ、各専門委員会、他の団体との連携強化を促進、活動を委譲していった。二〇〇六年度より、本委員会のもとに行われてきた諸活動を整理し、八つのプロジェクト別の小委員会を置いて活動を開始した。特に各都道府県とのネットワークを密にして情報交換を行い、相互の連携を深めることで、「柔道ルネッサンス」活動の全国的展開が図られた。その二年目となる二〇〇七（平成一九）年度には、各都道府県において「柔道ルネッサンス」委員会の組織化が図られ、自主的な活動が数多く展開されるようになった。

嘉納の創始した柔道の原点に戻り、柔道を通じた「人間教育」の実践、および柔道の正しい伝承を目指して、二〇〇一（平成一三）年度から活動を開始した「柔道ルネッサンス」活動は、二〇一〇（平成二二）年度で一〇年目の節目を迎えた。一〇年間の活動の集大成として、各分野におけるこれまでの活動を総括するとともに、「柔道ルネッサンス」活動の今後のあり方について検討された。

一方、各都道府県における「柔道ルネッサンス」活動は、年々組織的、自発的な活動が多くなってきているなか、都道府県の間で活動内容に格差が見受けられることから、各都道府県の柔道ルネッサンス担当を対象とした「柔道ルネッサンス・フォーラム」を開催し、都道府県における活動をより積極的に推進していくことになった。

このフォーラムの最後に柔道ルネッサンス宣言二〇一〇が採択された。

柔道ルネッサンス宣言二〇一〇

一、指導者自らが襟を正し、「己を完成し、世を補益する」事を実践します。

一、理にかなった技の習得、「一本」をとる柔道を目指します。

一、老若男女が親しめる、安全に配慮した柔道の普及・発展に努めます。

一、美しい礼、正しいマナーで、品格のある柔道人になり、育てます。

「柔道ルネッサンス」活動は、柔道を嘉納の教えを正しく後世に伝えるために、必然的に起こった運動であった。嘉納履正第三代講道館長は、「自他共栄」は目指すものではなく、「自他共栄」の境地に至ることが大切であると語った。本来は、このような活動がなくても当たり前に行われることが理想であり、将来的には、後世に正しく柔道の技術を伝え、柔道を通して学んだ心を伝え、または柔道を通して国際交流、社会貢献を考えるといった、発展的な内容を議論する機会が増えることが、柔道界には求められている。

4　嘉納治五郎への回帰

(1)　審判規定の改正（国際柔道連盟）

国際柔道連盟の試合審判規定に、柔道をどのように考えているかが表れている。一九五二年に国際柔道連盟が設立されてしばらくは、講道館の定める審判規定を用いていた。一九六七年に国際柔道連盟が最初に定めた審判規定も、講道館のそれとほぼ同じであったが、一九七四年の審判規定で、技の判定基準として、「技あり」のほかに「有効」、「効果」が採用された。「有効」は「技あり」に近い技で、「効果」は「指導」に相当するような技術的な差のことであった。講道館では、「効果」については攻撃動作の範囲内であるとし、技の評価としては独立した扱いにはしていない。そして二〇〇九年に、国際柔道連盟は「効果」を廃止することを決めた。あわせて、直接ズボンを握ることの禁止事項も追加した。この審判規定の改正により、「一本」を取れるような柔道に軌道修正したといえる。これらのルールが適用された二〇一〇年の九月に行われた柔道世界選手権において、「一本」をとって勝負が決せられた試合が増えたのであった。この時の世界選手権のテーマは『原点回帰』であり、メダルのデザインに嘉納の肖像が刻まれた。柔道にもポイント制が導入されて、オリンピック競技会などに出場するためには、各国際大会を転戦してポイントを獲得しなければならないなど、競技化の影響が強まる一方で、嘉納の示した、しっかり組んで「一本」を取る美しい柔道へと回帰しようとする表れであると考えられる。このように国際化した柔道は、競技化する一方で、嘉納という原点に回帰しようという流れがあり、それは常に確認されるようにしなければならない。

5　イタリアスポーツ教育協会の試み

嘉納の原点に回帰しようという運動は、外国でも進行している。イタリアスポーツ教育協会では、嘉納の教育者の面に注目して、嘉納の教育理念、精力善用・自他共栄を生かした運動を展開している。主催は、会員数三五〇〇人の「イタリアスポーツ教育協会」で、イタリアの厚生労働省と教育省からも公認されている。当協会は柔道関係者が創始し、嘉納の『柔道教本』（一九三一年）にもとづく柔道、すなわち一本を取る柔道を学ぶことと、嘉納の提唱した「自他共栄」（他者に尽くすことで自己の人格も磨かれ、社会も繁栄していくということ）の精神を身につけることを目的としている。イタリアスポーツ教育協会が実践しているスポーツ活動は、スポーツ、ヨガ、ダンス、合気道、剣道などであり、スポーツ活動とともに、次のようなプログラムも用意されている。

①青少年を対象とした柔道教室
青少年を対象とした柔道教室やサマーキャンプなど。柔道の指導においては、ポイント制より「一本」の精神を重視し、嘉納が創案した柔道に近い特別ルールでの競技会を開催。
②障害者への柔道指導
自他共栄の精神を具現化するために、障害者を対象とした柔道教室を開催。
③女性スポーツリーダーの育成

スポーツ界における女性リーダーの育成を目指し、柔道の研修や各種セミナーを実施。

④農作業プログラム

連携している大学と共同して、学生に農作業を体験させ、資源や環境の大切さを学ぶ。

これらを通して、嘉納の自他共栄の精神を身につけるという。嘉納が一九二八年にイタリアで柔道の実演と講演を行ってからイタリアでの柔道は盛んになり、嘉納の名のもと、このような幅広い教育プログラムが展開されている。

嘉納治五郎生誕一五〇周年の二〇一〇年、イタリアスポーツ教育協会は、嘉納の理念とそれにもとづく実践を多くの人に理解してもらうため、ローマやミラノ、パレルモなど、イタリア各都市で一二回のセミナーを開いた。嘉納が生まれた一〇月には、国際レベルでのシンポジウムが行われた。ここには日本から谷本歩実が参加し、柔道の乱取りの稽古が行われた。さらに教育者としての嘉納を纏めた本がこの協会より同年一〇月に出版された。

嘉納治五郎生誕150周年シンポジウム

二〇一〇(平成二二)年一二月一〇日に行われた筑波大学における嘉納像除幕式には、次のメッセージが贈られた。

私どもは、スポーツとしての柔道を、夢中で実践して来ました。しかしながら、年月を経て、オリンピックへの理想は、先生のビジョンに於いて提言されている　修身法の中でのほんの一歩でしかなかった事に、私どもは気付きました。

柔道の稽古が、サンスクリット語の samskarah の意味する「行」のように、すなわち、一人の人間を統合へと導き、そして人類の進歩に献身し得る訓練が取り組まれるように、私どもは道場、学校での教育の改良に努めております。

現代において、科学が大きな進歩を果たす一方、人類の人格育成に関しては、科学を使いこなせる水準には達していないと考えられます。

それ故、世界、特に文明国の学校に対して、今まで知識主義により忘れ去られていた責任感のある、統合された人間育成を考慮に入れた発展的なカリキュラムを提案しております。

人類の進歩に役立つ教育と若者達に与える議論を、嘉納先生の柔道は提供する事が出来ると私達は考えます。

情けのない利己主義に取って代わり、真の男女によって構成される人類を作り上げるため、そして彼らがさらに社会を進展させてくれるよう、人生における美的感覚の研究に力を置くべきではないかと考えます。

敬具

二〇一〇年一一月　ミラノにて

イタリアスポーツ教育協会
会長　イバナ・ガイオ・バリオリ

このように嘉納の思想を原点とし、そこに回帰しようとする運動は、国際柔道連盟などの柔道界のみならず、柔道や武道を青少年の教育や学校教育に活かそうとする海外の教育組織にも起こっている。国際柔道連盟の規約の前文には、「柔道は嘉納治五郎先生により始められた。武術から生まれた教育的方法として柔道は一九六四年にオリンピック種目になった」と記されている。この前文があることにより、柔道関係者は嘉納を常に意識し、そこに拠り所を求めることができるのである。講道館や全日本柔道連盟は、嘉納の思想を時代に適応した形で幅広く国内外に発信していくことが求められているといえよう。

【註】

（1）嘉納先生伝記編纂会『嘉納治五郎』講道館、一九六四年、三七四頁。
（2）醍醐敏郎「講道館柔道の〝形〟について（7）」『柔道』八〇巻四号、二〇〇九年。
（3）醍醐敏郎「講道館柔道の〝形〟について（1）」『柔道』七九巻一〇号、二〇〇八年。
（4）同右。

第四節　ヨーロッパにおける武道への期待

今日、日本の武道は世界中で行われている。それゆえ、国際的な武道ブームであるといえよう。しかしながら、武道はその伝播に伴い、「輸出先の」国々のスポーツの伝統や身体文化にある程度順応もしてきた。そしてそれによって、武道は固有の文化的特徴のいくつかを失った。これは、越境化とも表現されてきたプロセスである(1)。このような展開は、さまざまな伝統文化の影響を部分的に受けているとはいえ、武道の理解が日本文化の理解につながるということ、そして武道が日本についてのこのような考えのために用いられてきたということを示している。これらの知見から、国際的なものであれ、日本的なものであれ、あらゆる武道に共通する点が今なお存在するのかという問題が浮かび上がってくる。そこで以下では、あらゆる武道に共通点が存在し、それは社会にとって武道が有する価値のなかに見出されるということを論じてみたい。

1　武道の特徴

武道が多様な武術を含んでいることは明らかであるが、それらは哲学的あるいは理論的枠組みや身体技術に関して異なっている。このような武道の多様性によって、武道に共通する価値を特定する試みは非常に困難なものとなる。しかし私見では、あらゆる武道の共通点をつくる状況がみられる。そして全日本柔道連盟を含む主要な日本の武道団体によって調印された武道憲章の公布は、（あらゆる武道を）結合する枠組みをつくる試みとしてみなされるに違いない(2)。武道とスポーツは本来対立するものであるとしばしば考えられているが、武道について語ることが、スポーツを語ることを意味することもある。ヨーロッパでは、「合気道はスポーツではなく武道である」「空手はスポーツではなく武道である」というような言葉を武道家にかけていることを耳にする。——国際柔道連盟の定義では確かに——スポーツとみなされている柔道においてさえ、このような言葉は普通に用いられている。明らかに、武道とスポーツは異なるものとしてみなされているのである。確かに、競技は武道とスポーツを差異化することには役立たない。なぜなら、ほとんどの現代武道はそのシステムのなかに競技を含んでいるからである。では、競技自体に違いがあるのか？　一本をとるシステムが武道であり、ポイント制を採用するシステムがスポーツであるのか？　武道とスポーツは実際、全く異なるものであるのか？

あらゆる武道のシステムは身体活動をある程度含んでいる。この点において、武道はスポーツと異なるものではなく、それゆえ、人体にとっての武道とスポーツの直接的な効果は同じである。つまり、武道とスポーツは個々人の体力を強化し、このことが個々人の健康に良い影響をもたらすのである。複雑な身体の動きを実践することや、これらの動きをパートナーや対戦相手の動きと合わせることは身体的協調をさらに後押しする。こうした身体的効果だけでなく、武道はレスリングやボクシングと同様に、護身術を体得できる活動である（その有用性はどの武道を行い、それをどのように学んだかに大きく左右される）。このような技術の体得は自らの能力や可能性に対する自信を深めることにつながる。武道のこうした側面を、嘉納治五郎は一八八九（明治二二）年の大日本教育会での講演においてすでに強調していた。この講演は、柔道や武道に対する嘉納の取り組みを理解する上できわめて重要である。しかし、海外で行った講演においても、嘉納はこのような柔道の効果を強調していた(3)。

武道の実践は集団（間）でのコミュニケーションや、個人間での非言語的（身体的）やりとりと言葉のやりとりを求める社交的な活動でもある。、武道は道場で一定の時間行う実際の稽古の枠を超えたもので、社交術を高めることのできるさまざまな活動を含めた、社交的な共同活動のなかにもみられる。これは、ヨーロッパにおける武道の重要な側面である。二〇世紀の初頭にヨーロッパへ武道（柔術と柔道）が伝播した当初、武道は闘技場やサーカスとつながりを持ち、商業化した。第二段階になってようやく、町、村、会社、学校そして大学に柔道の非営利クラブが設立された。今日まで、これらのクラブは商業主義的でなく、社交は新たなメンバーを引き寄せる非常に重要な要因となっている。練習後のビール、週末を一緒に過ごすこと……休日の旅行さえも、これらのクラブの習慣的な娯楽である。ヨーロッパ中で開かれている多くの武道セミナーについてはいうまでもない。そこでは、集中トレーニングに加えて、社会的交流が最も重要なものとなっている。ここでは、本来取るに足りないものとみなされ、しばしば等閑視されてきた武道のもう一つの価値が明らかとなる。つまり、武道はレクリエーションなのである。とりわけ、デスクワークが日々の労働生活の現実である現代社会において、身体を動かすことは、健康維持に役立つ効果がある。武道を行う時間や空間、そして行っているという実感は本質的にレクリエーションである。これらは労働の領域から切り離されたものであり、健康や充足感、最終的には、個人の生活の質に良い効果をもたらす。

このような武道の利点のすべてを、程度が異なるにせよ、スポーツは共有している。近代武道が（競争的な）近代スポーツの路線に沿って発展してきたこと、そして近代武道はそれぞれ程度の差があるにせよ、スポーツの特徴を包含してきたし、今も包含し続けていることは確かである。オリンピックの柔道が完全なるスポーツ化のプロセスを歩んできたのに対し、相撲や弓道のような他の武道はスポーツ化の傾向をあまり示していない。そしてある武道の内部においてさえ、重視するものが、かなり異なっているかもしれない。柔道はその格好の例である。つまり、いわゆるオリンピック柔道だけでなく、講道館に代表される、人格形成や社会への関わりを重視する柔道も存在するのである。最近では、競争的な柔道に対抗する形で、形《かた》の練習がヨーロッパで人気を博し、柔道の教育的価値への関心も高まってきている。

武道の専門家は、武道がスポーツに勝ると主張する。その理由は、武道は人格を形成するものであり、それゆえ、純粋に競争的な身体活動に勝るからであるという。しかしながら、この主張は、ヨーロッパの運動競技やスポーツの伝統に対する誤解を示している。人格と身体活動が相関関係にあるという考えはすでに、ギリシャの運動競技の伝統であった。そして近代では、オリンピック・ムーブメントの創始者ピエール・ド・クーベルタンがギリシャの伝統に沿って、近代におけるオリンピズムやスポーツについての思想を展開した。したがって、武道とスポーツの主な違いは、人格形成という価値の有無ではなく、むしろそれぞれの主要目的にある。つまり、スポーツでは記録を破ることや競技で勝つことが中心であり、人格形成という考えは主要目的から外れるものとみなされる。他方で、武道文化では、人格形成のために身体的技術を完成させることが中心であり、武道の実践者の自己像ともなっている。武道は、一時的な身体活動ではなく、生き方とみなされるのである。

2　ヨーロッパにおける武道の理解

武道を始める理由はもちろん、武道のシステム自体と同様に、多様である。しかし、実践者は武道の練習を始めると、私があらゆる武道の共通項とみなす教育的な中心概念や理論に接するであろう。近代武道では、個性や人格

柔道の審判をするフランス大使杉村陽太郎
（講道館所蔵）

を高めることがある種の「叡知」につながると考えられている。それは、——叡知の獲得に関する西洋的な考えとは対照的に——心身を共に鍛練していくことによってのみ発達し、獲得しうるものである。ほとんどの武道において、心身統一の概念は精神的な要素を含んでおり、これによって武道にある種の真摯さや厳格さを付与している。[4]これらは近代スポーツに欠けつつあるものである。武道における自己の発達や自己の完成自体は、自己中心的な活動ではなく、社会の改善や改良を目指す社会的な活動としてみなされる。それゆえ、叡知は抽象的な概念のままではなく、個人の行為によって証明できるものとなるのである。この文脈での「行為」は、記録に追いつくことではなく、人間の行為の社会的関係のことである。このような考えは、公共のメディア、著書、そしてテレビ番組でもみられる。武道と道徳的発達が一般論のなかでいかに結びついているかを示す一例をあげてみよう。

ヨーロッパで最も人気のある子ども探偵シリーズの一つは、子どもたちの名前の頭文字をとって「ＴＫＫＧ」とよばれている。このシリーズでは、（一四歳くらいの）四人の子どもたちが犯罪を解決し、グループのリーダーはターザン（のちにティム）という名の柔道家である。小説での彼の性格は非常に明快で、弱い者を助け、女性を守り、攻撃された時のみ武力行使するという保守的な道徳観をもっている。[5]このように、ヨーロッパにおける武道は一般的に、精神的な領域、あるいは超人の領域に属するものとよく考えられている。日本の武術を行う者は穏和で控え目な者とみなされる。これらは練習によって得られた性格であるという。それだけでなく、武道家は平均的な身長、あるいは低身長にもかかわらず、優れた格闘術を身につけていると考えられている。とりわけ、小さな者が強い者を残忍な武力ではなく、技術や意志や機知によって負かすという考えは、小さな日本人に関するヨーロッパ人の考えと密接に結びついていく動機としばしばなっている。[6]すでに、最初の柔術家がヨーロッパに渡り、その後ドイツを訪れた時、柔術の受容を決定づけたのはまさにこのイメージであった。[7]残忍にみえるアメリカ人と闘った力道山に比べると小さなヨーロッパ人、あるいは日本人が、大きなヨーロッパ人レスラーを倒すために日本の武術を用いていた。ドイツでは、一九〇六年にすでに、大野秋太郎がベルリンの軍隊に柔術を教えていた。*Illustrierte Athletik-Zeitung* は、それよりも早く一九〇三年に、柔術家谷幸雄がサーカスで闘うためにロンドンを訪れることを報じていた。

有名な日本のレスラー谷はロンドンに赴き、「キャンバーウェル劇場」で闘う。有名なスコットランドのアスリートアポロは谷を、いわば保護下に置いた。アポロはこの男の力を確信しているため、この日本人を投げ倒すことのできる者には誰でも二、五〇〇フランを与えるだろう。一〇分以上戦い抜ける者は誰もが五〇〇フランを手にするだろう。谷は二二歳で、身長は一・五六メートルで、体重は九〇キロである。谷のレスリングスタイルはいわゆるグレコローマンスタイルではなく、手足を駆使するフリーレスリングの特殊な形である。彼は、最も強い男たちですら降参せざるをえないほど、熟練した技術を持っている。とりわけ、この小さな日本人は人体構造を熟知していると思われ、（相手を）ひどく苦しめる場所に手足を動かす。(8)

彼や東勝熊のような格闘家はサーカス、演芸場、そしてミュージックホールで技術を披露した。そして広告や利益のために、ちっぽけでか弱き日本人という決まり文句が広く用いられていたのは、これらの場所であった。広告用のパンフレットやポスターでは大抵、「ちっぽけな日本人」と、大きく、無敵に思われるヨーロッパ人のボクシングやレスリングのチャンピオンの対戦が告知されている。以下に示す例は、一九〇九年の *Illustrierte Sportzeitung* から抜粋したものである。この新聞には「谷幸雄、日本人の世界チャンピオン」と題する記事があり、谷について言及する際には「かわいい日本人」「やつ」、あるいは「地味で小さな日本人」といった表現のみが用いられている。

*Sporting Life*という雑誌のロンドンの事務所である日、小さな日本人が自分は一八歳であり、日本から船でやって来たと語ったのは、今から五年前のことであった。谷幸雄は、故国の武術である柔術で自分を倒した者には喜んで一〇〇ポンドを支払うことを公表するよう編集者に求めた。谷というやつは当時、ちょうど一〇〇ポンドあり、ロンドン郊外のステージで技を披露し、上記のように、賞金のために彼と闘おうとする者全てに闘いを挑んでいた。明らかに軽い谷の体型に引き寄せられ、多くの者が対戦を申し込んだ。その中には、二〇〇ポンド以上ある者、肩の張った者、熟練のボクサーやキャッチアズキャッチのレスラーなどがいた。つまり、誰もがアスレティシズムを支持するプロであった。しかし、その後、何と驚いたことか！　やつは全ての対戦者を二、三、四分で簡単に片付けた。彼は、彼を小人のように思っていた男たちに接近して倒し、誰も自らの立場を守ることができなかった。ロンドンでは誰もがスポーツマンであったので、八日も経たないうちに、ロンドンでは彼について噂されるようになり、そして四週間も経たないうちに、流星の如く突然現れたかわいい日本人は有名人となった。(9)

武道に対するこの見解が、日本に関するヨーロッパ人の議論に深く根ざしており、侍に関する考えとも結びついている。一六世紀に初めて遭遇した時から、侍と彼らの戦闘技術はヨーロッパ人を魅了した。一九〇五年のロシアに対する日本の勝利、そして第二次世界大戦も（日本と世界にとって悲劇的結末であったが）強く残忍な日本人というイメージを強めた。不思議なことに、このイメージは畏敬の念から生じた「ポジティブ」なステレオタイプに変化した。

観念的には、武道の実践は日常生活の実践にまで広がり、社会全般の改良を目指している。この意味で近代武道は、前近代の日本の武術のように、道徳教育の一形式である。自他共栄（互いの幸福と利益）という用語をつくったのは嘉納治五郎であった。そして宗道臣は、武道が社会にとって有するべき価値を述べるために自他享楽という語を用いた。武道の教育的側面は柔道のなかで最も強く主張されていることは、興味深い。武道界ではしばしば、柔道は武道ではなく、「純粋な」スポーツとみなされている。柔道の例は、武道とスポーツが対立する必要がないこと、そして双方が実際は補完的なものであることを示している。実際武道は、アスリートの目標を、たびたび批判されるスポーツにおける物質主義や記録の追求（これらはドーピングのような重層的な問題につながっていった）から引き離し、身体活動による人格形成や社会改良の促進に向けさせる手段として役立つ。（武道に）内在するこれらの教育的価値は、武道が二一世紀の社会にとっていかに有益であるかという問題を考える上で最も重要なものと私は考えている。そして各国の教育者や政治家はすでに、柔道、空手、あるいは合気道を学校カリキュラムに組み込むことで、武道の価値を認識している。武道の実践を通して、子どもたちは健康を増進するだけでなく、教師を尊敬し、信頼し、練習でのパートナーを尊敬し、支え、集団の一部となって互いに向上しようとするようにもなる。

3　国際的な武道と日本的な武道

今日、日本の武道は真に国際的なものとなり、そして嘉納治五郎は確かに、この発展に寄与している。歴史的プロセスの結果として、日本の武道はそれぞれ程度の差があるにせよ、武道を定義するヘゲモニーを失った。二〇世紀の初頭に柔術や柔道がヨーロッパに伝播した時、日本の武術について知る者はそれほど多くなく、教えられたものが日本のオリジナルを単に真似ただけのものであることもしばしばであった。[10] 武術を学ぶために日本を訪れる可能性が高まるなかで、日本語教師は海を渡り、武道をより深く理解するための主要な日本語の翻訳がなされた。次のステップ、すなわち幾分かの越境化は避けられないことであった。同様の展開は、他の武道のシステムにもみられる。しかしながら、空手、弓道、居合道、あるいは剣道はかなり後にヨーロッパへ伝播したため、こうしたこともかなり後になって起こった。この展開は、武道のなかで守・破・離として知られている習得のプロセスによって表すことができる。

ヨーロッパの武道は地域のスポーツの伝統に順応し、日本の伝統から分化している。(11) しかし、海外の武道学校のほとんどは、用具や技術用語のために日本語を保持し、和服を身につけ、挨拶などの日本の習慣に従っている。それに加えて、日本で稽古することは武道を習得する上で重要な要素と今なおみなされている。まるで武道の母国にやって来るかのようである。

武道は身体的、知的レベルでの国際交流の機会を提供し、社交についてのステレオタイプな考えを取り除くのに役立つかもしれない。この意味で、武道は重要な「ソフトパワー」とみなされうる。ヨーロッパにおける日本学の教員として私は、学生が日本語や日本文化を学び始めるのには主に二つの理由があることに気付いた。それは、漫画と武道である。日本政府は漫画やアニメと、日本の国際的なイメージとの関連性を認識し、二〇〇八（平成二〇）年三月に漫画のキャラクターであるドラえもんを「アニメ大使」に任命した。しかしながら私見では、伝統的でステレオタイプな考えを超えて、現代日本について（も）良き理解を国際的に促すことや、文化間の対話や理解を拡充する上で、武道も有益となりうることが見過ごされている。

武道は世界中で行われ、その文化的特徴のいくつかを失ったという事実にもかかわらず、武道は今なお、「日本的なるもの」を失っておらず、今後も失わないであろう。「日本的なるもの」は日本の内でも外でも構築される。しかしながら、武道は、変化することなく栄光ある過去から我々の世紀に伝えられてきた日本の伝統のコンテナーとして理解されるべきではない。私たちが知る今日の武道は、歴史的プロセスの（一時的な）帰結であり、このプロセスのなかで戦闘システムがますます教育手段として理解されるようになったのである。嘉納治五郎の柔道も、新たな要素を取り入れ、他のものを取り除きながら、長年にわたり展開してきた。武道は今もなお、その独自の文化的有用性を発信しているが、その適応性と柔軟性によって現代に適応し、健康や倫理から自他共栄や国際理解にまで及ぶさまざまなレベルにおいて、武道は社会にとって有益であり続けている。二一世紀の社会においても有益であるために、武道は発展し続け、そして私たちの時代の需要に応じ続けなければならないのである。あるいは、次の『方丈記』の一節で語るべきであろうか。「ゆく河の流れは絶えずして、しかももとの水にあらず」。

【註】

（1）S. Frühstück, W. Manzenreiter, "Neverland lost", In *Globalizing Japan*. London, 2001, pp.69-93.

（2）A. Bennett, "Introduction", In *Budo Perspectives* vol.1, Auckland, Kendo World Publications, Ltd, 2005, pp.1-7.

（3）嘉納は南カリフォルニア大学（一九三二年）やアテネのパルナサス協会（一九三四年）で講演を行った。

（4）武道に対するヨーロッパ人の見解に深く根ざしているのは、武道が宗教、とりわけ禅宗を基盤としているという考えである。

（5）主人公は柔道を行っているが、シリーズで用いられるのは常に柔道の技術というわけではなく、合気道や柔術の技術も用いられているという事実も特徴的である。従って、このことは、武道は一般的にさまざまなスタイルにはっきりと差異化されず、むしろ一つのものとしてみなされているという事実を示している。

（6）日本についてのヨーロッパ人の解釈については、Schaffers, Uta: *Konstruktionen der Fremde*. Walter De Gruzter Inc., 2006を参照。

（7）ドイツ初の柔術学校は一九〇六年に、エーリッヒ・ラーンによって設立された。しかしながら、ラーンにとって適当な場所を賃借することは困難であった。結局、彼は練習のために、バーに隣接するダンスホールを借りることを余儀なくされた。彼が適当な場所を賃借することが困難であったのは、当時柔術の評価が低かったためである。

（8）*Illustrierte Athletik-Zeitung*, 1903, 116.

（9）*Illustrierte Sportzeitung*, 1909, 296.

（10）日本人ではなく、ヨーロッパのスポーツマンが情報源となった。初期の主な情報提供者の一人は、ドイツ人医師エルヴィン・ベルツであり、彼は柔術を再発見し、復興した人物としばしばみなされている。また、嘉納治五郎に柔術を文字どおり研究させたのも彼であったと考えられている。もう一つの例は、一九〇六年に『嘉納柔術』という著書を著したアーヴィング・ハンコックである。柔術や柔道に関するベルツやハンコックの説明はその後、柔術や柔道に関する常識となった。

（11）この展開は、練習方法や競技ルールなどさまざまなレベルでみられる。極端な事例は、柔術のルーツをヨーロッパのスポーツの伝統に求める試みである。一九〇九年にマルティン・フォークトは次のように述べている。「近頃、柔術という外来語で知られている護身術は、三〇〇～五〇〇年前にドイツ人の祖先が既に行っていたものである。それゆえ、その名称こそが、近代柔術のオリジナルである」（M. Vogt, '*Dschiu-Dschitsu der* Japaner' München, Seyfried & Comp., 1909）

※本節はベルギー・ゲント大学教授ニーハウス・アンドレア氏の英文原稿を翻訳したものである。

第五章　人間　嘉納治五郎

嘉納の家族（1902 年頃、講道館所蔵）

第一節　生徒との交流

1　嘉納塾における交流

(1) 嘉納塾での生活

嘉納塾は講道館が創設されると同時期に営まれた嘉納治五郎の私塾である。嘉納と寝食を共にしながら、さまざまな薫陶を受けた。塾生の異動はかなり激しく、塾生数についても正確にはわからないが、最盛期の一八九八（明治三一）年には五十数名いて、一九一九（大正八）年に嘉納塾が閉鎖されるまで、三〇〇人以上が塾生であったとされる。塾生は、嘉納の親戚関係の者、嘉納の知人の子弟、そして講道館門弟など、嘉納を頼って来た者の三種類に分けられた。

教育者としての嘉納の評判が高まるにつれて、多くの人から、子弟の教育を頼まれるようになった。嘉納は嘉納塾の目的について、学問も素より人物を成すためと説明している。[1] つまり、人格の陶冶が目的であった。そのために塾生たちと一緒に起居して嘉納が範を示しつつ、教育を行ったのであった。

一八八六（明治一九）年になると、公務多忙のため、一緒に行動することがままならなくなったため、「塾内規則書」を制定して、塾生たちの規範を確立した。

塾生は裕福な家庭の子弟が多かったので、わがままや奢侈に流れることを防ぐためにも厳格な規則を定め、生活のリズムを確立させようとしたのであった。塾生活に関わるすべては塾生自らの手で行った。

塾生は早朝に起床し、塾の内外・庭・門等を手分けして清掃した。五時には一同道場に出て朝礼。その後、六時の朝食までは自習。朝食後も学校に出かけるまでは自習の時間であった。午後も下校して帰った塾生には、輪番で風呂、ランプ掃除などの仕事が与えられた。ランプの掃除は大変だったようで、十数個あるランプの芯を尖らせたり、すすで汚れた部分を掃除せねばならなかった。冬でも薪などの暖房はとらず、寒いままだった。塾生は常に袴を着ていなければならず、また修学時間は正座しなければならなかった。

具体的に嘉納と塾生との交流は、毎日曜日の早朝に行われた塾生への処身法講義の時間であった。これに嘉納は努めて参加した。

嘉納による講義内容は次のようなものであった(2)。

一、人生の目的を立て専心勉励せよ。

一、目前のことに惑わず、将来の大成を期せよ。

一、自己一人の力が、よく国を興すことを自覚し、自信をもって勉励せよ。

一、国際社会における日本の位置を考え、国家の柱石となる人となれ。

嘉納の講義時間は一時間以上に及ぶことが通常で、その間正座して聴いていることは、幼い者にとってはかなり大変であった。しかし、目先のことのみならず、国際的な視野をもって国家と社会の繁栄に尽くす人物になるように教えたことは、彼らにそれなりに受け入れられたようであった。

嘉納は日曜日の夜にも茶話会を開いて塾生同士や嘉納との交流の

57歳頃の嘉納治五郎（講道館所蔵）

時間とした。塾生活の諸問題を協議したり、塾生が自作の詩文や研究報告を行うなどであった。また土曜日の夜には、有益な文章を朗読して紹介し合う「朗読会」が中年舎で設けられたりした。このような会を設けて、嘉納は塾生との交流をはかった。

(2) 嘉納塾における体育

嘉納塾の教育方針は、知育、徳育、体育をバランスよく身につけることであった。そのために嘉納は身体的訓練も重視した。毎日の柔道の修行はもちろんのこと、学校への通学や郊外への遠足などはすべて徒歩で行われた。都内の近郊に親元がいる塾生に許可していた日曜日の自宅への帰宅も、往復とも徒歩と決められていた。

さらに嘉納は水泳を塾生に課すことにし、一八九六（明治二九）年夏に神奈川県松輪において、合宿して海浜での水泳を実施した。嘉納は水泳場の選定から実習の内容にいたるまで関与した。この時には三十数名が参加し、競泳や遠泳とともに、宿舎での花火、遊戯、試胆会なども行いながら心身を鍛えたのであった。この水泳は一カ月間行われた。やがて講道館の門弟でもある水府流太田派の本田存《ありや》氏を水泳教師に迎えて、水泳が古来より武道の一つであったことを学ばせるとともに、諸流派の長所をまとめて新たな水術、「造士会水術」を興した。水泳の練習は午前午後とも二時間ずつで、夕食後は魚釣り、散歩、読書、テニスなどを、学生たちが自由に行っていた。また水泳の練習も全員を紅白組に分けて打球戯を行うなかで泳ぎの技術を修得させたり、巻き貝を取って潜水の技術を教えたり、波乗り、地引き網などを行っていた。水泳実習に必ず嘉納は足を運び、水泳や共同生活の意義を語るとともに、相撲をとったり、さまざまに塾生たちとの交流を楽しんだ。

このような嘉納塾からは多くの人材が輩出されている。例えば、安藤正次《まさつぐ》（台北帝国大学総長）、川口義久（日本大学学長）、苫米地《とまべち》英俊《ひでとし》（小樽高等商業学校長）や、杉村陽太郎（外交官、国際連盟事務局次長）、実業界には大倉直介（大倉火災海上保険会社社長）、嘉納徳三郎（朝鮮銀行副総裁）、南郷三郎（日本綿花社長）などの人物である。

2　附属中学校における交流

嘉納は高等師範学校長であるとともに、同校附属中学校の校長でもあった。附属中の生徒の家庭環境は裕福な家庭が多く、二世的な惰弱な性格に陥りやすいと嘉納は危惧した。そこで嘉納は柔剣道を正課とし、校友会を興して、心身ともに切磋琢磨するようにした。一八九七（明治三〇）年に校友会を「桐陰会」と命名し、柔道、剣道、野球、蹴球などの各部を設けたのであった。

その一方、毎月のように上級生の指導による遠足会が行われた。

一九〇〇（明治三三）年の夏、嘉納塾が相州松輪に水泳に出かけることを聞いた附属中の上級生が嘉納宅にやって来て、ぜひ自分たちも参加したいと申し出たのであった。嘉納は快諾したのみならず、年齢に相違のある塾生と中学生とは起居を別にすべきであるとの配慮から、第二水泳場として相州上宮田に設置して、水泳実習が行われるようになり、附属中の生徒が参加した。松輪の水泳場とは別に、附属中の生徒用にわざわざ水泳場を探して設置したのであった。こうして七月二一日、東京湾

東京高等師範附属中学校（1940 年頃）

を同じ船で出航して、一カ月間の水泳実習が行われた。附属中の生徒の要望に丁寧に対応した嘉納の姿勢が表れている。

一九〇四（明治三七）年に房州富浦に水泳訓練の地を設定し、水府流太田派で講道館の門弟でもある本田存を水泳教師に迎えた。この時以来、富浦での水泳実習は今日でも続けられている。

桐陰会の諸行事として、四月に新入生歓迎会、一二月には送年会が行われた。嘉納は努めてこれらの会に出席し師弟交歓の場を設けた。

附属中における嘉納の人間性の一端を示すエピソードがある。学制改革によって中学四年から高等学校の進学資格が認められた年に、附属中からも四年生の数名が受験したが、一名しか合格しなかった。自負心の強い生徒たちは悄然として学校に戻って来るが、それを聞いた嘉納は次のように述べたという。

それは結構なことだ。附属は五年で完成する学校だ。いくらいい学校でも五年間で完成するところを、だいじな一年を欠いては、画竜点睛にいたりがたい。皆が入学試験に落ちたことは、むしろみなにとって慶すべきことである。(3)

不合格になったことで、附属で最後まで教育を受けられるようになったことをかえって良かったと諭したのであった。ここにも嘉納の人間性と生徒への愛情、そして嘉納自身の楽天家ぶりが見受けられる。

卒業證書
和歌山縣平民
中村覚之助
明治十一年五月生
右ハ本校本科博物學部ノ課程ヲ履修シ其ノ業ヲ卒ヘタリ依テ茲ニ之ヲ證ス
明治三十七年三月三十一日
東京高等師範學校長正五位勲四等嘉納治五郎
第五二〇號

東京高等師範学校卒業証書（1904 年）
（中村統太郎氏所蔵）

3　宏文学院における留学生との交流

(1) 清国の留学生との交流

嘉納は私財を投じて、亦楽書院、宏文学院を設立し、これらの施設の学校だけでも、七〇〇〇名以上の清国からの留学生を受け入れた。最初の留学生は日清戦争直後の一八九六（明治二九）年のことで、国費留学生一三名が来日した。彼らは三カ年を経て修了した七名に卒業証書が渡された。その際の留学生の答辞に、嘉納との交流の一端をみることができる。

文部省ハ之ヲ我等ガ尊敬スル所ノ嘉納先生ニ委託シタリ。ソノ諄々タル善誘ハ云フヲ俟タズ、三年ノ歳月ヲ経テ種々ナル学問ヲ学ビタリ。且ツ時々先生ノ正大ナル議論ヲ聴タルガ故ニ、我等ノ脳漿ニ浸淫シ、三年前ノ思想ニ比較スレバ、真ニ別人ノ如キナリ。嗚呼善イ哉先生ノ教育、我等能ク感奮セザル可ケンヤ。（中略）此後先生ノ指示ニ従ヒテ、世界ノ学問ヲ脳髄ニ入レテ、独立ノ精神ヲ養ヒ以テ我国ノ大困難ニ処ス可シ。若シ先生ノ徳ヲ以テ諸般ノ弊政治ヲ改革シ、支那ヲ第二新世界ニ造ラシメ、他ノ文明諸国ト相馳騁シテ敗セザルヲ得バ、即チ先生ニ酬ユル所以ナリ。蕪辞ヲ陳シテ答辞トナス。

光緒二十六年四月十六日(4)

嘉納が留学生に対しても、種々教え諭し、それに対して留学生も尊敬していた様子がうかがえる。

この宏文学院では、高等師範学校と同様に、体育やスポーツにも力が入れられた。体操の授業は毎週五時間と日本語の授業の次に多く、また庭球部、弓道部、遠足部が設けられるとともに、牛込の運動場を使って、大運動会も一九〇六（明治三九）年に行われるようになった。この運動会は、彼らにとっては珍しかったので、大いに興味がそそられたのであった。

そのほか、棒高跳びの世界的な選手であった帝大生の藤井実に来校してもらい、実際に試技してもらったのを留学生たちが驚嘆して眺めた様子なども伝えられている。(5)

嘉納は日本語の修得とともに、日本文化を理解させるために、郊外や市内の名勝の見学にも連れていった。

さらに、宏文学院の柔道場を講道館の牛込分場に認定した。留学生たちは、宏文学院で、講道館柔道に入門することができたのであった。魯迅（本名周樹人）も講道館に入門した。柔道やスポーツを通して嘉納は留学生と交流した。

宏文学院での魯迅

卒業後も留学生たちは嘉納に手紙を書き送り、お礼とともに、宏文学院入学希望者のことや、帰国後の状況を報告している。

例えば、唐宝鈞は帰国後、済南の師範学堂に奉職したが、年若いため、なかなか思うような事業ができないので、山東巡撫《じゅんぶ》（山東省の長官）に嘉納治五郎の推薦状を認《したた》めてくれるように依頼する書状を送っている。(6)卒業後にこのような依頼を送ってくる卒業生も多く、嘉納はそれらに懇切に対応したのであった。

優秀な卒業生のなかには、通訳として宏文学院に何年か留まる者もいた。范源濂《はんげんれん》は卒業後に高等師範学校にも入学したが嘱望されて学院の通訳としても一九〇二（明治三五）年から〇四（明治三七）年まで活躍した。実践女学校では留学生監督役として、下田歌子校長の修身講話をテキストなしで通訳した。彼は帰国後に師範教育を中国にも広めることに着手した。帰国後に嘉納に次のような書簡を送っている。

嘉納先生の大局を担いての熱心な教育は素より感服する所であります、今後も更に中国の留学生を迎えて、十分な便宜を尽くされ、深遠熟慮の重要な目的である東亜有用の人材を養われることを期待してやみません。小生は無学で知識もありませんが、困難な事に出会うたびに、責任は甚だ重くなっています。なお今後も先生の訓戒を賜りつつ、進んで参りたいと思います。(7)

范源濂は後に中国教育総局という文部大臣の職に三度就き、北京師範大学の学長を務めるなど、中華民国の教育制度を確立していった。嘉納はこのように中国留学生と卒業後も交流を続けたのであった。

宏文学院は一九〇九（明治四二）年に閉校の已《や》むなきに至るが、それは留学生数が激減したためであった。清国において速成科および中学未卒業者の留学を中止したことと、欧米、特に米国が中国人留学生を盛んに引き受けるようになり、その影響で日本への留学生数が減ったのが主な原因であった。これについて嘉納は、単に「本院は最初、支那から依頼があったために設けたが、今日は依頼がなくなったから閉鎖するので、学院としては尽くすべき義務はここに終わりを告げたのである」と淡々と述べている。しかしながら、多数の留学生受け入れは、嘉納に多大な負債を残すことになった。嘉納はこの負債を生涯背負うことになった。

(2) 東京高師への継承

嘉納はそのようなことは意に介さず、宏文学院閉鎖後も東京高等師範学校では引き続き、毎年二〇～三〇名の留学生を受け入れ続けた。嘉納の留学生受け入れについては、宏文学院で終息したのではなく、その後も数としては多くはないが、東京高等師範学校に引き継がれたのである。東京高師の生徒数に対する留学生の割合は一五％前後とかなりの数値であり、しかも一九三〇年代末まで続いたのであった。東京高師においては、留学生たちは活発に校友会活動にも参加し、運動会や水上競技大会（ボート）、蹴球部など各運動部に参加した。そして卒業後は北京大学や北京師範大学はじめ、多くの大学研究者、政治家などを輩出している。

清国においては、日本人教師が中国に迎えられて教職に就く者もいた。東京高師の教員であった内堀維文《これぶみ》は、請われて山東師範学堂の校長になり、宏文学院や東京高等師範学校と積極的に交流した。当初、山東師範学堂は学生数六、七〇名程度で出発したが、宏文学院から帰国した学生が非常に優秀であったことから、三〇〇名の定員に増員になった。これについて内堀は、「大教育家としての嘉納先生の声望は隆々たるものがあり、又旅順口閉塞における広瀬中佐、湯浅竹次郎、本田親民《ちかたみ》両少佐の勇名は中国人間にも鳴りひびいているので、これらの軍神がいずれも嘉納の門下たることを知って、その教育力の偉大なるに驚いている」(8)と述べている。

また、山東師範学堂には、一九〇五（明治三八）年に博物学を専攻としていた中村覚之助《かくのすけ》を派遣しているが、中村は、蹴球部の基礎を築いた人物であるとともに、嘉納が一九〇二（明治三五）年に始めた東京高等師範学校での水泳において、優秀な成績を収め、初めて初段を授与された人物であった。(9)中村は、蹴球部において、初の日本人による蹴球の専門書『アッソシエーションフットボール』を書き著した。中村は博物学の担当で山東師範学堂に赴任するが、おそらく蹴球についても、紹介したことであろう。惜しくも、中村は若くして一九〇六（明治三九）年に病没してしまうのだが、嘉納は、多様な優秀な人物を中国に派遣していたといえる。このように中国との交流は教育レベルで続けられていた。一九二一（大正一〇）年の五月末に上海にて第五回極東オリンピックが開かれてそれに国際オリンピック委員として列席した際には、宏文学院と東京高師の卒業生が四、五〇名も集まり、盛会になっ

者が多かった。

たことが報告されている。このように嘉納のもとで過ごした留学生生活は、帰国後も、貴重な経験と認識していた者が多かった。

4　東京高師における交流

(1)「なあにくそッ」

東京高師校長としての嘉納は、校長という管理職にもかかわらず、生徒との交流も欠かさなかった。むしろ、管理にのみ従事していたら、教育職の意味がないとして、生徒に直接触れる機会を多くつくろうとした。まずは、週に一回、講堂や教室において校長の訓話として生徒に直接話をする機会を設けた。そこでは主に人生の処世訓ともいうべき内容を嘉納は講義した。後に東急コンツェルンを立ち上げた五島慶太は、当時の嘉納の講話について、次のように述べている。

高師では一週間に一回、この嘉納校長の修身科があった。その講義の変っていることは、はじめからしまいまで「なあにくそッ」の一点張りで、ほかのことはなにも説きやしない。これは柔道の方から来た不屈な精神の鼓吹で、勝っても「なあにッ」、負けても「なあにッ」、どっちへ転んでも「なあにッ」という訓えであった。

私も最初は、へんなことをいう先生だと思っていたが、これを一年間繰り返えし聞かされているうちに、なるほど、そうかなあ、とだんだんわかり出してきた。しかし、体験的には、まだまだよくわからなかった。ところが、世の中へでてみて先生の教えが本当にわかった。高師では、むろん英語とか地歴とか、教育学とか、いろいろなことを教わった。それらの大方は忘れてしまった今日まで、一番頭に残り、一番役に立ったのは、この「なあにくそッ」であった。どんなことにぶつかってもこれさえ忘れなければ、必ずやっていける。という先生の言葉はウソではなかった。(10)

また、卒業前の生徒を何人かずつ校長室に呼び、質問をさせながら、校長の考えを伝えるようにしたのであった。卒業生の話では次のようなことを話したとのことであった。(11)


「酒は経済上、道徳上、健康上さしつかえなければよろしい」

「便所に行く姿を生徒に見られないようにせよ」

「『なあに』、ということでやらなければいけない」

「この学校の出身者は、いつも広い教育精神を忘れてはいかん」

「皆が教師にならなくてもよい。実業界でも政治方面でも、自分に自信があり、社会が認めて是非来てくれと望まれるなら、その方面で活躍せよ」


というものであった。

(2) 理にかなった指導

東京高等師範学校で行われた長距離走大会では、嘉納校長自ら走ったこともあった。一九〇八（明治四一）年の秋季長

68歳の嘉納治五郎（講道館所蔵）

距離競走では、東京高師から大宮までの六里を六〇〇名の生徒とともに、嘉納校長も走った。これに対して、生徒は感謝の思いを表現している[12]。

一九〇六（明治三九）年に入学した上野篤によれば、校友会新入生歓迎会の折、棒押しをやっている生徒たちに混じり、そのうちさあ来い、と生徒に戦を挑み、校長が次々に勝ってしまった様子に、腕力をもって生徒を負かす校長を目の当たりにして驚愕した様子が書かれている。嘉納は若い時分は、生徒と一緒に身体を動かす校長であったのだ。

その一方、嘉納は、学生の要望に必ずしもそのまま応えたわけではなかった。理にかなっていなければ、学生の言い分を退けた。理にかなっていれば、聞き入れたのであった。

その例は、端艇《たんてい》が古くなって使えなくなり、生徒の間で一致した新艇建造の意見を校友会幹事として校友会会長の嘉納のもとに、先の上野篤が願い出た時のことであった。嘉納は、端艇は水から遠いので時間の不経済、かつ経費を多く要するから経済上不都合なので、新造することは許さない、というものであった。上野は引き下がらず、学生の総意なので、校友会会長として聞き入れてほしいと三時間粘ったところ、経費はいくらかかるのかと問われ、生徒、職員、卒業生の募金によると答えた。すると嘉納は、集金の具体的な数値を出すように求めた。それを具体的に出すとようやく新艇建造を認めたが、嘉納は自身の寄付金を頑として拒んだのであった。やがて進水式を迎えてすべてが終了した際に、お祝いとして一五圓を嘉納が上野に渡した。その際に、「上野大いに踏張ったね。（中略）君の熱心は感心だが、然し君はあまり熱し過ぎる傾があるから注意する必要があらう」[13]とたしなめたのであった。鹿児島出身の上野は、その後、自身の弱点に注意し、失策に陥ることを免れたとのことであった。嘉納はこのように学生の行く末を案じて、さまざまに教育を施したのであった。

(3) 水泳実習の充実

夏に房州館山の北条海岸にて二週間程度行われていた水泳実習にも、嘉納校長はできるだけ数日間は参加した。当時は汽船で東京湾から五、六時間かけて行くので不便であったが、嘉納は水泳実習こそ、将来の教育者として必要な心身の資質を身につけさせることができるとして重要視した。

水泳実習の場では、生徒との交流の様子が、水泳部の活動日誌に表れている。それは水泳部歌の作成と水泳の寄宿舎の創設に関わってのことであった。

水泳部歌「磯馴れ松」は一九〇五（明治三八）年、嘉納が水泳練習の成果を見に八月末に来る際、皆で水泳部の歌を合唱して迎えようということになり、作詞を国漢科の佐藤富三郎、作曲を神保格《じんぼうかく》が行ったことが水泳部の部誌に書かれている。この歌は、今日の筑波大学水泳部でも歌われている。歌詞の内容は、水泳による心身の鍛錬と宏大な青年の志を歌い上げたものであった。

磯馴れ松の隙もれて　　昇る朝日の影させば
五百重の潮路霧晴れて　　逆巻き寄する新潮の
清き眺めの鏡浦　　清きは誰が心ぞや

懸案であった宿舎が北条海岸に建てられたのは一九〇六（明治三九）年七月のことであった。前年から、東京高師の予科生（一年次生）が全員水泳実習に参加することになった。在校生、卒業生、賛助員の寄付を募ることになり、その際の趣意書が作られた。

大要は、一九〇二（明治三五）年からの水泳実習が始められて以来、多大な成果を上げ、各学校に指導者を派遣しても足りないくらい盛況になったが、肝心の北条には、きちんとした施設（宿泊所）がまだない。そこで、宿舎建設のための資金を広く募りたい、ということであった。この宿舎の建設には嘉納が自ら奔走し、地主の小原謙治と交渉し、敷地を無償で得ることができたのであった。

一九〇六（明治三九）年水泳部の宿舎、芳躅舎《ほうしょくしゃ》が二七〇〇円の費を投じて完成し、それには学生の醵金《きょきん》も充てられた。芳躅舎とは芳しき跡という意味で、嘉納の命名によるものであった。学生の水泳部の活動と水泳実習に、嘉納が積極的に関わり、学生たちの便宜をはかったのであった。こうして、東京高等師範の水泳の基盤ができたのである。この実習は、筑波大学体育専門学群の授業として今日でも行われている。また、嘉納が命名した芳躅舎の碑は、筑波大学館山研修所に置かれている。

嘉納はほとんど毎年芳躅舎に通い、学生たちの水泳実習に関わるなど、正課外の活動を通して学生との交流に努めた。学生たちは嘉納の姿勢や講話から、水泳の大切さを学び、卒業後に各地で水泳を盛んにしていった。

5　教育を愛した嘉納

(1)「大体においてはよかったが」

嘉納は心底から教育を愛していたといえよう。

「教育は実に楽しいものだ。この味を覚えたものは他のいかなる楽みもこれに及ぶものでない。肉体上の快楽は長くこれを続ける時は必ず不快が伴ふ。が、真に何程その楽みに耽っても飽きることなく益々深くこれを味はふとの出来るのは教育である」[14]。そして、このことを知るには、教育の意味を深く理解しなければならないと、教育者たちを激励したのであった。

「力（つと）むれば必ず達す」と書かれた嘉納の書（講道館所蔵）

また附属中の教職員には、教育家は待遇が薄ければ薄いほど楽しみが多いと話した。

身分不相応の厚遇を受けて居る教師は、恰も多大の負債を持ってるやうなもので、不安極りなきものであるが、之に反して、身分不相応の薄遇を受けて居るのは恰も多大の貸金をして居るやうなもので、常に怡々として心を安んずることができる。[15]

この話は附属中の職員会議にていくたびとなくなされ、教職員は大いに心を安んじることができたということであった。このように嘉納は心底から教育を愛していたといえる。

嘉納の口癖は「大体においてはよかったが」と言うのが口癖であったという。その後に詳細な批評や訓戒を述べたようで、その「大体においてはよかったが」のなかに、包容力と器量を生徒は感じ取ったようだ。このことが競技の猛者たちをも最終的に膝下《しっか》におくことができたようである。

諸橋轍次《もろはしてつじ》（一八八三〜一九八二）は次のように述べている。

嘉納先生の教育には一つの形があった。まず対手の人をたしなめ、その後はその反撃をフンワリと受けとめ、そのあとで諄々と教え導くのである。この間、先生の襟度の広さと気魄の強さとが、自然の間に流露してくるのである。自分の高師在学中のこと、学校の図書館は、いかにも予算が少なく規模も小さい。書庫はあったが閲覧室はない。学生は講堂側の廊下に椅子をおいて閲書した。そんな窮屈な修学を続けている際に、柔道びいきの校長は、その当時としては他校にみられない広い道場をつくった。どう考えても本末軽重を誤っていると感じたから、率直に校長にその不満を申出た。すると校長は、「そういうけれども、本は廊下でも読めるが、柔道は道場がなければ出来ないじゃないか」と笑っている。負け惜しみの言葉だとは思ったが、その時の校長の態度が、暖かみもあり、味もあり奥底に深い力があって、自然に人を陶冶する気がただよっており、いいようのない親しみを感じて、とうとうその場を引き下がった。(16)

また、経済的に窮した学生がいると、俸給袋をそのまま封を切らずに学生に手渡したことは頻繁にあったし、塾舎にも寄宿させた。この鷹揚さは、教職員に対しても同様であったようだ。

(2) 悲観しない

嘉納は楽天家であったと評される。東京高師の柔道家、村上邦夫は、柔道とは悲観しないということを嘉納より学んだと語る。

元来柔道はいかなる場合にも其場合に於ける最善を尽くす事を教へるものだ。相手が大きければ大きいとして相手が力が強かろうが頑張ろう、が其場合場合に於ける最善を尽すのだ。御前もその工夫すれば必ず強くなれる。悲観するな。この柔道の教えを体得すれば柔道修行者は悲観といふ事は全然しない筈だ。どんな苦しい境遇に陥ってもその場合に於けるベストを尽す、柔道家には悲観なしと如何にも懇切丁寧に教えて下さったのです。(17)

大阪毎日新聞の長谷川は、嘉納は生活の柔道家であったと述べている。

ある会合で、私はある人とオリンピック精神について、多少論争じみた談話に陥った時にも、翁は両者の説が、形に於て相反しながら、精神に於て一致してゐるといふことを説かれて仲裁された。翁から柔道を教へられたことのない私も、翁から生活の柔道を教へられたのであった。親しく翁に接した人々から聞くところによっても、翁はたしかに生活の柔道家であったらしい。オリンピックの交渉に於てもいかに翁の生活の柔道が役立ったことであらう。[18]

一九三八年のIOCカイロ総会では、日中問題とも絡んで、東京大会（一九四〇年）の是非が論じられ、開催地の変更を求めることが密かに事前に話し合われていた。嘉納は出発前に、下関で記者団の質問に答えて、「英国側が反対だなどと、それは風評だから、聞いてみてから考えるがよい。今からよけいな心配をするに及ばぬ。よけいな心配をすると頭が禿げる。（中略）最後の場合は、臨機応変、柔道の奥の手を出すばかりだ」と述べている。[19]会議ではオリンピックは政治的問題から独立して行われなければならないと主張し、会議を乗り切った。嘉納の生涯はおしなべて、そのまま柔道の姿勢、つまり、相手の力量に応じて対応し、最終的には最も効率よく勝利を得るということであった。そのことを嘉納は文字どおり、身を以て生徒たちに教えたのであった。

【註】

（1）嘉納先生伝記編纂会『嘉納治五郎』講道館、一九六四年、一二一～一二二頁。
（2）同右、一三一頁。
（3）前掲註（1）、一二七頁。

（4）前掲註（1）、一六九頁。
（5）横山健堂『嘉納先生伝』講道館、一九四一年、一九一頁。
（6）同右、一八五頁。
（7）前掲註（5）、一九二頁。
（8）前掲註（1）、一八四頁。
（9）「校友会各部報告：游泳部」『校友会誌』五号、一九〇四年。
（10）前掲註（1）、二三〇頁。
（11）前掲註（1）、二一八～二一九頁。
（12）「校友会各部報告：徒歩部」『校友会誌』一七号、一九〇八年。
（13）上野篤「我が嘉納先生」『校友会誌』六七号、一九二〇年。
（14）「嘉納先生を訪ふ」『校友会誌』六七号、一九二〇年。
（15）斎藤斐章「思ひ出る事ども」『校友会誌』六七号、一九二〇年。
（16）前掲註（1）、六六一～六六二頁。
（17）村上邦夫「恩師」『校友会誌』六七号、一九二〇年。
（18）長谷川如是閑「嘉納先生」『柔道』九巻六号、一九三八年。
（19）前掲註（5）、二四六～二四七頁。

嘉納治五郎と諸橋轍次

『大漢和辞典』を編纂した諸橋轍次（一九三九～一九八二）は一九〇八（明治四一）年東京高師国漢科卒で、嘉納治五郎の影響を受けた人物の一人である。

諸橋が初めて中国に渡って研究することになったのは、嘉納の手引きによるものであった。そのことは、諸橋が編纂した『嘉納治五郎』のなかに書かれている（六五六～六五七頁）。

同じ大正七年のころ、高師の附属中学を教えていた諸橋轍次は、遊支の念に燃え、一高教授団に加わっても中国旅行がしてみたいと校長嘉納に願いでた。しかし、嘉納は、「他の学校の連中と一所にゆくことはよせ」と言って許さない。もはや望みもないものと考えていたところ、やがて一年後になって、「中国へ行きたいとの希望は今もそうか」ときく。「是非やっていただきたい」「では俺に考えがある」といって、三井家からの五百円の金を出して諸橋に渡した。実は、その前、嘉納の岳父竹添進一郎が、三井家から嘱されて屏風を揮毫したことがあったが、間もなく世を去った。そこで、三井では嘉納に対し何かの形で謝意を表したいと申しでた。たまたま諸橋が竹添の遺稿「毛詩会箋」「論語会箋」を整理し出版した関係もあって、三井家に対し諸橋の遊支援助を申し入れたのであった。その時、嘉納は、さらに自分の財布から別に参百円を諸橋に与え、また支那の有力学者に懇切な紹介をしてくれた。諸橋の後年成業の基礎に、嘉納の指導推輓が大きく与っていることは、いうまでもない（嘉納先生伝記編纂会『嘉納治五郎』講道館、一九六四年）。

こうして諸橋は嘉納の助力で中国に渡り、漢字の研究の大成に向かうのであった。

諸橋は嘉納に対して尊敬の念を抱き続けた。一九六二（昭和三七）年に講道館が嘉納治五郎の伝記を編纂しようということになった際、編纂委員長に講道館長より選任されたのが諸橋であった。その経緯は次のようである。「講道館としては、その責任の重大さを考え、編纂方針等について慎重に考慮したが、先ずこれを統裁する適任者の銓衡を行ない、嘉納治五郎に若い頃から親炙されその行実を最もよく知悉しておられる漢文学界の耆宿《きしゅく》諸橋轍次博士に、その労を執っていただく事を懇請した」（同書、序）

当時の講道館長嘉納履正に依頼された諸橋は編纂委員長になり、二年間の年月をかけて七五〇頁を超える大著『嘉納治五郎』を出版するに至った。出版された一九六四(昭和三九)年は、柔道がオリンピック種目として初めて行われた年であった。編纂にあたり諸橋は、「伝記を編纂する以上、先生の徳業を顕彰するに力むべきは勿論だが、さればといって、過褒溢美《かほういつび》に失するは更に誡むべきことであり、ただ事実をありのままに直書することのみが、真に先生を伝ふる所以だと考えた」と、冷静かつ客観的な叙述を心がけつつも、「嘉納先生の如き巨人は、その徳量に於いて、その業績に於いて、常人の測り知るを許さぬものがある」（同書、あとがき）と、改めて嘉納治五郎という人物の大きさに言及せざるを得なかった。諸橋は、『嘉納治五郎』を編纂することで、中国留学への道を開いてくれた嘉納への報恩を尽くそうとしたのであった。

東京高師図書館長の頃の
諸橋轍次（1932 年）

第二節　ＩＯＣ委員との交流

1　IOC委員としての交流

(1)「〝ニッポンジュウジュツ〟恐い恐い」

柔道の創始者、講道館・弘文館・宏文学院・嘉納塾の創設者、東京高等師範学校長、貴族院議員……。明治中期から昭和初期という戦前の空気が流れるなか、これらの経歴が、とりわけ柔道家や高師の卒業生などといった弟子たちに対して、嘉納治五郎を絶対的な存在に押し上げたことは論を俟たない。

ところで嘉納は、アジア初の国際オリンピック委員会（International Olympic Committee、以下「ＩＯＣ」という）委員という別の顔をもっていた。各ＩＯＣ委員たちは果たして、嘉納をどのような存在としてみていたのだろうか。ＩＯＣカイロ総会（一九三八年）における嘉納と各ＩＯＣ委員たちとの興味深い交流の様子が、次のように記されている。

ＩＯＣのメンバーの中でも翁よりは老人もあったが六番目の長老で、『嘉納のをぢさん（ママ）』の愛称で各国委員敬愛の的で『嘉納のおぢさんに頼んでおけば東京大会は大丈夫だね。』と心から信頼の念を捧げる委員も多かった。（中略）宴会の席等では誰れ彼れとなく翁のそばへやって来ていきなり大きな腕で小さな嘉納さんの両肩を抱きすくめ、翁が少しく体を直して構えをされると『〝ニッポンジュウジツ〟恐い恐い』と云ひながらふざけて逃出す微笑ましい風景が今でも眼にちらついてゐる。(1)

委員等の間に立って、出来るだけ日本の利益になるような態度をよく努めていらして、しかもそれを嘉納先生が一種独特の愛嬌で莞爾としてやっておいでになる。それだものだからみんなが来て、嘉納々々、とかいうようなことをいうと又、これに対応してやっておいでになる。(2)

嘉納は一九〇九（明治四二）年五月、数えで五〇歳の年にＩＯＣ委員に選ばれている。一九三八（昭和一三）年におけるＩＯＣ委員たちの嘉納への態度は、約三〇年間にわたる両者による交流の積み重ねの上に成り立つものだったといえよう。

少し長いが、エピソードをもう一つ紹介したい。これは、ＩＯＣアテネ総会（一九三四年）後のオリンピック復興四〇周年式典に出席のため、嘉納が他の委員たちとアテネからオリンピアへ移動している時の話である。

トリポリーの市長は、各国の代表者に、市として公式午餐の饗応をした。（中略）シャンパン瓶の口は抜かれ、日本の代表にして有名なる柔術の創始者嘉納治五郎先生の顔までが紅色を帯びるに至った。此の如き宴会に於て、乾杯の挨拶は一同に一種の倦怠を感ぜしむるのが常であるが、当日はそれが大きな興味を与えた。市長は先ず希臘語で挨拶をした（希臘人以外はだれも解らなかった。）次に会長ラツール伯は仏語で答礼した（これも多数の人には解らなかったらしい。）それに次いで生じたことが、至極面白かった。日本の代表は起立して自国語で演説したが、誰にも解らなかった。その解らなかったことは、発音や口調の異なってゐたことが、却って一同に大いに興味を感ぜしめたので（師範註―自分も殊更に発音や口調に工夫を加へて発表した）、勢ひ他の人々を誘ひ出すことになり、独逸語、伊太利語、英語、仏語、西班牙語、和蘭語、匈牙利語、瑞典語、チェコスロバキア語、セルビア語等まで、陸続答辞や謝辞を述べ、愉快に、また賑やかにこの午餐を終ることになった。（中略）

今一つ途中の出来事を書いてみれば、或駅に着いたとき、停車時間が少し長いので、老若男女多数の人が群集して居て、一団は代表者一同に対する歓迎の歌を歌って呉れたらしく、我等も何かいひたいが、何をいうても彼等には解るまいと思い居る際、仲間の中からトリポリーのことを想ひ出し、わからなくても日本語でいうて呉れと迫るものが出来た故、大声を発して、簡単に日本語で一言した後、左右両手で握手の形を示し、『ジャポン・グレース、グリーヘンランド、ヤパン、ジャパン、グリース』と言うて、両国の親善の形容を示し候処、名案であったと一同に悦ばれ候。(3)

機知に富んだユーモアで、いつの間にかIOCを一つにまとめ上げる嘉納の人柄が、他国の委員たちを大いに引きつけていた様子がうかがえる。どうやらIOC委員たちは、日本における絶対的な存在としての師匠・校長ではなく、ユーモア溢れる小柄な国際派おじさんとして嘉納を理解していたようだ。これら二つの人間像を意識しつつ、本節では、嘉納とIOC委員たちとの交流過程を整理し、〈人間〉嘉納治五郎の一つの足跡を辿っていくことにしたい。

(2) 嘉納のIOC委員就任の経緯

嘉納とオリンピック・ムーブメントとの出会いは、近代オリンピックの創始者ピエール・ド・クーベルタン(Pierre de Coubertin 一八六三〜一九三七)との出会いにまで遡る。まずはじめに、両者の出会いを振り返っておこう。

一九〇八(明治四一)年一〇月二四日、ちょうど第四回オリンピック競技会が終わろうとしている頃、クーベルタンが開催地のロンドンで認《したた》めた一通の手紙が、後の両者の出会いを導くことになる。宛先は駐日フランス大使のオーギュスト・ジェラールで、クーベルタンは駐日大使に、IOCにおいて日本を代表するに最も相応しい人物を選任するように依頼したのだった。

「（一九〇八年）一〇月二四日付の手紙にもっと早く返事を書きたいと思っていました。それは、国際オリンピック委員会において日本を代表するにふさわしい『打って付けの人物』について、私がどういう人物を思い描いているのかを是非、示してもらいたいという内容でした」（ジェラールのクーベルタン宛書簡、一九〇九年一月一九日付、ＩＯＣアーカイブス）

実はジェラールは、オリンピズムについての知識を有するフランス人外交官だったのである。彼はベルギー公使時代、ブリュッセルにおけるオリンピック・コングレス（一九〇五年）の開催に協力した経験があった。

オリンピック・コングレスは「新しいオリンピズム」、すなわち「身体的、知的、道徳的そして審美的なすべての教育学」をつくり出す活動の場として位置づけられ、クーベルタンのイニシアチブによって不定期に、しかもそのときどきの彼の関心に合わせたテーマで開かれた会議である。

ジェラールがかかわった第三回コングレスでは、オリンピック功労賞が新たに設けられ、初代受賞者に、「身体的、知的、道徳的完成の模範を示した」として、アメリカの大統領テオドア・ルーズベルト（一八五八～一九一九）が選ばれた。クーベルタンはオリンピック功労賞の表彰を通して、ＩＯＣがオリンピック競技会の単なる運営組織ではなく、教育改革運動という使命を帯びた団体であることを強調したのだった。

最終日前日の晩餐会において、ジェラールはクーベルタンの右隣に座り、かつ斜め前には、後にＩＯＣ会長を務めるベルギー委員アンリ・ド・バイエ＝ラツール（一八七六～一九四二）が座った。ジェラールはこのような教育的な枠組みに彩られたコングレスのなかで、直接クーベルタンと会話を交わしながら、「新しいオリンピズム」の意味を的確に理解していったものと考えられる。

クーベルタンからの手紙がロンドンから届いたのは、このブリュッセル・コングレスから約四年半後のことである。依頼を受けたジェラールは、親しくしていたロシア公使の本野一郎の助言に従い、翌一九〇九（明治四二）年一月一六日に嘉納と会談した。先に紹介したクーベルタンに宛てたジェラールの一月一九日付書簡によれば、IOC委員に就任するよう依頼された嘉納は、すぐさま受諾の返事をしたという。それから約四カ月後の同年五月末、嘉納はIOCベルリン総会において全会一致で新委員として選出され、ここにアジア初のIOC委員が誕生した。

ピエール・ド・クーベルタン（油彩肖像画、フランス・オリンピック委員会所蔵）

当時、IOC内部には、近代オリンピックのアテネ恒久開催を主張するギリシャによる各国委員への働きかけ、競技場におけるナショナリズムの高揚、政情不安によって委員間に生じた政治的・外交的・民族的な問題といった大きな混乱が生じており、クーベルタンはIOCの再建を急いでいた。したがって、この時クーベルタンが求めていたIOC委員とは、何よりもまず教育学としての「オリンピズム」を理解し、IOCの事業に対して国際協調の視点から協力してくれる人物だった。そして、ジェラールはクーベルタンの考えをしっかりと受けとめ、和魂洋才の態度で体育を中心に据えた教育改革に取り組んでいた嘉納に注目したのである。理想とされるIOC委員像を理解していたジェラールが仲介することによって、クーベルタンはまさに「打って付けの人物」に出会うことができたといえよう。

2　クーベルタンとの交流

(1) ストックホルム大会（一九一二年）以前

一九〇九（明治四二）年にIOC委員となった嘉納がクーベルタンと直接会う機会を得たのは、一九一二（明治四五）年、第五回オリンピック競技会の開催地ストックホルムにおいてであった。実はそれまでに、嘉納は二通の書簡（一九〇九年九月一四日付、一九一一年五月二四日付、IOCアーカイブス）をクーベルタンに送っている。まずはこれら二通の内容にもとづきながら、彼らの交流の始まりをみてみよう。

一九〇九年六月二日に幕を閉じたIOCベルリン総会から約二週間後の六月一五日、クーベルタンは嘉納に一通の手紙を送っている。クーベルタンはまず、IOC委員への就任を祝福するとともに、IOCブダペスト総会（一九一〇年）とストックホルム大会（一九一二年）への参加を嘉納に打診したのだった。これに対し嘉納は、同年九月一四日付書簡でIOC委員就任の喜びをクーベルタンに伝えたが、総会と競技会への出席については曖昧な返事を返した。近代オリンピックについての正確な情報がなく、加えて、ヨーロッパ渡航が経済的・時間的に大きな負担だったという時代的な制約を考えれば、当然の回答だったといえる。

これらの往復書簡の内容から注目できるのは、『ルヴュー・オランピック』と出版されたばかりのクーベルタンの著書『二一年間のキャンペーン』とが、嘉納の手元に届いたことである。『ルヴュー・オランピック』は、その大半がクーベルタンの筆による記事で占められたIOCの定期刊行物であり、いわば彼のスポークスマン的メディアである。クーベルタンはこの雑誌を通して、オリンピズムの意味とIOCの運営状況を委員たちに伝えていた。一方の『二一年間のキャンペーン』は、クーベルタンが一八八七年から本格的に開始したスポーツによる教育改革運動の中間報告書であり、オリンピック大会や各種会議などの経緯をオリンピック復興者としての立場から振り返る内容となっている。つまり、これらの雑誌・図書は、オリンピック・ムーブメントを理解する上できわめて重要な文献なのである。

嘉納からクーベルタンへの二通目の書簡は、一九一一(明治四四)年五月二四日に認《したた》められたものだった。嘉納は冒頭で、病気によりクーベルタンからの問い合わせに返信できなかったことについて謝罪するとともに、新IOC委員選出の信任投票を行っている。史料批判により、これはクーベルタンがIOC委員たちに宛てた一九一一年一月二八日付書簡への返信であることがわかっている。この時推薦された三名の名前は、『ルヴュー・オランピック』一九一一年三月号のIOC委員リストから加えられており、嘉納の五月二四日付信任投票は、選挙結果の発表後に行われていたことになる。

(2) ストックホルム大会(一九一二年)から第一次世界大戦まで

一九一二年のストックホルム大会は、日本が初参加した大会であるとともに、嘉納がクーベルタンと初めて面会した大会だった。以下、加藤仁平『嘉納治五郎』(逍遥書院、一九六四年)において抄訳の形で紹介されている嘉納の「英文日記」を主な参考資料として、ストックホルム大会前後における嘉納とクーベルタンとの交流を振り返ってみたい。

一九一二(明治四五)年六月八日に新橋を出発した嘉納は敦賀からウラジオストックに出て、シベリア鉄道でサンクト・ペテルブルクに向かい、その後、汽船でヘルシンキを経由してストックホルムに到着した。六月二八日の一四時頃だった。現在では考えられないような長旅である。嘉納は船中で、トルコのIOC委員セリンシリベイと出会い、さっそく「おなじみに」なっている。到着後、嘉納はすぐに、スウェーデンのIOC委員で大会組織委員長でもあったバルク大佐とスタジアムで面会し、翌二九日と三〇日にはフットボールとテニスを観戦した。

文献で確認できる嘉納とクーベルタンとの最初の出会いは、七月二日の午後に訪れた。サルツファバーデンのグランドホテルにいるクーベルタンを嘉納が訪問したのだった。この時、クーベルタンと二時間も話したにもかかわらず、嘉納はその内容を英文日記に何も書き残していないという。これは推測の域を出ないのだが、両者はこの二時間のなかでオリンピックの意義を中心に、ボクシング、レスリング、柔道の教育的な価値について議論したのではないかと考える。

このように考える一つ目の理由は、ストックホルム大会が開かれる約半年前、クーベルタンが『ルヴュー・オランピック』に柔道に関する小論を発表し、柔道への高い関心を示していたことである。これらの小論は、横山作次郎・大島英助『柔道教範』（紅葉堂、一九〇八年）の翻訳書である *Judo : Manuel de jiujitsu de l'école Kano à Tokyo*（一九一一年）をもとに、嘉納によって柔術から体系化された柔道の歴史を概観するとともに、柔道の技術について論じている。二つ目の理由は、後述するが、後日パリで再会した際、クーベルタンが嘉納をボクシングとフェンシングクラブに案内していることである。

二人だけの時間を過ごした嘉納とクーベルタンはその後、大会期間中に開かれるＩＯＣ総会などの各種会合やオリンピック競技会の会場で、顔を合わせている。個人的な接触について触れている記述を抜き出してみよう。

七月八日(月)　議会へ委員会の会合に行く。昼食後スタジアムへ行く。スタジアムでクーベルタンが私にグスターフ・ド・ラフレテ（Gustave de Lafrete）を紹介した。（中略）私はパリーに行く時、彼に手紙を出すと約束した。(4)

ラフレテなる人物の詳細は不明だが、クーベルタンは関係者を紹介し、嘉納の人的ネットワーク作りに一役買っている。また、二人で話をした七月二日から約一週間後には、嘉納はストックホルム大会後にパリへ行く予定があることをクーベルタンに伝え、パリでの面会希望の意思をほのめかしている。

八月三日（土）　サルッジョバーデンに3時着。グランドホテルに行く。クーベルタン男爵は湖の岸辺を散歩していて留守であった。水泳場を見る。もう一度ホテルへ行く。ブロネー男爵に会う。彼は親切にクーベルタンをさがしに行ってくれた。クーベルタンが来た。話す。8月下旬パリーで彼を訪問すると約束した。彼はパリーに帰る前、彼の義母と息子のいるエルザスへ行くといった。(5)

嘉納は翌日の八月四日にストックホルムから欧州視察旅行に出発しているので、クーベルタンに会いに行ったのは、その出発前日ということになる。不在だったクーベルタンを再度訪問していることからすると、嘉納はIOC会長とのパリでの再会を強く希望し、これを確実に伝えたかったのだろう。ここに登場するゴドゥフロワ・ド・ブロネイはクーベルタンと最も親しかったIOC委員である。ちなみに、エルザスとはフランス北東部のアルザス地方のことであり、そこにはクーベルタンの妻マリー・ロータンの実家があった。クーベルタンは妻の実家に寄ってからパリに戻るという個人的なスケジュールを、嘉納に伝えていたことになる。

ストックホルムを後にした嘉納はコペンハーゲン、ベルリン、ウィーン、ジュネーブ他を視察し、一二月一日（あるいは一一月下旬）にパリに到着した。パリに入った嘉納はさっそく、クーベルタンにアポイントを取るためにフランス語で書いた手紙を出している。一二月一日付の手紙を受け取ったクーベルタンはさっそく嘉納に連絡を入れ、一二月四日の夕方に再会する約束をとりつけた。当日の午後五時すぎ、日本大使館で落ち合った二人はボクシングとフェンシングを見学しに出かけ、嘉納は「七時半頃」帰ってきた。両名とも格闘技への関心が高かったことから、パリでのボクシングとフェンシングの見学は、単なる思いつきではなかったと考える。

嘉納は一八八九（明治二二）年に発表した「柔道一班並ニ其教育上ノ価値」のなかで、当身技（打撃技）を柔道に必要な技術として位置づけているし、後年、棒術、剣術、レスリング、ボクシングといった国内外の格闘技全般に関心を示し、それらの長所を柔道に採り入れようとの考えを示した。一方のクーベルタンは、ボクシングとフェンシングを好んで実践していたばかりではなく、これらの教育的な価値を整理し、自身のスポーツ教育論のなかで重要な位置を与えていた。

つまり、柔道の奥行きを広げようとしていた嘉納にとっては、欧米的な格闘技を研究する機会となり得たし、一方のクーベルタンにとっては、ボクシングとフェンシングの教育的な意味を、柔道の創始者である嘉納に説明する機会となり得たのである。初冬の夕刻のパリで、両者は約二時間をともに過ごしながら、ボクシング、フェンシング、それにおそらくは柔道の教育的な価値について議論したに違いない。

それから一〇日後の一二月一四日の午後、嘉納は再度クーベルタンを訪問している。残念ながら、この時クーベルタンは留守にしていたので、嘉納は名刺を置いて帰ってきた。

なお、ホテルへの支払いはその翌日に済ませているので、嘉納は約二週間、パリに滞在した計算になる。したがって、嘉納はパリ入り直後にまずクーベルタンと会う段取りをつけ、パリを離れる直前にも彼に挨拶しようとしたことになる。嘉納の交友関係において、クーベルタンが重要な位置を占めつつあったことがうかがえる。

さて、ストックホルム大会を含むヨーロッパ視察から帰国して五カ月後の一九一三（大正二）年八月一八日、嘉納は四通目の書簡をクーベルタンに認《したた》めている。その内容は、①新ＩＯＣ委員選出の信任投票、②一九一三年にローザンヌで開かれたＩＯＣ総会とオリンピック・コングレスに出席できなかったことへの謝罪、③一九一四年にパリで開催予定の次回ＩＯＣ総会とオリンピック・コングレスへの出席の見通し、だった。

①については、またもや選挙結果が出た後での信任投票となっている。②については、「この会議が大成功を収めたと聞いてうれしく思う」と記されており、嘉納が『ルヴュー・オランピック』一九一三年七月号に掲載されたコングレスの報告記事を読んだ後に、この手紙を書いたことがわかる。③に関しては、「大いに関心をもちながら、次回の会議を楽しみに待っている」と記されているが、嘉納は結局、ローザンヌに引き続き、パリ・コングレスにも出席しなかった。

(3) 第一次世界大戦以降

近代オリンピックは第一次世界大戦のため、ベルリン大会（一九一六年）が祝福されないという状況に陥ってしまったが、次のアントワープ大会（一九二〇年）からは、再び四年ごとの祝福のリズムを取り戻していった。嘉納はアントワープを訪れてクーベルタンとの再開を果たしたが、これ以降、両者が再び顔を合わせることはなかった。嘉納が参加しなかったパリ大会（一九二四年）の翌年、クーベルタンは会長の職を辞し、IOCから離れて教育改革運動を進めていくことになったからである。

ここでは、IOCアーカイブスに保存されている嘉納のクーベルタン宛書簡のうち、第一次世界大戦終戦以降の日付がある三通（一九二一年八月一日、一九二一年一一月一七日、一九二四年二月三日）を簡単に紹介したい。

一九二一年八月一日付書簡には、第五回極東選手権競技大会（以下、「極東大会」という）の種目別の詳細な結果が記されている。日本、中国、フィリピンを主な参加国とする極東大会は、一九一三年に第一回大会（マニラ）が開かれ、第五回大会は一九二一年五月三〇日から六月四日の日程で上海で開催された。この書簡によれば、嘉納は前年のIOCアントワープ総会での決議にもとづき、IOC特別代表の資格で第五回極東大会に出席している。したがって、この書簡はIOC特別代表による会長クーベルタンへの大会報告という意味をもっていた。

それから三カ月後の一一月一七日、嘉納は神戸から、再びクーベルタン宛に第五回極東大会についての書簡を認《したた》めている。これは先の手紙とは異なり、神戸オリエンタルホテルの便箋に自筆で書いてある、私信の意味合いが濃厚なものとなっている。

公式報告書には書きにくいことですが、真実が次のようなものであったことを、あなた（クーベルタン）にだけは理解していただきたいと思います。かいつまんで言えば、私は中国で、国際オリンピック委員会の特別代表に当然払われるべき重要性が認識されないままに処遇されたと言うことです。(6)

中国では当時、列強諸国による半植民地化が進行しており、日本からは対華二一か条要求（一九一五年）が突きつけられていた。一九一九（大正八）年には大規模な反日運動「五・四運動」と孫文による中国国民党の創建があり、一九二一年には後の国民政府の基となる革命政府が広州で樹立するなど、政治的変化が激しい時代だった。嘉納は自身への低い処遇の原因を、このような日中間の政治的関係の影響があると分析するとともに、オリンピックにまだ参加していなかった中国・フィリピン側のＩＯＣへの理解不足を指摘している。

三通目の書簡は、一九二四（大正一三）年一月三日に認《したた》められたものである。関東大震災（一九二三年九月一日）後、クーベルタンから送られた安否を尋ねる書簡に対し、嘉納はすでに電報で自分の無事を伝えていたのだが、この書簡で、震災の様子と家族の無事とを具体的に語ったのだった。嘉納は続けて、オリンピックに関する報告を二件、依頼を一件、極東大会の報告を一件、書き綴っている。内容は次のとおりである。(7)

①　震災の影響を受け、パリ大会（一九二四年）に派遣する日本選手団は縮小せざるを得ないこと
②　同じ理由により国会スケジュールが変更され、貴族院議員である自分はパリ大会に参加できないこと

③　ＩＯＣ委員として岸清一（一八六七〜一九三三）を選出し、日本委員を二名にしてもらいたいこと。それが無理であれば、自分が辞任するのでその後任に岸を選んでほしいこと

④　前年に開催された第六回極東大会（大阪）で、ＩＯＣの代表として挨拶をしたこと

日本委員の二名枠および岸の選出については、同年のＩＯＣ総会（パリ）で認められ、会長クーベルタンが嘉納の依頼を全面的に受け入れた結果となった。

ＩＯＣアーカイブスに残されている嘉納のクーベルタン宛書簡としては、これが最後のものである。先に指摘したとおり、その後、両者は直接顔を合わせる機会をもつことがなかったので、記録に残された両者の交流はこれで幕を閉じることになる。しかし、以下の嘉納の証言を裏づける歴史的資料が発見されれば、その第二幕は直ちに開演されることになろう。

当時同男（クーベルタン）は、ストックホルムから程近き風景佳絶のサルチオバーデンという島にあるホテルに居られて、その一室で始めて面会したのである。（中略）爾来、大会毎にしばしば面談し相互に親しみを加えていたが、同男が会長を辞されて後は面会の機会はなく、時々書面のやり取りする位であった。(8)

3　他のＩＯＣ委員との交流

嘉納の名前が初めて掲載された『ルヴュー・オランピック』一九〇九年六月号のＩＯＣ委員リストには、彼以外に三六名が名を連ねている。この時から嘉納がＩＯＣ委員を退任するまでの約三〇年間（一九一〇〜三八）に、日本人を含む計一一九名の新委員が選ばれている。しかし残念ながら、先に紹介したクーベルタンの場合とは異なり、

それぞれのＩＯＣ委員と嘉納との具体的な交流過程を物語ってくれる歴史的資料はほとんどない。したがって、本項で取り上げられるのはごく限られたＩＯＣ委員であることを、あらかじめ断っておきたい。

(1) ゴドゥフロワ・ド・ブロネイ

嘉納がＩＯＣ委員に就任した当時、先に述べたようにスイス委員のブロネイはＩＯＣの会計を担当していた。その関係により、嘉納がブロネイに年会費を送付したことを伝える書簡がＩＯＣアーカイブスに二通、残されている（一九〇九年一〇月一〇日付、一九一〇年一一月四日付）。

ストックホルム大会直後の一九一二年八月三日、嘉納がクーベルタンをホテルに訪ねた時、散歩に出かけていたクーベルタンをブロネイが探しに行ったことは、すでに述べたとおりである。その翌日から欧州視察に出発した嘉納は、ちょうど一カ月後の九月三日、ジュネーブからブロネイに宛ててフランス語で手紙を書いている（ＩＯＣアーカイブス）。スイスを旅行中、グランソン（ヌーシャテル地方）にある自宅にブロネイを訪ねたいと思っていたが、不在であることがわかったので、電話で伝言を残したという内容である。

クーベルタンからの信頼が厚く、永世中立国スイスの委員でもあったブロネイは、それから二年後に勃発した第一次世界大戦中、クーベルタンからＩＯＣの暫定委員長を任されている。ブロネイは一九一八年一〇月一五日、おそらくは暫定委員長名で書簡を送り、新ＩＯＣ委員の信任投票、オリンピック学院（ローザンヌ）の創設、ＩＯＣの年会費の送付について、委員たちに連絡した。嘉納は約半年後の一九一九（大正八）年五月一日にフランス語で返信を送り、ブロネイに新ＩＯＣ委員を信任することと合わせ、暫定委員長職へのねぎらいとオリンピック学院創設への祝福の言葉を伝えている。

記録にみえる二人の次の、そして最後の交流は、第一二回大会（一九四〇年）の招致運動中に交わされた電報と書簡である。一九三五年二月一三日付の電報には、第一二回大会の開催地が決まる予定だったＩＯＣオスロー総会（二月二八日〜三月一日）直前に、東京へ投票するようブロネイに依頼する嘉納のメッセージが記されている。これに対し、ブロネイは一九三五年二月二〇日付の手紙のなかで、事情により総会へは出席できないが、「ＩＯＣの承認と全委員の注目とを一度に必要とする日本の計画のために、私には積極的に尽力する用意がある」と述べ、嘉納に対し東京支持の態度を表明している。オリンピズムの真の国際的な展開を願い、東京を支持していたクーベルタンの影響を強く受けていたのであろう。しかしながら、ＩＯＣ会長バイエ＝ラツールの判断により、開催地の決定は翌年のベルリン総会に延期されることになった。

(2) ジリ・グース＝ヤーコフスキー（一八六一〜一九四三）

ジリ・グースは一八九四年のＩＯＣ創立時から名を連ねる最古参の委員である。一九世紀末から二〇世紀初頭のヨーロッパにおける政治的・民族的な混乱により、ＩＯＣ内での境遇は必ずしも良好なものとはいえなかったが、クーベルタンは常に彼を擁護する立場をとっていた。結局、グースは一九四三年までの約半世紀にわたってＩＯＣ委員の職に就いており、ほぼ同年齢の嘉納にとって、最も付き合いの長い委員になった。

残念ながら、資料の上で両者の接点が確認できるのは、アントワープ大会（一九二〇年）後の欧州視察においてのみである。記録によれば[9]、同年九月二四日、嘉納はチェコスロバキアの首都プラハに到着し、すぐにグースの自宅を訪ねている。嘉納は到着数日前にプラハでの訪問を伝える手紙を出していたが、グースの出張中に届いた手紙を夫人が開封していなかったので、嘉納の訪問は突然の出来事となってしまった。しかし、グースが出張から戻ってきた翌日、嘉納は彼の同伴のもと、面会を一番の楽しみにしていたチェコ独立の父トマーシュ・マサリク大統領（一八五〇〜一九三七）との意見交換を無事果たすことができている。

(3) ジークフリード・エドストローム（一八七〇～一九六四）と
アンリ・ド・バイエ=ラツール（一八七六～一九四二）

スウェーデンのエドストロームは、第四代ＩＯＣ会長（在職一九四六～五二）として知られている。彼はＩＯＣ委員への就任直後（一九二一年）、設置されたばかりの執行委員会に名を連ねたこともあり、委員への就任当初からＩＯＣ内のキーパーソンの一人であった。アムステルダム大会の翌年（一九二九年）一〇月、嘉納はエドストロームが来日した際に東京で二日と京都で一日、彼を接待している。ちなみに、約三年後の一九三二年七月三〇日、ＩＯＣロサンゼルス総会で嘉納が東京招致を表明した際、エドストロームは東京を支持する「有力なる賛成演説」を行っている[10]。

ラツールは、一九二五年にクーベルタンの後を引き継いだＩＯＣ会長である。彼のＩＯＣ委員への就任は一九〇三年なので、嘉納との付き合いは長かった。確実に言えることは、一九三二年七月二七日、嘉納がＩＯＣ総会（ロサンゼルス）の前にラツールを訪問して東京招致について内談した時以降、両者の関係はオリンピック招致を巡ってデリケートなものになっていったことである。例えば、第一二回大会の開催地を決める予定だったＩＯＣオスロー総会（一九三五年）の直前、嘉納はラツールに手紙を認《したた》め、これまで説明してきた東京大会の意義を注意深く整理し、東京への支持を強く訴えている（嘉納のラツール宛書簡、一九三五年一月一〇日付、ＩＯＣアーカイブス）。

結局、一二回大会開催地の決定はベルリン総会（一九三六年）に延期となり、ＩＯＣ会長のラツールは一九三六年三月、日本のスポーツの状況視察を主な目的として来日することになる。日本での滞在期間は約三週間だったが、嘉納は実にその約半分の日数（九日間）を一六歳年下の会長の接待に費やした。ラツールは日本からの帰国後に記したクーベルタンへの手紙のなかで、日本にはスポーツ精神・オリンピック精神が渦巻いており、一二回大会の開催地としてふさわしい印象をもったことを伝えている（ラツールのクーベルタン宛書簡、一九三六年五月二二日付、IOCアーカイブス）。ラツールと四半世紀にわたって付き合いのあった嘉納は、オリンピックへの参加から飛躍的に発展した日本のスポーツの状況を、しっかり伝えたに違いない。しかし、それから二年後、オリンピックの開催実現を第一の使命とするIOC会長ラツールは、IOCカイロ総会直後に、一九四〇年までに戦争行為が終結していなかった場合の日本オリンピック委員会の責務に対する厳しい警告文書を、嘉納に送ったのだった[11]。

4　嘉納とIOC委員たちとの交流からみえるもの

(1)　クーベルタンのオリンピズムと嘉納の柔道論

IOC内において嘉納が特異な存在だったことは、オリンピック競技会やIOC総会等を利用して、彼が柔道の理論を実演を交えながら、各国委員に説明していったことである。一九二〇年ロンドン／一九二一年アメリカ／一九二八年イタリア、イギリス、ベルリン／一九三二年ロサンゼルス／一九三三年ウィーン、ベルリン、ロンドン、フランス、シンガポール／一九三四年アテネ、ウィーン、ロンドン、といった具合である。

還暦を超えていた小柄な嘉納が屈強な大男たちを軽く投げてしまう様は、まさに「柔よく剛を制す」の言葉どお

ラツールIOC会長を東京に迎えて（1936年、講道館所蔵）

りであり、この光景を目の当たりにしたIOC委員たちは、瞬く間に柔道の本質を理解していったに違いない。例えば、イギリス委員のクラレンス・アバーデアは「余はかつて氏が柔道の講義と実演をなした際、その道場に於て当時七十五、六歳であった翁が僅か一分足らずの間に翁よりもずっと年若い人を投げ倒し出席者一同をして氏の勇気と熟練とを賞讃せしめた事をも忘れ得ないであらう」と回顧しているし、ドイツ委員のリッター・フォン・ハルトは、「自分は一九三三年ウィーンで柔道に関する氏の講演と実演とを見聞し同氏が驚くべき人だと驚嘆した」と述べている。[12]

重要なのは、嘉納がこれらの機会に、心身の力を最も有効に使用する道と定義（一九一五年）した柔道を、社会生活にまで拡大すべきものであるということを、IOC委員たちに伝えていることである。アムステルダム大会（一九二八年）後に訪れたベルリンで嘉納は、「柔道の原理を社会各般の事柄に応用することなどを一通り話し」ているし、IOCアテネ総会（一九三四年）後に訪れたウィーンでは、オーストリアの委員テオドール・シュミットが「柔道の精神方面のことに深く共鳴して、これに対してはオーストリアの方面は尽力すると約束した」という。

実は、クーベルタンのオリンピズム（ここでは彼の教育学）は、スポーツの教育的価値が実生活に応用されることを志向していた。この意味で、「精力善用」「自他共栄」という柔道の本質を社会生活に浸透させようとする嘉納の柔道論は、オリンピズムの普及活動に携わってい

バンクーバーから出航する嘉納治五郎
（講道館所蔵）

晩年の嘉納治五郎（講道館所蔵）

たＩＯＣ委員たちの心をしっかりととらえる、日本版オリンピズムだったのである。

(2) スポーツを通した国際理解

「自分も他者も、自国も他国も」「共に栄える」という理念の「自他共栄」は、一九二二（大正一一）年に立言されているが、その芽生えは、嘉納が高等師範学校長として初めて留学生を受け入れた一八九六（明治二九）年にまで遡ることができる。この芽生えは、ＩＯＣ委員たちとの交流によって湧き出てきた感情が触媒となって、「自他共栄」という思想に行き着いたと考えられないだろうか。

此の四年毎の大会の目的は、世界各国の選手を集めて競技せしめ以って体育を奨励するといふ事、及び体育の方針を正しくする事といふにあるのである。けれ共尚ほ主なる委員の希望として、此に集合した委員間の交際、並に青年者の交際に依って、互に感情を同うし意志を疎通し、以って国際間の融和を図るといふ事も、軽んずべからざる意義となってをるのであって、英国の同会国際委員某氏の如きは、其の熱心なる唱道者である、（中略）少くとも各国から集った委員間には、一種の温い感情を同うするのであって、現に余が其の後各国を巡視した際の如き、同会委員として仲間であった人々を訪問したれば、格別の歓迎と特殊の好意とを与へられた、随って何とは無しに親しい情が起り、快い感を有することを経験したのであった。[13]

自分は又国際オリムピック会議に出席して見ても、行く度毎に唱へられて居るのは、これは各国の青年がここに来ては国の区別はない。お互に手を握って融和し、国際の協調を助ける手段としなければならぬといふやうなことを諸国の国際委員が唱へておったことを記憶して居る。これを見ても、そこに競技運動の価値が認められる[14]。

嘉納はこのように、オリンピックとの関連でスポーツの価値を述べる時、しばしばスポーツを通した国際理解の可能性に言及している。そして、ＩＯＣ委員たちが発していたスポーツによる国際協調の理念に自分が影響を受けたことを、包み隠さずに付け加えるのだった。

本節の冒頭で親しみ溢れる国際人としての嘉納のエピソードを紹介した後、ＩＯＣ委員たちとのいくつかの交流過程を眺めてきた。そこには、スポーツの教育的価値観（クーベルタンのオリンピズムと嘉納の柔道論）を認め合う者たち同士の信頼に満ちた交わりがあり、これが〈人間〉嘉納治五郎の一つの歩みを支えてきた。嘉納逝去後にＩＯＣ委員（関係者）から寄せられた次のメッセージは、このことを如実に物語っていると言うことができよう[15]。

「……嘉納さんは立派な『サムラヒ』であり、典型的教育家であり、そのスポーツ界に対する貢献は長く追憶されるであろう」（アベリー・ブランデージ〈Avery Brundage　一八八七～一九七五〉、後の第五代ＩＯＣ会長）

「翁は世界で稀にみるスポーツと教育の総合的人格者で、翁の逝去は単に日本にとつてばかりでなく、世界スポーツ界、教育界にとって痛惜に堪へない」（カール・ディーム〈Carl Diem　一八八二～一九六二〉、ベルリン大会事務総長）

（嘉納）氏は青年の真の教育者であつた。……この東京オリンピックこそ、氏が日本の凡ゆるスポーツを今日の高き水準に引き上げるため費した、永年の労苦に対する報酬であつたであろう」（アンリ・ド・バイエ＝ラツール、ＩＯＣ会長）

【註】

（1）永井松三（談）「カイロ総会の嘉納さん」『柔道』九巻六号、一九三八年。
（2）「故嘉納治五郎先生追悼座談会」『オリムピック』一六巻六号、一九三八年。
（3）嘉納治五郎「師範のおたより六月一日発、アテネより」『柔道』五巻八号、一九三四年。
（4）加藤仁平『嘉納治五郎：世界体育史上に輝く』逍遥書院、一九七〇年、一六五頁。
（5）同右、一七〇頁。
（6）嘉納治五郎書簡、一九二一年一一月一七日付。
（7）嘉納治五郎書簡、一九二四年二月三日付。
（8）嘉納治五郎「クーベルタン男を懐ふ」『オリムピック』一五巻一〇号、一九三七年。
（9）嘉納治五郎「国際オリムピック大会を終えて（第二）」『有効の活動』七巻三号、一九二一年。
（10）嘉納治五郎「渡米の任務を終えて」『作興』一一巻九号、一九三二年。
（11）中村哲夫「ＩＯＣ会長バイエ＝ラトゥールから見た東京オリンピック」坂上康博・高岡裕之編著『幻の東京オリンピックとその時代』青弓社、二〇〇九年、五一～五二頁。
（12）「嘉納先生の長逝を悼む」『オリムピック』一六巻六号、一九三八年。
（13）嘉納治五郎談「欧米巡視感――体育の方針」『教育時論』一〇一三号、一九一三年。
（14）嘉納治五郎「競技運動の目的およびその実行の方法について」『中等教育』五二号、一九二五年。
（15）「世界の嘆き」『柔道』九巻八号、一九三八年。

筑波大学と嘉納治五郎のレガシー

嘉納治五郎は、高等師範学校ならびに東京高等師範学校の校長として、一八九三（明治二六）年から一九二〇（大正九）年までの間、三期にわたり二三年半在職した。嘉納の創設した「柔道」は世界的スポーツになっているが、嘉納は「精力善用」「自他共栄」の理念にもとづいて、高等師範学校の改善、中等学校・高等女学校の充実などの教育改革を行い、師範学校不要論に対して修業年限増加の必要性を説き大学昇格への布石を打つなど、本学に関わりのある活動を展開した。また、一〇〇年以上前に中国から八〇〇〇名もの留学生を受け入れて有為な人材を育成するなど留学生教育を推進し、国際交流に努め、教育者としても偉大な業績を残した。

筑波大学では嘉納治五郎の生誕一五〇周年記念事業を二〇一〇（平成二二）年に行い、教育者として、国際人として、未来を見据えて行動した嘉納の考えや足跡を振り返ることで、本学の進むべき方向、目指すべき人材やその育成のあり方、さらに世界における日本の役割などを考える契機とした。

ここでは、以下に示した教育、研究、国際交流、体育・スポーツに関わる嘉納の業績から、我々が嘉納のレガシーをどう受け継ぐべきかを考えてみたい。

一八九三（明治二六）年　高等師範学校長就任（三二歳）。

一八九四（明治二七）年　高等師範学校にて大運動会を開催し、全学生、教職員が参加。

修業年限を三年から四年に引き上げる。

一八九六（明治二九）年　学生スポーツ奨励のため「運動会」を設置。

清国留学生の教育を私塾にて引き受け始める。

一八九八（明治三一）年　全学生参加の健脚競走（長距離競走）を行う。

一九〇一（明治三四）年　「運動会」を解消して「校友会」を設置し、課外活動を奨励。

一九〇二（明治三五）年　東京高等師範学校と改名。

一九〇七（明治四〇）年　外国人特別入学規定細則を定める。清国よりの留学生急増する。

一九〇八（明治四一）年　柔道・剣道を全学生選択必修とし、春・秋の長距離走大会、全学生参加とする。

一九一五（大正四）年　東京高等師範学校に修業年限四年の体育科を設置。

一九一八（大正七）年　東京高等師範学校の大学への昇格運動本格化する。

一九一九（大正八）年　大学昇格運動のなかで、宣揚歌が作られる。

一九二〇（大正九）年　留学生数の割合一五％となる。

一九二二（大正一一）年　「精力善用」「自他共栄」の理念を公表。

一九二九（昭和四）年　東京文理科大学開学。

一九三六（昭和一一）年　ＩＯＣ総会にて東京オリンピック開催（一九四〇年）決定。

一九三八（昭和一三）年　七七歳にて逝去。

一九四九（昭和二四）年　東京教育大学開学。

一九七三（昭和四八）年　筑波大学開学。

体操（1940年）

二〇一〇（平成二二）年　生誕一五〇周年。

1　国際レベルの研究大学へ

嘉納が改革に全力を注いだ東京高等師範学校、そしてそれを母体として一九三二（昭和七）年に開学した東京文理科大学の雰囲気とはどのようなものであったのであろうか。

筆者の恩師である金原勇は、その著書『二十一世紀体育への提言』（不昧堂出版、二〇〇五年）のなかで東京高等師範学校の体育科や東京文理科大学の教育研究に言及している。すなわち、体育科で受けた専門教育における体育観について「嘉納治五郎先生の影響の著しい人間形成志向の強いスポーツ型体育観に位置づけられる」と述べ、体育実技の授業時間が多かった、現在のように体育・スポーツ学にわたって本格的講義ができるほど知見は蓄積されていないため体育・スポーツに関する専門的講義が少なかったと当時を振り返っている。しかし、一般教養および教職教養科目は非常に充実し、著名な先生方から格調の高い指導を受けた、東京高等師範学校卒業後に学んだ東京文理科大学には最先端の研究・教育施設および研究・教育体制が整っていた、体育・スポーツの研究という視点からみても大学院大学という風格を備えていた、と述べている。これらのことは、嘉納の影響のもと、高度な研究と教育が実践され、優れた人材育成の伝統ができつつあったことを示している。

嘉納は「高等師範学校の教授たるものは、知識技能の上からよほど高い教育を受けた人でなければならない。外国のまたは日本の大学、或いはそれ以外でも、ともかく相当の教育をうけ実力を具えたる人を必要とする」という信念のもとに、優秀な教授を集め、東京高等師範学校における教育および研究の水準を高めることに努めた。そして、東京高等師範学校から東京文理科大学に昇格させる基礎をつくり、深い学識をもった指導者を養成し、教育者のみならず、多くの著名な研究者を輩出する基盤を築いた。筑波大学は、国際レベルの研究大学となりつつあるが、これは嘉納のレガシーを引き継いだものといえるであろう。

2 「精力善用」「自他共栄」と国際性

柔術、剣術をはじめ、日本の伝統的身体技芸の世界には、技芸よりも自己の精神や人格の陶冶を第一とする考え方が強く、そのため気持ちが自己の内的完成のみに向き、自己の外、つまり社会、国、世界に向くことが少ない傾向があるようである。嘉納はこのことをよく知っており、日本の伝統的柔術を基本にしたが、内に向く傾向のある日本の修行精神をよしとしなかったと考えられる。国際人・嘉納のことであるから、日本人が自己の外、さらに日本の外に目を向けることが大切だと考え、「世界の共栄のためにエネルギーを有効に使え」と教えたと解釈できる。

嘉納は、近代日本において最初に留学生を受け入れた教育者である。当初は私塾（宏文学院）で受け入れ、一八九九（明治三二）年以降、高師にも受け入れた。一〇〇年以上前であるから、留学生の受け入れには想像を絶する困難や問題があったようである

（上）イタリアでの嘉納先生生誕 150 周年記念シンポジウム、（下）谷本歩実氏による柔道指導（於イタリア、2010 年、イタリアスポーツ教育協会）

が、嘉納の基本的な考えは、他者に善隣を尽くしてこそ、自国も自身も繁栄する、というものであった。多くの中国人留学生が東京高師で学び、北京大学や北京師範大学の教員はじめ、中国の学術界や教育界に巣立っていった。嘉納が受け入れた留学生数は、宏文学院と東京高師で約八〇〇〇名になり、作家の魯迅、田漢や毛沢東の師となる教育者、楊昌済も宏文学院や東京高師出身であった。

本学は、開学以来内外に開かれた大学を標榜しているが、グローバル30に採択されたことによって嘉納のレガシーを引き継ぐ準備ができたといえるであろう。

3　体育・スポーツの伝統

教育者としての嘉納は柔道に教育的効果・価値を見出した。その経緯を次のように語っている。

「柔術のため身体の健康の増進するにつれて、精神状態も次第に落ち付いて来て、自生的精神の力が著しく強くなつて来たことを自覚するに至つた。又柔術の勝負の理屈が、幾多の社会の他の事柄に応用の出来るものであるのを感じた。更に、勝負の練習に附随する智的練習は、何事にも応用し得る一種の貴重なる智力の練習なることを感ずるに至つた。もとより方法としては、在来教えられ来たつた方法其まゝでよいとは思はないが、相当の工夫を加うるに於ては、武術としての外に、智育・体育・徳育として誠に貴重なるもののあることを考ふるに至つた」（嘉納治五郎口述・落合寅平筆録「柔道家としての嘉納治五郎（三）」『作興』六巻三号、一九二七年。）

後に講道館柔道を創設し、柔道を通した人間教育を推進したが、柔道、長距離走、水泳を全学生に行わせるとともに、東京高等師範学校の校友会会長として課外活動を奨励したこともあって、さまざまなスポーツを学んだ東京高等師範学校卒業生（体育科のみではなく）が全国に赴任し、スポーツを全国に広めた。

筑波大学体育の原点である体操伝習所が一八七八（明治一一）年に設立されてから一三〇年以上になる。体操伝習所、東京高等師範学校、東京教育大学そして筑波大学とその伝統は引き継がれ、筑波大学体育は我が国の体育・スポーツ界をリードしている。この間に人々の体育・スポーツに対する考え方、さらに体育・スポーツを取り巻く環境は徐々に変化してきた。力や技を競うことの素晴らしさ、体育・スポーツから得られる健康や楽しさに加えて、人や環境とのコミュニケーションの獲得、さらに地域間や国家間の交流、社会や経済の活性化など、これまで人々にあまり知られていなかった体育・スポーツのもつ、計り知れない価値が認識されるようになった。

本学において春と秋に開催されているスポーツデーは開学以来の伝統であり、学内スポーツは盛んである。これらはまさに柔道をはじめとする多くのスポーツを全学生に行わせ、「運動会」「校友会」をつくって全学をあげてスポーツに取り組むことを奨励した嘉納のレガシーを自然に引き継いだものとなっている。このことは、スポーツが教養の一つになりつつある現在において教養教育という点からもきわめて意義のあることであろう。

4　世に貢献できる人材を育成できる大学へ

嘉納は、貴族院議員を務めた政治家でもあり、総理大臣になれる力

つくばマラソン

量をもっていたが、教育は日本において最も重要なことの一つであるという強い信念から教育者の道を選んだとされている。そして、教育界には第一流の人物を配すべきで、そのためには師範学校および師範教育の水準は最高であるべきだと考え、改革に全力を傾けたのであろう。そして、「教育者自身が教育の大事なることを信じ、教育を通して国家社会に働いてこそ教育者の活動も有意義である」としてその思いを書に残している。

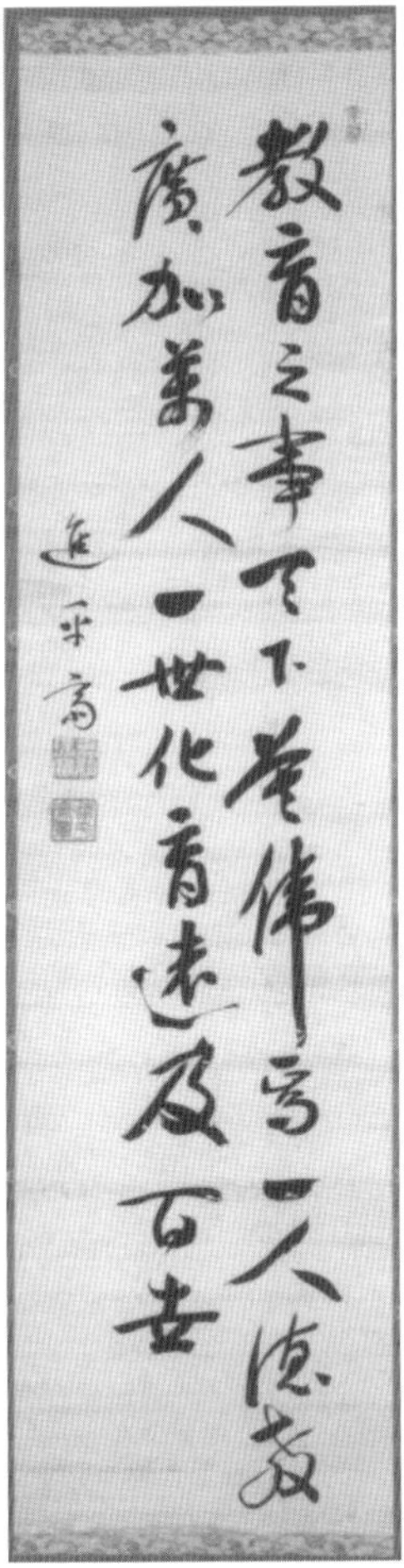

一世化育の書

教育のこと、天下これより偉なるはなし　一人の徳教、広く万人に加わり一世の化育　遠く百世に及べり

(Nothing under the sun is greater than education. By educating one person and sending him into the society of his generation, we make a contribution extending a hundred generations to come.)

「精力善用」「自他共栄」および「一世化育」は嘉納の理念を最もよく表現したものであろうが、五島慶太（東急コンツェルン創始者）の回想は、高遠な理念の裏に嘉納が不屈の精神をもっていたことをうかがわせ、興味深い。

五島は東京高等師範学校在学中に嘉納校長の修身科の講義について「はじめからしまいまで『なあにくそッ』の一点張りで、ほかのことはなにも説きゃしない」「先生は、力の善用をも説かれて何事にも決してムリを強いられなかった。ムリとムダとは柔道でももっともいましめるところであるが、『なあにくそッ』の闘魂とはまた別である。人生の妙用はこの二つがぴったり結びつくところにあるともいわれた」と述べている。このことは、嘉納がきわめて合理的な生き方を説いたが、そのうらに不屈の精神がなければならないことを教えようとしたものであろう。

筑波大学は、師範学校でも、教員養成系大学でもないが、教育機関であることには間違いない。本学は、高度な研究活動に裏打ちされた、あるいは高度な研究に従事した教員が学生・大学院生とともに学びながら、教育できる場でなければならないであろう。しばしば、すぐれた研究者はすぐれた教育者であるといわれるが、これはすぐれた研究者はすぐれた教育者になれる可能性があると解釈すべきであり、すぐれた教育者になるには嘉納の説くような化育の重要性を強く認識できるかによると考えられる。

筑波大学の全構成員が教育と研究の両面において世界に貢献するという気概をもつことにより、嘉納が筑波大学に残したレガシーを受け継ぎ、発展させて新たな伝統を築くことができると考えられる。「やり残したことも多々あるが、私は二三年間で世界に多少の貢献ができた。筑波大学は開学後三八年になるが、今はまだ道半ばである。君たちはもっともっと精進したまえ」と嘉納が我々を激励してくれているように感じられる。

筑波大学体育専門学群長　阿江通良

特別寄稿

（嘉納治五郎生誕150周年記念国際シンポジウム基調講演より）

嘉納治五郎のレガシー：スポーツ、国際交流、教育

パトリック・ヒッキー

国際オリンピック委員会委員
ヨーロッパオリンピック委員会会長
アイルランドオリンピック協会会長

〈要約〉

1934年に嘉納は「教育のこと、天下これより偉なるはなし、一人の徳教、広く万人に加わり、一世化育遠く百世に及べり」と述べました。子供たちがスポーツという贈り物に出会うことが今ほど重要な時代はありません。スポーツを通した青少年教育と、スポーツが平和な社会の構築に貢献することが、最も重要なオリンピック理念です。

スポーツにおけるドーピング問題の解決は、検査や制裁だけでは果たされず、各種スポーツのあらゆるレベルでの継続的教育が必要です。その教育にはスポーツに内在する倫理的価値を高めていくことが必要で、このような価値は、嘉納の哲学の核心的部分であり、オリンピック憲章にも明記されています。

嘉納は約30年間、IOC委員を忠実に務めました。世界のスポーツへの彼のレガシーは計り知れず、そして最も重要なことは、彼の哲学が時の試練に堪えてきたということです。彼は伝説的人物であり、彼のリーダーシップや人生への全体論的アプローチは、柔道という優れたスポーツ種目の枠を遥かに超えるものでした。何十年もの間、彼の考えは若い男女の身体、精神、そして人格を形成してきたのです。

嘉納の哲学が、柔道、オリンピズム、そしてオリンピックムーヴメントの価値を示すものであり続けていくことを願っています。人生やスポーツにおいて何が重要かを青少年や社会全般に教育していくために、アスリートたちに、的を射た嘉納の哲学への関心を持たせましょう。

Keynote address to the International Symposium on Kano Jigoro's Legacy: Sports, International Exchange and Education

Patrick Hickey

International Olympic Committee Member
President – European Olympic Committees
President – Olympic Council of Ireland

I am deeply humbled by your invitation to be here today to deliver the keynote address for the celebration of the 150th Anniversary of Jigoro Kano's birth. It is great to be here in this superb university that recognises the immense achievements of a man who founded my sport of Judo, a man whose life, philosophies and social values have influenced me and many, many thousands of judoka down through the years.

I am particularly pleased to be back here in Tokyo, the capital of Japan, the spiritual home of Judo, on this auspicious day and at this important seminar. Professor Kano was a pathfinder, a champion of what is good about life and sport.

Judo is a wonderful sport, one that has enabled me to achieve sporting success as an international player for my country, Ireland, and then to coach and manage Ireland's judo team at the Los Angeles Olympics of 1984. Judo is also the sport that nominated me for a position on Ireland's national Olympic committee, and from this base, I had the honour of serving as chef de mission of the Irish Olympic team at the Seoul Games.

Subsequently, my Olympic administration career has seen me being elected as president of Ireland's national Olympic committee, then as Ireland's member of the International Olympic Committee and on to the Presidency of the European Olympic committees, a group representing 49 countries in Europe. So I have a lot to thank Judo and the great Professor Kano for.

All of these appointments and administrative work, combined with Father Time, forced me to retire as an active judoka but I still endorse and actively follow the great Jigoro Kano's approach of giving service to sport,

and by constantly working with the holistic values expressed by him in his development of the sport of Judo, values that are also reflected in Baron Pierre de Coubertin's philosophy of Olympism.

The Irish and Japanese share a great friendship, and apart from demonstrating a sincere appreciation for some of our finest cultural exports, including U2, Riverdance and Irish Whiskey, Japan shares a long and distinguished Olympic tradition since first participating at the Stockholm Games in 1912.

As both a proud Judoka and President of the Irish and European Olympic Committees, I am here today primarily to discuss Sports Education in the 21st century, but let me first share with you a brief story from my home country:

Irish mythology tells of a mighty warrior called Fionn McCumhaill who, centuries ago, led our army in many great battles, achieving victory after victory.

Small in stature, but brave of heart, legend has it that Fionn first achieved fame on the field of sport, coming to the attention of the then King, who appointed him as his champion and leader of all his soldiers. But Fionn was more than a mighty warrior.... he was fair and just standing up for the values of decency and fairness, while defending the lives and freedom of the Irish people.

It is often said that Fionn McCumhaill built the Giant's Causeway, one of the true wonders of the world, as stepping-stones, which they say he used to get across the sea without getting his feet wet.

And as someone who has been a passionate participant in the sport of judo for most of my life, when I hear the story of Fionn McCumhaill, I think of Jigoro Kano: not an ordinary man... but a giant!

I first discovered judo in my teens, being mesmerized by the beauty and grace of 'the way of gentleness'.

I was also drawn to its competitive and disciplined nature, while enjoying the physicality of participation. Having trained hard, I ultimately achieved the level of a 3rd dan black belt, and was selected on many occasions to

compete for my country in tournaments around the world.

I came to realize that in reality, Judo is not a mere sport or game, but a principle of life, art and science. In fact, for me and many like me, it is a means for personal cultural attainment.

It wasn't until I was well into my 40s that I finally retired from active competition, but over the years, Judo was good to me and for me, providing a way of seeing the world in tough but friendly competition, while introducing me to people of all nationalities who remain among my closest friends today.

Most importantly, it taught me a better way of living, while bringing the values of Olympism to life.

Jigoro Kano was himself primarily an educator, so it seems appropriate that the theme of today's speech should be about Sports Education in the 21st century, addressing how we in Europe combine traditional teaching techniques with the very latest technology to bring young people into sport in this new millennium.

In 1934, Kano said "Nothing under the sun is greater than education. By educating one person and sending him into the society of his generation, we make a contribution extending a hundred generations to come."

There has never been a more important time for children to discover the gift of sport, nor has there ever been a more important mission for the Jigoro Kano Institute and the Olympic Movement than to provide real and meaningful leadership in bringing this gift to them.

It is well recognised that two of the most important messages of the Olympic ideals are the education of our youth through sport and the role that sport can play in its contribution to the establishment of a peaceful society.

We in the Olympic Movement and Olympic athletes in particular, past and present, can also contribute to other efforts in society such as the promotion of a healthy lifestyle and fair play, take actions against all types of aggression and racial discrimination.

Through all of these strands runs the basic issue and importance of education. Take the issue of doping for example. The solution to doping in sport cannot come solely from testing and heavy sanctions, but will require continuous education at all levels within each and every sport. Such education needs to reinforce the ethical values that are inherent in sport, values that are at the heart of Professor Kano's philosophy and which are enshrined in the Olympic Charter.

These vital values, as well as the physical and moral dangers that result from cheating, must be constantly directed not only toward athletes, but also to coaches, trainers, doctors and educators, and especially to the public-at-large. Everyone must understand that to encourage the use of performance-enhancing drugs is unacceptable.

We must make certain that the legislators of our countries and the public-at-large understand that it is insulting and degrading to athletes to permit, or worse, encourage doping in sport. It dishonours themselves and their country if medal success is achieved by cheating.

De Coubertin said many times that honour was more important than winning. In today's frenetic world we, very regrettably, see many instances of poor conduct and bad example by athletes, judges and spectators. A vulgar, gross, harsh, impolite and 'winner takes all' approach is now all too prevalent.

So we need to re-educate our young people on the principles of fair play – and we need our athletes to show us the way through example and better conduct. Without fair play, sport will not exist and in the long run it will surely be doomed. Fair play is the moral law that gives life to sport and helps to give sport an educational value in society. We cannot stand idly by and let the cheats take over.

I am encouraged by the work of your Institute whose 'Play Clean' programme is aimed at preserving the values of sport and emphasising the importance of sport in society – that is the way to go and long may this great work continue.

While there are now positive signs of 'green shoots' indicating that the global economy may already be on a road to recovery, and people's generally more responsible approach to 'recycling' and 'energy production'

bodes well for addressing the environmental hazzards of global warming - the challenges of the Obesity epidemic, which predominantly affects young people and is now the scourge of over 1,000 million lives around the globe, continues to grow.

Obesity can result in a higher risk of heart disease, type-2 diabetes and other diseases including cancer. Despite numerous initiatives and high levels of funding from governments, world bodies and brand-owners, there has still been no significant progress in arresting its spread.
Let me give you some examples:

In my country, the average 14 year old is nearly 24kgs heavier than their grandparents were at the same age. (*University College Cork* – February, 2009).

This is the first generation in the history of mankind with a declining life expectancy, living an expected 2 years less than their parents by 2050. (*New England Journal of Medicine*).

Being even moderately obese cuts two to four years off a person's life while more sever obesity can remove over 10 years from their life expectancy. (*Oxford University Report,* March, 2009).

The corresponding economic consequences are equally startling:

"Obesity is already creating a major economic burden for governments, overtaking tobacco-related illnesses and consuming up to 8% of overall health care budgets". (*World Health Organization*).
"Obesity could affect economic output as severely as malnutrition, slicing up to 3 percent of gross domestic product in the hardest-hit countries" (*World Bank*).

Only the Olympic Movement has the unique expertise, brand, role models and infrastructure to provide meaningful leadership in this challenge.

Our Olympic charter proudly declares our goals to be "teaching youth through Sports' and 'encouraging people to follow a way of life based on the joy found in effort'.

Furthermore, at the 11th World Sport for All Congress, we released the Havana Declaration that stated - "particularly for the sake of the youth of the world, it is time for urgent, real, targeted multi-sectoral action – in health, education and sport sectors - at all levels of society and government in regard to physical activity.

A list of recommendations to promote personal physical activity were prepared, including suggestions on the provision of community sport and recreation facilities, as well as increased sports and physical education in schools.

Our Olympic President, Jacques Rogge, has already begun to deliver on these commitments. When he was President of the EOC, he created the European Youth Olympic Festival as the supreme celebration of education through sport in Europe. He has now expanded this vision through providing the foundations for an even greater event - the Youth Olympic Games, the first of which will be held in Singapore this summer. This is an event that has the potential to truly inspire children, to capture the hearts and minds of young people and to get communities active, everywhere.

In 2007, the European Parliament added to its "Resolution on the Role of Sport in Education", saying that physical education was "the only school subject, which seeks to prepare children for a healthy lifestyle and focuses on their overall physical and mental development, as well as imparting important social values such as fairness, self-discipline, solidarity, team spirit, tolerance and fair play".

At the European Olympic Committees, we have in turn introduced a Schools and After Schools programme to supplement our member county's standard curriculum, using a 'train the trainer' model to assist in bringing tens of thousands of children into an active lifestyle.

So what more can we do, and where have we been going wrong?

As proven by its ever-growing TV audiences, sport still occupies an esteemed position in people's 'repertoire of interests' but, most importantly for children in this 'Digital Age', there has been significantly reduced active participation. This is most likely due to time pressures, academic obligations and limited infrastructure, but at a time when a privately owned social network like Facebook can recruit over 400 million users in as little as 3 years, it is clear that Computer Games and online communities now

increasingly command a majority of young people's leisure time.

Therefore, we need to challenge our own thinking on alternative approaches to recruiting young people into a more active lifestyle, fundamentally re-evaluating approaches to exercise and sports and creating more readily accessible solutions that address behavioural patterns of participation, while offering 'everyday active fun' with significant corresponding health benefits for everyone.

For me, sports will always be about getting young people onto playing pitches, gyms, halls or into clubs. Social Networking for me was the local dojo, where I could meet friends and enjoy the spirit of friendly competition, and I sincerely wish that every child could share this experience, enjoy the camaraderie, and learn the true meaning of Olympic values like peace, friendship and harmony, rejecting prejudice and violence, and enjoying a healthy environment and lifestyle.

This should extend beyond those children who can compete 'higher, faster or stronger', with a system that gives everybody the chance to discover the delights of sports participation for themselves - let our potential champions emerge from a culture that gives every boy and girl their chance to play!

But, for the future of our children and in fulfilling the vision of our founder Pierre De Coubertin's dream, I believe that each and every one of us must be more diligent in responding to the challenges of our times in finding new ways to engage young people in sport.

Therefore, working with some academic and commercial partners, we will be launching an 'Active Network' online in September, where we will replace 'social' networking with challenge-based motion control games that require a high level of 'active' physical participation to play.

The Mayo Clinic has said that one of the best ways to now re-engage young people with sports is using computer games. These games therefore have the potential to educate children on the rules of the sport and build their confidence in that discipline, but the system not only builds key-stage skills and gives them an aerobic workout, but ultimately helps the child to find the sport that is of particular interest to themselves, with the website then acting as the conduit to a local club.

The following video will give you some sense of the nature of this project...

[Video]

We're very proud of this work, and its uptake will deliver a significant dividend in the wellbeing of young people in Europe and hopefully, beyond!

Another fundamental of Olympism is the promotion of peace. We in Ireland have an important and unique view on this due to the political situation on our island where approximately 15% of the land mass is governed by Great Britain and is known as Northern Ireland. In effect you have two separate states on one small island, a political situation that is almost always explosive.

In our country, we had conflict for over 30 years which ended in a peace process 14 years ago. Throughout all of this unrest, in which 3,000 people died, sport proved the best way to assist healing and to bring communities together. Throughout all of this, the Olympic Council of Ireland represented both political entities on the island and we fielded teams at summer and winter Games comprised of athletes from both sides of the political divide and from all sides of the communal strife.

The power and attraction of competing at the Olympics was harnessed by my organisation in order to keep sport moving along despite the conflict and, most importantly, ensuring that athletes from both parts of the island came together regularly for competition. Despite all the troubles, the core principle that sport encourages the establishment of a peaceful society through mutual respect, fair competition and parity of esteem shone through.

For the London 2012 Olympics, my NOC will, once again, field a united team, a team representing all sides of the now peaceful political situation on the island of Ireland. And our team will have the full support of all sides of the community, a team competing in the knowledge that the Olympic Games are the pinnacle of competition.

We now also have a very active Athletes Commission representing all

communities and they do great work at many levels, North and South, in promoting sport, endorsing and promoting healthy lifestyles and the many other elements of Olympism.

I cannot under-estimate the role that sport played in helping to solve the conflict in Northern Ireland – and we now have a united Irish team in virtually every sporting discipline, with the notable exception of football. Irish people are sports crazy and now see the benefit and value of a united team competing together in international competition.

They are particularly engrossed with the prospect of Irish participation in the London Games, which will, in effect, be a 'home' Olympics for us due to the closeness of Great Britain to the island of Ireland. We hope to do well in London with our united team, a team that proves that sport can encourage the establishment of a peaceful society as envisaged by Jigoro Kano and Pierre de Coubertin.

Jigoro Kano served faithfully on the International Olympic Committee for almost 30 years. His legacy to world sport is immense and, most importantly, his philosophies have stood the test of time. He was a legendary figure whose leadership and holistic approach to life extended well beyond the confines of the great sport of Judo. His concepts have moulded the body, mind and character of young men and women for decades.

He in turn did so much, not just to promote the values of Olympism, but to define and form them, particularly in the field of education and fairness.

Imagine the sheer joy of attending the 1932 Olympic Games in Los Angeles, where Kano and about 200 judo students gave a demonstration.

His personal vision was then realized when Judo became an Olympic sport in its native Japan at the 1964 Games in Tokyo. My dear friend and IOC colleague Mr. Anton Geesink won the first Olympic gold medal in the open division, at which time the sport lost its image of being "Japanese only" and went on to become one of the most widely practiced sports in the world, re-appearing at the Olympics in Munich 1972, with women competing since 1992.

Judo develops the body, mind and character of young men and women in addition to development of their physical prowess. All things connected with

it are directed to its ultimate object, the benefit of humanity, and it has been my great honor to stand before you today and pay homage to the memory and legacy of the great Jigoro Kano.

As a member of the International Olympic Committee, I am proud to follow, in whatever small way, Professor Kano's footsteps, especially as I, in my heart and soul, also represent the sport of Judo.

Long may Jigoro Kano's great philosophies continue to be at the heart of what is good about Judo, what is good about Olympism and what is good about the Olympic Movement. Let us encourage our athletes to take up the incisive and pertinent Kano philosophies in order to educate youth and society in general about what is important about life and sport.

《主な参考文献》（発行年順）

・『教育時論』開発社、一八八五～一九三四年
・『國士』講道館、一八九八～一九〇三年
・『教育』茗渓会、一九〇〇～五九年
・『校友会誌』高等師範学校校友会、一九〇二～二九年
・『本校創立四十年記念校友会発展史』東京高等師範学校校友会、一九一一年
・『柔道』講道館、一九一五～一九年、二二～二三年、三〇～二〇一一年
・嘉納治五郎『講道館の沿革・使命及び其の事業』講道館、一九一七年
・『有効の活動』講道館、一九一九～二二年
・『作興』講道館文化会、一九二四～三八年
・嘉納治五郎『柔道教本上・下』三省堂、一九三一年
・東京文理科大学東京高等師範学校『創立六十年』一九三一年
・横山健堂『嘉納先生伝』講道館、一九四一年
・嘉納先生伝記編纂会編『嘉納治五郎』講道館、一九六四年
・加藤仁平『嘉納治五郎：世界体育史上に輝く』逍遙書院、一九七〇年
・老松信一『柔道百年』時事通信社、一九七〇年
・渡辺一郎編『史料明治武道史』新人物往来社、一九七一年
・大滝忠夫『嘉納治五郎　私の生涯と柔道』新人物往来社、一九七二年
・乗富政子『女子柔道教本』潤泉荘、一九七二年
・長谷川純三編著『嘉納治五郎の教育と思想』明治書院、一九八一年
・日本体育協会『日本体育協会七十五年史』日本体育協会、一九八六年

・東京高等師範学校柔道部史刊行会『東京高等師範学校柔道部史』ぎょうせい、一九八七年
・講道館監修『嘉納治五郎大系』全一五巻、本の友社、一九八七～一九八八年
・斎藤秋男、土井正興、本多公榮編『教育のなかの民族—日本と中国—』明石書店、一九八八年
・村山正明『嘉納治五郎師範の思い出』新世書房、一九九四年
・船寄俊雄『近代日本中等教員養成論争史論』学文社、一九九八年
・村田直樹『嘉納治五郎師範に学ぶ』日本武道館／ベースボール・マガジン社、二〇〇一年
・茗水百年史編纂委員会編『茗水百年史』茗水会、二〇〇二年
・藤堂良明『柔道の歴史と文化』不昧堂出版、二〇〇七年
・永木耕介『嘉納柔道思想の継承と変容』風間書房、二〇〇八年
・生源寺希三郎『柔道と日本的発想』文芸社、二〇〇八年

嘉納治五郎　年譜

年	教育、スポーツ関連	嘉納塾、柔道関連	社会、国際関連
一八六〇(万延元)	一二月一〇日（旧暦一〇月二八日）、摂津国御影村に生まれる		咸臨丸アメリカへ向かう 桜田門外の変
一八六一(文久元)			スペンサー『教育論』刊行
一八六三(文久三)			クーベルタン生誕（パリ）
一八六六(慶応二)			薩長連合
一八六七(慶応三)			大政奉還・王政復古
一八六九(明治二)	母　定子、病没す		戊辰戦争終結
一八七〇(明治三)	父と上京し、漢学を学ぶ		
一八七一(明治四)	成達書塾で書を学ぶ		廃藩置県
一八七二(明治五)	英書を学ぶ		福沢諭吉『学問のすすめ』刊行
一八七三(明治六)	育英義塾に入学し、英語、独語を学ぶ		徴兵令制定、地租改正
一八七四(明治七)	官立外国語学校に入学し、英語学および普通学を学ぶ		
一八七五(明治八)	官立外国語学校卒業後、官立開成学校入学		ロシアと樺太・千島交換条約
一八七六(明治九)			日朝修好条規（朝鮮開国）
一八七七(明治一〇)	官立開成学校が改称して東京大学となり、文学部第一年に編入	天神真楊流福田八之助に柔術を学ぶ	西南戦争
一八七八(明治一一)	官立体操伝習所設立		
一八七九(明治一二)		来日したグラント将軍の前で柔術を披露	琉球を領有し沖縄県に
一八八一(明治一四)	東京大学文学部政治学および理財学を卒業	起倒流の飯久保恒年に師事して柔術	

	し、道義学および審美学の選科入学（翌年卒業）	を学ぶ	
一八八二(明治一五)	学習院の講師（政治学、理財学を担当） 南神保町に弘文館（英語学校）設立	嘉納塾、講道館を創立（稲荷町永昌寺）	日本銀行創設
一八八四(明治一七)			鹿鳴館での舞踏会始まる
一八八五(明治一八)	学習院幹事兼教授となる 警視総監三島主催の武道大会で、講道館柔道が他流派に圧勝 体操伝習所、高等師範学校（以下、高等師範）の附属となる		内閣制度成立（伊藤内閣）
一八八六(明治一九)	学習院教授兼教頭となる 体操伝習所が廃止され、体操専修科が設置される		
一八八七(明治二〇)		講道館「柔の形」「固の形」制定	
一八八九(明治二二)	ヨーロッパに派遣され、上海経由でパリ、ベルリンへ	大日本教育会の招きで、文部大臣・榎本武揚らの前で「柔道一班並ニ其教育上ノ価値」について講義	大日本帝国憲法発布
一八九〇(明治二三)	ベルリン、ウィーン、コペンハーゲン、ストックホルム、アムステルダム、ロンドン訪問		教育勅語発布、第一回帝国議会開会
一八九一(明治二四)	一月　カイロ経由で帰国 八月　竹添須磨子と結婚 八月　第五高等中学校長兼文部省参事官就任（一八九三年一月まで）		
一八九三(明治二六)	六月　第一高等中学校長就任（九月まで） 九月　高等師範校長就任（一八九七年まで）	芦谷スエ子、講道館入門 小石川下富坂町に講道館新築	

年	教育、スポーツ関連	嘉納塾、柔道関連	社会、国際関連
一八九四（明治二七）	高等師範にて陸上大運動会を開催し、全学生、教職員が参加 高等師範の目的に、教員の養成に加えて、学校長の養成を加える 高等師範の修学年限を三年から四年に引き上げる	高等師範と同校附属中学校に柔道部創設 講道館大道場落成式に勝海舟ら列席	日清戦争（翌年四月に終結） オリンピック競技会の復興決まる（パリ）
一八九五（明治二八）	高等師範寄宿舎の軍隊的組織を廃止	小泉八雲、"Jiujutsu"を著し柔道を欧米に紹介	下関講和条約調印、三国干渉
一八九六（明治二九）	学生スポーツ奨励のため高等師範に「運動会」を設置 清国留学生の教育を私塾にて引き受け始める	嘉納塾で鉄亜鈴体操を研究 嘉納塾の生徒、相州三浦郡松輪にて水泳実習	第一回オリンピック競技会（アテネ）
一八九七（明治三〇）	七月　高等師範校長を免ぜられる 一一月　再度高等師範校長就任（一八九八年まで）		
一八九八（明治三一）	文部省普通学務局長就任（一一月まで） 六月　高等師範校長を免ぜられる 全学生参加の健脚競走（長距離競走）を行う 私塾を統合し、「造士会」設立	学習院と高等師範附属中学校との柔道対抗試合 『國士』発行	
一八九九（明治三二）	留学生のための学校「亦楽書院」設立 高等師範に体操専修科開設	米国エール大学教授、講道館を視察	中学校令、実業学校令、高等女学校令公布 改正条約実施
一九〇〇（明治三三）		「講道館柔道乱取試合審判規定」を作成 講道館有段者会、講道館研究会創設	第二回オリンピック競技会（パリ） 新渡戸稲造『武士道』刊行

一九〇一（明治三四）	高等師範校長に三たび就任（一九二〇年まで） 「運動会」を解消して「校友会」を設立	講道館員六千名に達す 英国公使、海軍将校ら講道館視察	ノーベル賞設置
一九〇二（明治三五）	亦楽書院から「宏文学院」（牛込）に拡大 三月　高等師範学校から東京高等師範学校に改称（以下、東京高師） 東京高師に修身体操専修科開設 七月　校友会に游泳部を設立、房州北條での水泳実習始まる 七～一〇月　清国の招きで訪中、張之洞と教育について論じる	五月　門弟の山下義昭が渡米し、柔道を紹介	日英同盟締結
一九〇三（明治三六）	東京高師の学科、学科目、毎週授業時数の改正	留学生のために講道館牛込分場開設 講道館暑中稽古開始	
一九〇四（明治三七）			日露戦争（翌年まで） 第三回オリンピック競技会（セントルイス）
一九〇五（明治三八）	館山での二週間の水泳実習を予科生全員参加とする		ポーツマス条約
一九〇六（明治三九）	東京高師に文科兼修体操専修科を設置、体操、柔道、剣道の専攻を設ける		中間オリンピック競技会（アテネ）
一九〇七（明治四〇）	外国人特別入学規程細則を定める 清国からの留学生急増 湯島聖堂大成殿にて孔子祭典を復活	下富坂大道場落成	
一九〇八（明治四一）	中等教育研究会設立、会長に就任 夏・秋の校内長距離走大会を全学生参加とする	柔道・剣道を東京高師全学生選択必修とする	第四回オリンピック競技会（ロンドン）

年	教育、スポーツ関連	嘉納塾、柔道関連	社会、国際関連
一九〇九（明治四二）	アジア初のIOC委員に就任（終身） 宏文学院閉鎖 東京高師陸上運動会と水上運動会に留学生参加	講道館を財団法人とする	伊藤博文暗殺される 世界大恐慌
一九一〇（明治四三）	東京高師蹴球部の中国留学生チーム、豊島師範学校と試合 『青年修養訓』を出版		日韓併合
一九一一（明治四四）	大日本体育協会を設立、初代会長に就任（一九二一年まで） 東京高師創立四〇年記念式	中学校令施行規則が改正され、撃剣及柔術が体操の随意科目になる	関税自主権回復 辛亥革命
一九一二（大正元）	第五回オリンピック競技会（ストックホルム）に団長として参加 東京高師の金栗四三、東京帝大の三島弥彦が出場		中華民国成立
一九一三（大正二）	大日本体育協会主催第一回陸上大会開催（以降毎年） 東京高師蹴球部留学生対在留朝鮮学生の試合		
一九一四（大正三）	大日本体育協会主催第一回水上大会開催（以降毎年）	第一回高等専門学校柔道大会 講道館柔道会を設立、『柔道』発刊	第一次世界大戦始まる
一九一五（大正四）	東京高師規程改正、学科を文科と理科、さらに修学年限四年の体育科を特科として設置 東京高師蹴球部留学生対埼玉師範学校の試合	女学校、女子師範学校でも柔道が教えられるようになる 講道館寒稽古開始	中国に二十一箇条要求
一九一六（大正五）			第一次世界大戦のため第六回オリンピック競技会中止
一九一七（大正六）	極東選手権大会予選（東京・芝浦）に臨席		ロシア革命

一九一八（大正七）	臨時教育会議で師範大学制を主張、東京高師の昇格運動が本格化する	ロンドンに「武道会」設立	ドイツの降伏により第一次世界大戦終結
一九一九（大正八）	嘉納塾閉鎖 大学昇格運動の中で、宣揚歌が作られる	雑誌『柔道』を『有効の活動』に改題 第一回全国中等学校柔道優勝大会 米国教育学者デューイ博士に柔道について説明	北京で五・四運動
一九二〇（大正九）	東京高師校長退任、嘉納校長就任時の学生数八六名が、この年には七二四名になる 第七回オリンピック競技会（アントワープ）臨席	ロンドン武道会を訪問し指導	国際連盟発足
一九二一（大正一〇）	ロンドンとロサンゼルスにて柔道の講演 皇居にて英皇太子に柔道を披露 第五回極東選手権大会（上海）にIOC委員として臨席	講道館館員数二万二千余人、有段者六千四百人	大日本体育協会会長に岸清一就任
一九二二（大正一一）	大日本体育協会会長を辞し、名誉会長に 貴族院議員就任 大学への昇格案、議会を通過し決定（関東大震災のため開学は一九二九年）	講道館文化会創立、「精力善用」「自他共栄」の立言 高橋首相、床次内相、中橋文相、宇佐美東京府知事出席	第五回極東オリンピック大会（上海）
一九二三（大正一二）	東京高師創立五〇周年記念式典	樺太にて講演	関東大震災
一九二四（大正一三）	東京高師名誉教授となる 第八回オリンピック競技会（パリ）、嘉納は体調不良で不参加		
一九二五（大正一四）	明治神宮競技会に臨席		治安維持法公布、普通選挙法公布
一九二六（昭和元）	英語協会発起人会会長に就任		

年	教育、スポーツ関連	嘉納塾、柔道関連	社会、国際関連
一九二七(昭和二)	台湾訪問 文部省体育研究所設立、講習会で講演 東京高師で卒業生に講義 朝鮮人学生と談話 各地で「精力善用」「自他共栄」について講演	講道館女子部発足、女子柔道講習会 沖縄にて棒術や唐手を視察し講演 嘉納塾出身の杉村陽太郎、国際連盟事務局次長に就任	
一九二八(昭和三)	東京高師附属中学校柔道・剣道科教授細目を刊行 東京高師体育科生に講義 第九回オリンピック競技会（アムステルダム）臨席 ベルリン、パリ、ローマ、ロンドン、アムステルダム、国際連盟事務所（ジュネーブ）などを訪問	香取神刀流剣術及棒術を訪れ研究 講道館にて棒術の稽古を指示 京城講道館支部新築落成式に出席	張作霖が奉天近郊で爆殺される
一九二九(昭和四)	中等教育理化学教員協議大会に出席 東京文理科大学創立、祝賀会に出席 ローマ字会に出席 文部省体育研究所で講演	皇居にて柔道の天覧試合、山下と古式の形を演ず オックスフォード大ハドソン教授に柔道について説明 江田島海軍兵学校で柔道について講演	
一九三〇(昭和五)	東京高師柔道科生徒に講義 杉村陽太郎と欧州事情について懇談 極東選手権大会（東京）開会式、IOC委員として祝辞	講道館館員数四万八千人、有段者二万三千人 杉村陽太郎、国際連盟政治部長に就任	ロンドン軍縮会議

一九三一（昭和六）	東京高師体育科学生に講義 東京高師創立六〇周年記念式典	講道館文化会樺太支会発会式に参加 『柔道教本』発刊	東京市、オリンピック開催要望を決議 満州事変始まる
一九三二（昭和七）	東京高師附属中 鳩山文相就任祝賀会に出席 第一〇回オリンピック競技会（ロサンゼルス）臨席 ＩＯＣ総会の席上、永田東京市長の招待文朗読、演説 アメリカ、ハワイ歴訪		
一九三三（昭和八）	六月 ＩＯＣ総会出席（ウィーン） フランス政府より、体育に関する名誉金章受賞 ドイツ体育祭臨席	バイエルン政府主催の柔道講習会で指導 ロンドンで柔道の講演・実演 シンガポールの柔道大会で講演	日本、国際連盟を脱退 杉村陽太郎、ＩＯＣ委員に就任
一九三四（昭和九）	ＩＯＣ総会（オリンピック四〇年祭）に参列（アテネ）、イギリス、フランスなどを訪問 カール・ディームらと会談	講道館新築落成式（水道橋） 講道館創立五〇年記念祭 柔道世界連盟案	副島道正、ＩＯＣ委員に就任
一九三五（昭和一〇）	東京高師体育科生に講義 副島の招きで中華民国の王正廷と懇談	第一回模範乱取実演会	副島と杉村、ムッソリーニに会見
一九三六（昭和一一）	第一一回オリンピック競技会（ベルリン）臨席、ＩＯＣ総会にて東京開催（一九四〇）を決定 アメリカ、イギリス、ポーランド、ルーマニアを訪問	長崎、佐世保にて女子柔道を紹介	二・二六事件 ロンドン軍縮会議 ラツールＩＯＣ会長来日

年	教育、スポーツ関連	嘉納塾、柔道関連	社会、国際関連
一九三七（昭和一二）	東京文理科大学において嘉納治五郎の銅像除幕式 汎太平洋平和博覧会、仏教博覧会視察（名古屋）	講道館道場内に神棚を設置	杉村、IOC委員辞任 日中戦争勃発 日独伊防共協定成立
一九三八（昭和一三）	カイロでのIOC総会にて、第一二回オリンピック競技会を東京、冬季大会を札幌にて開催することを確認。 ギリシャ、アメリカを経てバンクーバーから帰国途上の船中において、肺炎のため逝去（五月四日、七七歳）		国家総動員法成立
一九五二（昭和二七）			東京都議会、オリンピック招致を決議
一九五六（昭和三一）		東京で第一回世界柔道選手権大会開催	第一六回オリンピック競技会（メルボルン）
一九五八（昭和三三）	東京教育大学占春園において嘉納治五郎銅像再建（一九三九年制作の銅像は第二次世界大戦中の金属強制拠出）		
一九五九（昭和三四）			IOC総会（ミュンヘン）にて一九六四年の開催地、東京に決定
一九六〇（昭和三五）		IOC総会（ローマ）にて柔道がオリンピック種目に採用される 講道館、嘉納師範生誕百年記念式、嘉納師範銅像除幕式	第一七回オリンピック競技会（ローマ）
一九六四（昭和三九）	第一八回オリンピック競技会（東京）		

あとがき

東京高等師範学校の校長を二三年半務められた嘉納治五郎先生の生誕百五〇周年に際して、筑波大学として記念事業を行うことになりました。

二〇〇九年一二月と二〇一〇年六月に先生の功績を紹介する記念シンポジウムを開催し、また、大学の教養教育として、先生に関する総合科目を二〇一〇年より開設しました。そして文化勲章受章者、朝倉文夫氏による先生の銅像も筑波キャンパスに二〇一〇年一二月に設置されました。このような記念事業の一貫として、教育者としての先生についてまとめた記念出版を行うことになり、二〇〇九年夏から着手されました。

本書の書名は『気概と行動の教育者　嘉納治五郎』と決定されました。嘉納先生は座して瞑想に耽る思想家ではなく、常に行動され、世界の人々と交わり、その中でさらに自身の考えを深化してそれをまた広める、というまさに、気概と行動力にあふれた教育者であったからであります。

柔道の創始と世界への普及において高名な先生ですが、柔道以外でも、留学生教育や教育改革、生涯スポーツやオリンピック・ムーブメントの推進にも力を尽くされました。

これらの業績を紐解くと、嘉納先生は常に未来志向であったことがわかります。柔術から柔道を創始したのも、柔道を通してより良い社会を築くことを最終的にめざし、「精力善用」「自他共栄」の考えを作り出されました。このことばは、今日において何ら色あせることなく、むしろ若者のコミュニケーション力の低下が危惧される今日の社会において、重要なキーワードといえるでしょう。

留学生教育に関しても、他者に誠実に尽くしてこそ、自身も自国も繁栄するとの信念で受け入れました。その心は、今日の留学生受け入れの指針にも活かされています。生涯スポーツとして嘉納先生が最も力を入れた長距離走と水泳は、日本人の最も愛好するスポーツになっています。オリンピック・ムーブメントへの参入も、その後日本が夏・冬合わせて三回もオリンピック競技会を開催したことに示されているように、嘉納先生の開かれた道を日本は進んでいったのでした。

国際オリンピック委員会やユネスコは、繰り返し、全世界の国々が、体育の授業を必修にするよう訴えていますが、日本の小学校以上の学校における体育授業のみならず、課外活動やスポーツの発展ぶりを思うとき、先生の打たれた手は一〇〇年以上先を見越していたといえるでしょう。

嘉納治五郎先生の伝記については、横山健堂による『嘉納先生伝』（講道館、一九四一年）と、諸橋轍次編纂による大著『嘉納治五郎』（講道館、一九六四年）があります。後者のあとがきには、「若し今後高明の識者が、根拠ある本書を基として筆を執り、神采奕々たる嘉納治五郎先生の真の姿を描き出すなら、それこそ必ずや万人を益し百世を教ふるものとなろう」と書かれています。本書はとてもそのような水準にはありませんが、読者の方が嘉納先生の考えと行動の跡を理解し、それを今後に活かしていただければ、これにすぐるものはありません。

最後になりましたが、本書の出版の労をおとりいただきました関係各位に厚くお礼申し上げます。特に筑波大学出版会前編集長の谷川彰英氏はじめ、同出版会及び丸善プラネット株式会社の皆様には大へんお世話になりました。ここに謝意を表します。

二〇一一年四月

生誕一五〇周年記念出版委員会　阿江通良・真田　久

執筆者一覧

山田信博　（筑波大学長）　発刊に寄せて
藤堂良明　（筑波大学人間総合科学研究科教授、筑波大学附属中学校長）　第一章第一節・第二節
山口　香　（筑波大学人間総合科学研究科准教授）　第一章第三節
大谷　奨　（筑波大学人間総合科学研究科准教授）　第二章第一節
守屋正彦　（筑波大学人間総合科学研究科教授）　コラム
真田　久　（筑波大学人間総合科学研究科教授）　第二章第二節・四節、第三章第三節、第四章第三節、第五章第一節、コラム
大熊廣明　（筑波大学人間総合科学研究科教授）　第二章第二節
伊藤純郎　（筑波大学人文社会科学研究科教授）　第二章第三節
村田直樹　（講道館図書資料部長）　第三章第一節
永木耕介　（兵庫教育大学体育・芸術教育学系教授）　第三章第二節
Niehaus, Andreas　（ベルギー　ゲント大学教授）　第四章第一節・第四節
後藤光将　（明治大学政経学部講師）　第四章第二節
岡田弘隆　（筑波大学人間総合科学研究科准教授）　第四章第三節
和田浩一　（神戸松陰女子大学人間科学部准教授）　第五章第二節
阿江通良　（筑波大学体育専門学群長）　筑波大学と嘉納治五郎のレガシー
Hickey, Patrick　（アイルランド国際オリンピック委員会委員）　特別寄稿
都筑　誠　（広島平成大学健康福祉学部助教）　第四章第一節・第四節（和訳）

事項索引

欧　文

あ

か

さ

た

な

は

ま

や

ら

人名索引

あ

か

さ

た

な

は

ま

気概と行動の教育者　嘉納治五郎

二〇一一年五月二七日　初版発行

編　者　生誕一五〇周年記念出版委員会

発行所　筑波大学出版会
〒三〇五－八五七七
茨城県つくば市天王台一－一－一
電話（〇二九）八五三－二〇五〇
http://www.press.tsukuba.ac.jp/

発売所　丸善出版株式会社
〒一四〇－〇〇〇二
東京都品川区東品川四－一三－一四
電話（〇三）六三六七－六〇三八
http://pub.maruzen.co.jp/

編集・制作協力　丸善プラネット株式会社

組版／ソフト・エス・アイ株式会社
印刷／富士美術印刷株式会社
製本／株式会社　星共社
ISBN978-4-904074-19-0 C3023